Katja Rother und Jan H. Sachers

Die Schreibwerkstatt

DragonSys – Lebendiges Mittelalter *im G&S Verlag:*
Bücher zum „Selbst-Erleben" einer faszinierenden Epoche. Fundierte Informationen zu Kleidung, Lebensweise, Musik, Waffen, Möbeln und vielem mehr!

Einzelheiten, Informationen, Ankündigung von Neuerscheinungen, Bestellmöglichkeiten etc. können Sie unserem aktuellen Prospekt oder unserer Homepage entnehmen:
http://www.gus-verlag.de
http://www.dragonsys-larp.de
Die Bücher der Reihe „DragonSys™ Lebendiges Mittelalter" erhalten Sie im überall Buchhandel, beim gut

sortierten Fachhändler oder direkt in unserem Webshop:
www.aladinshoehle.de

Originalausgabe
DIE SCHREIBWERKSTATT
SCHRIFT UND SCHREIBEN IM MITTELALTER
von Katja Rother und Jan H. Sachers

Bibliografische Information der Deutschen Bibliothek:
Die Deutsche Bibliothek verzeichnet diese Publikation in der Deutschen Nationalbiografie;
detaillierte bibliografische Daten sind im Internet unter http://dnb.ddb.de *abrufbar*

Satz und Layout: Verlagservice Mühlbauer
Coverbild: Ausschnitt aus „Karl der Große in der Schlacht" von A. Verard
Illustrationen: Gottlieb Grinda
Druck und Bindung: Anrop Ltd., Israel
ISBN 978-3-925698-85-9

Lebendiges Mittelalter

Einfach • Besser • Wissen

Katja Rother und Jan H. Sachers

Die Schreib-werkstatt

Schrift und Schreiben im Mittelalter

Inhalt

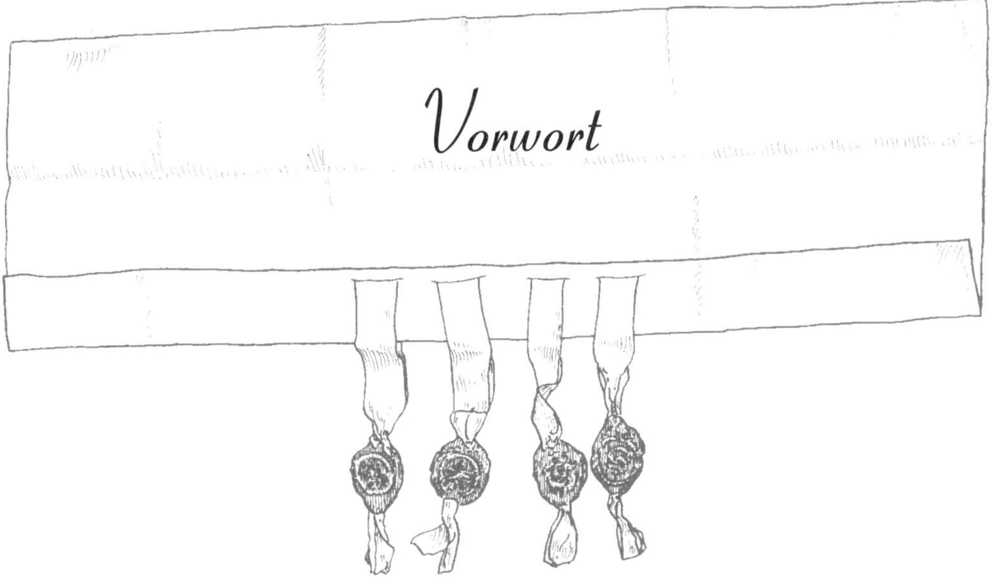

Das Schriftwesen des Mittelalters in seiner Gesamtheit darstellen zu wollen, ist ein aussichtsloses Unterfangen. Den bislang letzten Versuch in dieser Hinsicht unternahm Wilhelm Wattenbach bereits 1898 – und wenngleich sein Buch bis heute als Standardwerk wertvolle Informationen bietet, ist es doch mit seinen nicht übersetzten lateinischen und griechischen Zitaten, seiner altertümlichen Ausdrucks- und Zitierweise sowie aufgrund seines Alters nur noch bedingt zu gebrauchen.

Jüngere Untersuchungen, die in nahezu unüberschaubarer Zahl vorliegen, beschäftigen sich praktisch ausschließlich mit einzelnen Aspekten der Thematik, konzentrieren sich also z. B. nur auf Schriftentwicklung, Beschreibstoffe, Urkunden, Bucheinbände etc. oder fassen ihren Untersuchungsgegenstand sogar noch enger. So wichtig und aufschlussreich diese Arbeiten auch sein mögen, fehlte es bislang doch an einem Überblickswerk, das interessierten Laien einen Einstieg in die spannende Thematik „Schrift und Schreiben im Mittelalter" bieten konnte.

Das vorliegende Buch soll diese Lücke nun schließen. Es befasst sich in einem historischen Teil mit der Entwicklung der verschiedenen Schriftformen, die im Verlauf des Mittelalters gebräuchlich gewesen sind, sowie mit deren Verwendung in Buch-, Urkunden- und Briefwesen. Dabei ist einleuchtend, dass bestimmte Aspekte nur am Rande gestreift werden, andere wie z. B. das weite Feld der Buchmalerei oder mittelalterliche Notenhandschriften gar keine Berücksichtigung finden konnten.

Eine vollständige Darstellung der historischen und praktischen Aspekte des Schreibens im Mittelalter, unter Berücksichtigung aller regionalen und lokalen Unterschiede, wissenschaftlicher Hilfsdisziplinen wie Kodikologie, Epigraphik oder Diplomatik sowie aufwändiger künstlerischer Tätigkeiten wie der Buchmalerei oder Illumination, würde den Rahmen dieses (und jedes anderen) Buches sprengen. Der Schwerpunkt des historischen Teils liegt daher auf den Gegebenheiten im deutschsprachigen Raum von der Gründung des Karolingischen Reiches bis zu Gutenbergs Erfindung, beschränkt sich so weit als möglich auf die rein schriftlichen Aspekte und klammert die sonstige künstlerische Gestaltung weitgehend aus. Die Darstellungen wurden bewusst knapp gehalten, um den Charakter eines nützlichen Handbuchs zu wahren. Der Anhang enthält ein umfangreiches Verzeichnis weiterführender Literatur, das es Leserinnen und Lesern ermöglicht, sich intensiver mit einzelnen Aspekten auseinander zu setzen, sowie eine Auswahl nützlicher Internet-Seiten. Die wichtigsten verwendeten Fachausdrücke werden in einem Glossar erläutert.

Der Praxisteil umfasst Tintenrezepte sowie Anleitungen zum Erlernen historischer Schriften, zu Buchbinderei, Papierherstellung etc. Damit bietet unser Buch einen idealen Einstieg in die Beschäftigung mit Schrift und Schreiben im Mittelalter für alle, die sich theoretisch oder praktisch mit diesem Thema auseinandersetzen möchten. Wir hoffen, dass es den Leserinnen und Lesern ebenso viel Spaß bereitet wie den Autoren beim Schreiben.

Katja Rother
Jan H. Sachers

Ein Buch wie das vorliegende ist ohne Hilfe und Unterstützung in vielfältigen Formen nicht denkbar. Zahlreiche Personen haben auf unterschiedliche Weise dazu beigetragen – indem sie ihr Wissen zur Verfügung stellten, Hinweise oder Anregungen gaben, bei der Recherche halfen oder auf andere Weise zur Stelle waren, wenn der Autor nicht weiter wusste. Ihnen allen gilt mein aufrichtiger Dank.

Einige von ihnen haben sich um die Publikation so verdient gemacht, dass sie hier namentlich genannt werden sollen, wobei die Reihenfolge keine wie auch immer geartete Ordnung suggerieren soll.

Ich danke Stefan Städtler-Ley für seine Geduld und seinen Glauben an das Projekt, Katja Rother für den anregenden Praxisteil sowie Gottlieb Grinda für die wundervollen Illustrationen.

Herr Dannenberg und seine Mitarbeiter von der Abteilung Geschichtswissenschaft der Universitätsbibliothek Bielefeld waren wie immer sehr hilfreich in allen Fragen der Literaturrecherche.

Besonderer Dank gebührt außerdem Dr. Andreas Priever für unzählige wertvolle Hinweise und Anregungen, ebenso Michael Wosniak für gute Ideen, kritische Fragen und gemütliche Abende.

Ohne Andreas Heigl, guter Freund und meine gute Seele in Sachen Hard- und Software, wäre das Projekt niemals zustande gekommen; ein herzliches Dankeschön dafür!

Und schließlich danke ich Meinrad Pohl für wertvolle Kritik und Korrekturen „in letzter Minute".

Widmen möchte ich das Werk meiner Familie – der besten, die man sich wünschen kann –, die mich zu allen Zeiten unterstützt, ermutigt und bestärkt hat; dafür kann ich euch gar nicht genug danken!

Jan H. Sachers M. A.
Bielefeld, im Mai 2008

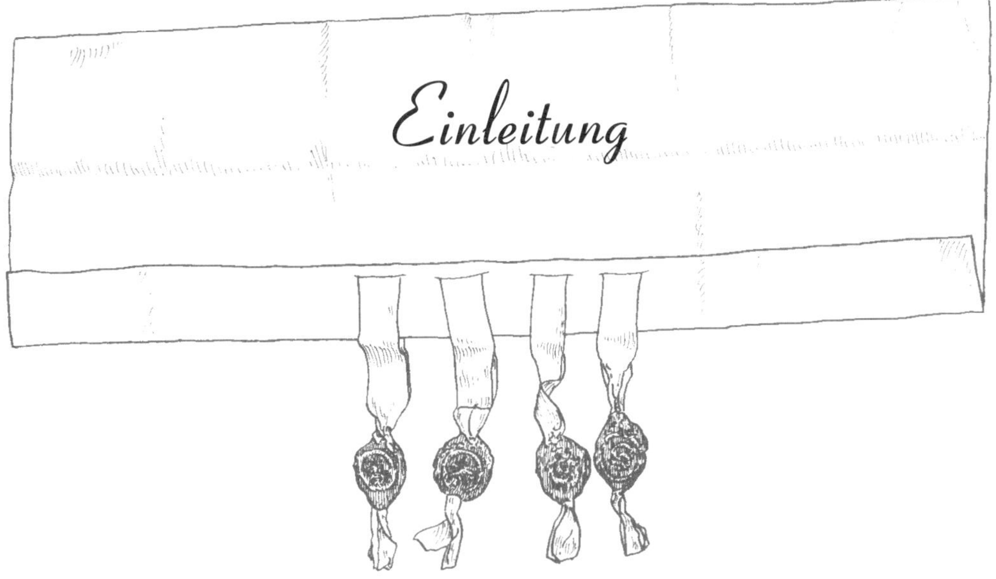

*Incipit liber scripturae mediaevalis.**

Gutenbergs Druckpresse mit beweglichen Lettern gilt als revolutionäre Erfindung, die das Ende des Mittelalters und den Beginn der Neuzeit einläutete. Sie ermöglichte die Verbreitung des geschriebenen Wortes in größerer Menge, schneller und billiger, als dies in den vielen Tausenden Jahren der Schriftgeschichte je zuvor möglich gewesen war.

Doch wenn bereits eine technische Errungenschaft, ein Produktionsmittel, derart weit reichende und umwälzende Auswirkungen haben konnte – welche Bedeutung hatte dann wohl die Erfindung der Schrift selbst?

Tausende von Jahren waren Menschen ohne geschriebene Worte ausgekommen und etliche Völker schaffen das noch heute. Doch die Einführung eines einheitlichen, verbindlichen Zeichensystems ermöglichte einzelnen Kulturen ein um ein Vielfaches gesteigertes Maß an Komplexität und Organisation. Die Schrift erleichterte nicht nur die Verbreitung philosophischer Ideen, theologischer Grundsätze und heldenhafter Erzählungen. Vor allen Dingen revolutionierte sie das Rechtswesen durch die Möglichkeit, Verträge und Urkunden abzufassen und in Streit- und Zweifelsfällen immer wieder zu konsultieren. Geschriebene Dokumente vereinfachen die Kommunikation über weite Entfernungen hinweg und fördern einen einheitlichen und verbindlichen Sprachgebrauch. Rechnungswesen, Buchführung und Fernhandel sind ohne Schrift beinahe undenkbar – nicht umsonst hatten Kaufleute stets einen erheblichen Anteil an der Entwicklung von Sprache und Schrift.

* „Hier beginnt das Buch des mittelalterlichen Schreibens.“

Die Schriftformen, die wir heute in Deutschland und im größten Teil Europas benutzen, entwickelten sich hauptsächlich im Mittelalter aus griechischen und römischen Ursprüngen. Dabei durchliefen sie verschiedene Entwicklungsstufen, die es manchmal schwer machen, diese jahrhundertealten Zeugnisse zu entziffern. Die Kenntnis der unterschiedlichen Schriftformen des Mittelalters, immerhin eines Zeitraums von rund 1000 Jahren, ist unerlässlich, um ein historisches Dokument chronologisch und geographisch einzuordnen. Die Fähigkeit, die Quellen im Original entziffern zu können, stellt nicht nur eine Voraussetzung für die ernsthafte Beschäftigung mit der Epoche dar, sie kann durchaus auch Vergnügen bereiten. Im ersten Kapitel dieses Buches soll daher die Entwicklung der lateinischen Schrift vornehmlich im deutschen Sprachgebiet nachvollzogen und anschaulich gemacht werden.

Zentrale Fragen in der Auseinandersetzung mit dem mittelalterlichen Schriftwesen lauten: Wer schrieb eigentlich was und warum? Waren es zu Beginn der Epoche fast ausschließlich Mönche und andere Geistliche, die der Schrift sowie der lateinischen Sprache mächtig und daher Urheber schriftlicher Dokumente waren, so dominierte zur Zeit Gutenbergs in den Bereichen Buch-, Urkunden- und Briefwesen bereits seit längerem das Bürgertum. Die Bedingungen dieser Entwicklung – wachsende Bedeutung des Handels, Entstehung und Wachstum der Städte, Ausbreitung von Schulen und Universitäten, Durchsetzung der Volkssprachen im Schriftwesen etc. – werden im zweiten Kapitel skizziert.

Der folgende Teil befasst sich mit den Materialien, die mittelalterlichen Schreibern zur Verfügung standen. Feder, Tinte und Pergament gelten als deren typische Attribute, die sich auf zahlreichen zeitgenössischen Abbildungen dargestellt finden. Auch das Aufkommen des billigeren, künstlichen Beschreibstoffs Papier hatte im Hochmittelalter erheblichen Anteil daran, dass sich die Schriftlichkeit weiter ausbreiten konnte. Daneben spielten Wachstafeln eine bedeutende Rolle, die daher ebenso behandelt werden wie die Ausstattung einer mittelalterlichen Schreibstube, die vielfältigen Hilfsmittel (Messer, Lineale, Zirkel etc.) und das Problem der Beleuchtung.

Mit mittelalterlichem Schriftwesen verbindet man vor allem die reich illuminierten, kostbaren Codices sowie die kunstvollen, gesiegelten Urkunden auf feinem Pergament, die in zahlreichen Museen zu bewundern sind. Mit deren Aufbau, Herstellung und Bedeutung beschäftigt sich das vierte Kapitel ebenso wie mit dem im Hohen und Späten Mittelalter stark an Umfang gewinnenden Briefwesen.

Die Auseinandersetzung mit dem Schriftwesen des Mittelalters ist überaus spannend, anregend und verspricht stets neue Erkenntnisse und Aha-Erlebnisse. Das vorliegende Buch versteht sich daher als Appetitanreger, als ersten, gleichwohl recht umfangreichen und umfassenden Einstieg, in der Hoffnung, den einen oder anderen für diese interessante Thematik zu begeistern.

1. Die Entwicklung der abendländischen Schrift

„Scriptura est pictura loquens, pictura vero scriptura tacens." *

1.1. Die Anfänge der Buchstabenschrift

Die Ursprünge der Schrift liegen im Dunkel der Geschichte.** Aus Felszeichnungen entwickelten sich im Lauf von Jahrhunderten symbolische Darstellungen von Tieren, Menschen, Naturphänomenen und Alltagserscheinungen, deren Bedeutung entweder wörtlich oder im übertragenen Sinne verstanden werden konnte (z.B. Frau = Fruchtbarkeit). Diese Piktogrammschriften bildeten wohl die Grundlage für die Entwicklung früher komplexer Schriftsysteme wie der sumerischen Keilschrift, die einige tausend Jahre lang in Gebrauch war und von vielen Völkern übernommen wurde, oder der ägyptischen Hieroglyphen (von gr. *hieroglyphikà grámmata*, „Heilige Schriftzeichen"; *hierós* = heilig, *glyphéin* = einmeißeln).

Letztere verfügten von ihrer „Erfindung" ca. 3500 v. Chr. an über eine ausgefeilte Syntax. Ihre Zeichen konnten entweder als Sinnbilder (Ideogramme), Lautzeichen (Phonogramme) oder Deutzeichen gelesen werden. Weniger bekannt ist, dass fast zeitgleich eine flüssigere Alltagsschrift entstand, die so genannte *hieratische* Schrift (gr. *hierós* = heilig). Sie zeigte bereits alle Merkmale einer Kursivschrift: schneller Schreibfluss, häufige *Ligaturen* (Buchstabenverbindungen), individueller Stil. Durch weitere Abstrahierung entwickelte sich um 650 v. Chr. die *demotische* Schrift (gr. *demos* = Volk), die fortan dem täglichen

* „Schrift ist beredtes Bild, das Bild aber ist stumme Schrift."

** Einen Einstieg und kurz gefassten, aber anschaulichen Überblick mit vielen Beispielen bietet GEORGES JEAN, *Die Geschichte der Schrift*, Ravensburg 1991.

Gebrauch diente, während die hieratische Schrift nur noch zu religiösen Zwecken verwendet wurde.[*]

Bis heute sind noch längst nicht alle frühen Schriftsysteme entziffert. Bei den meisten von ihnen standen einzelne Symbole für bestimmte Silben oder ganze Wörter, wie es z. B. in China noch immer der Fall ist. Daher benötigte man relativ wenige Zeichen, um auch silbenreiche Begriffe darstellen zu können; andererseits waren sehr viele verschiedene Symbole erforderlich, um jede in der jeweiligen Sprache vorhandene Silbe auszudrücken. Die große Zahl von Zeichen, die ein Schreiber beherrschen musste, machte diese Schriften zur Angelegenheit einer Elite von Priestern und Beamten, obwohl einige davon (wie die sumerische Keilschrift) ursprünglich wohl von Kaufleuten entwickelt worden waren.

Ein Laut – ein Zeichen

Hieroglyphen, Keilschriften wie die sumerische und andere Systeme kannten keine Selbstlaute. Wie im heutigen Hebräisch oder Arabisch wurden Vokale durch Akzentuierungen, so genannte *„diakritische Zeichen"* – meist Punkte oder Striche über oder unter den Schriftzeichen – hinzugefügt.

In Griechenland tauchte nach dem Ende des so genannten „Dunklen Zeitalters" (ca. 1200-800 v. Chr.) eine neue Buchstabenschrift auf, die dort mit wenigen Änderungen noch heute in Gebrauch ist und in der sich bereits Ähnlichkeiten mit einigen unserer Schriftzeichen feststellen lassen. Das Revolutionäre an diesem System war die Zuordnung jedes Lautes – Konsonanten und Vokale – zu einem bestimmten Zeichen.

Mit der Übernahme und Abwandlung dieses griechischen Alphabets durch die Römer begann die Geschichte der abendländischen Schrift.[**] Das überlegene Konzept der Lautschrift wurde beibehalten und auch einige Buchstaben fanden auf römischen Inschriften Verwendung, doch die zugehörigen Lautwerte veränderten sich, um der neuen Sprache gerecht zu werden. Außerdem mussten neue Zeichen erfunden werden, um Laute auszudrücken, die im Griechischen nicht vorkommen.

1.2. Die Grundlagen der abendländischen Schrift

Die älteste Form der lateinischen Schrift, die Römische Kapitale, taucht ab dem 6. Jh. v. Chr. auf Denkmälern auf.[***] Bis zum Beginn der Kaiserzeit hat sich ein festes Alphabet aus 23 Buchstaben herausgebildet, das noch heute die Form unserer Großbuchstaben bestimmt. Lediglich das J, das K und das W, die zur Wiedergabe der lateinischen Sprache nicht erforderlich waren, wurden erst später

[*] Zahlreiche verschiedene Schriftsysteme finden sich in CARL FAULMANN, *Das Buch der Schrift. Enthaltend die Schriftzeichen und Alphabete aller Zeiten und aller Völker des Erdkreises*, Wien 1880 (Reprint Frankfurt am Main 1990) dargestellt und erläutert. Aufgrund des hohen Alters des Werkes sind die Ausführungen des Autors allerdings mit Vorsicht zu genießen.

[**] Die folgenden Ausführungen stützen sich insbesondere auf HERIBERT STURM, *Unsere Schrift. Einführung in die Entwicklung ihrer Stilformen*, Neustadt an der Aisch 1961. Vgl. auch WILHELM H. LANGE, *Schriftfibel. Geschichte der abendländischen Schrift von den Anfängen bis zur Gegenwart*, Wiesbaden [3]1951 und GERHARD EIS, *Altdeutsche Handschriften*, München 1949.

[***] Einen grundlegenden und umfassenden Überblick über die Entwicklung der abendländischen Schriftformen mit mehr als 250 Beispielen bietet FRIEDRICH BECK UND LORENZ FRIEDRICH BECK, *Die Lateinische Schrift. Schriftzeugnisse aus dem deutschen Sprachgebiet vom Mittelalter bis zur Gegenwart*, Köln u. a.. 2007.

entwickelt bzw. aus dem Griechischen übernommen.

Da es sich bei den ältesten Zeugnissen dieser römischen Schrift um Inschriften in Stein und Erz handelt, wird sie als *capitalis monumentalis* bezeichnet. Der streng geometrische Charakter der Buchstaben zeigt deutlich, dass sie mit Hammer und Meißel geschrieben wurden: die Linien sind gleichmäßig schlank und gerade geführt. Vor allem die Senkrechten werden durch einzelne, quer stehende Schläge abgeschlossen, die man als *Serifen* bezeichnet und noch heute bei *Antiqua*-Zeichensätzen findet (z. B. Times, Garamond).

Den Buchstabenformen der Inschriften entspricht als Buchschrift die so genannte *capitalis quadrata*. Wie bei der *monumentalis* haben die Buchstaben gleiche Höhe und Breite, lassen sich also innerhalb eines Quadrats konstruieren, was der Schrift ihren Namen gab. Durch die Verwendung von Schreibrohr, Feder oder Griffel veränderte sich aber die Linienstärke: die senkrechten Grundstriche sind dicker als die waagrechten Haarstriche. Diese Praxis fand nach und nach auch Eingang in die Epigraphik.

Eine dritte Form der römischen Kapitalschrift wird als *capitalis rustica* bezeichnet. Sie ist eine reine Buchschrift, bei der die Unterschiede zwischen Grund- und Haarstrichen noch ausgeprägter sind. Außerdem verlieren die Buchstaben ihren quadratischen Charakter und werden schmaler. Dennoch bleiben alle Buchstaben von gleicher Breite und auch die Zeichenabstände variieren nicht. Die Linien sind nicht mehr streng gerade, sondern geschwungener, die Serifen oft stark betont.* Sie fand noch lange über das Ende der Kaiserzeit hinaus Verwendung, z. B. in Prachthandschriften, Buchtiteln, Kapitelüberschriften etc. der Karolingerzeit.

Alle drei Formen der *capitalis* existierten in der römischen Kaiserzeit parallel nebeneinander. Die *monumentalis* fand noch während des gesamten Mittelalters (und bis heute) in Inschriften Verwendung, die *quadrata* erhielt sich als Auszeichnungsschrift z. B. für Überschriften bis ins Hohe Mittelalter.

Schreib- und Leserichtung der frühesten Schriftsysteme war nicht eindeutig festgelegt. Einige der ältesten römischen Inschriften sind noch von rechts nach links oder abwechselnd geschrieben, was man als furchenwendig *(bustrophedon)* bezeichnet – so wie auf dem Acker jede Furche entgegen der vorherigen gezogen wird. Wann genau die Rechtsläufigkeit zur Norm wurde, ist schwer zu bestimmen, aber aus der Kaiserzeit sind keine abweichenden Schreibrichtungen mehr bekannt.

Auffallend ist, dass die Zeichenabstände bei allen drei Formen der römischen *capitalis* stets gleich sind, der Beginn eines neuen Wortes also nicht durch eine Lücke kenntlich gemacht wird. Da noch keine Kleinbuchstaben *(Minuskeln)* existierten und auch die Buchstaben am Wortanfang nicht besonders ausgezeichnet werden, ist das Lesen lateinischer Texte der Römerzeit mitunter recht mühsam. Zumindest bei Inschriften finden sich aber gelegentlich Punkte in mittlerer Höhe zwischen den einzelnen Worten. Satzzeichen blieben dagegen noch lange unbekannt.

Die Schrift im Alltag

Da sich die schönen und gut lesbaren Formen der römischen Kapitalschrift für den alltäglichen Gebrauch als zu schwerfällig erwiesen, entwickelte sich aus ihnen um die Zeitenwende eine flüssigere Kurrentschrift (von lat. *currere* = laufen), die als ältere römische Kursive bezeichnet wird. Ihr Charakter ist viel unregelmäßiger: Buchstaben, in denen Schräglinien vorkommen, werden

* Beispiele für *c. quadrata* und *c. rustica* in BECK/BECK, *Lateinische Schrift*, S. 114f.

breiter, die übrigen schmaler. Auch die Zeichenabstände variieren. Bestimmte Kombinationen von Buchstaben werden durch so genannte *Ligaturen* miteinander verbunden, zwischen einzelnen Worten wird der Abstand dagegen größer. Einige Buchstaben ragen auch oben (z. B. S, L) oder unten (Q) über die anderen hinaus. Vielfach ist eine leichte Neigung der Schäfte nach rechts zu erkennen, was in der Flüchtigkeit der Schreibweise bedingt sein dürfte. Auch die Serifen fallen aus diesem Grund weg.

Die Entwicklung von Ober- und Unterlängen nahm im Lauf der Jahrhunderte weiter zu. Ab dem vierten Jahrhundert lassen sich in der Kursivschrift verschiedene Buchstabengruppen unterscheiden: Während a, m, n, o, t und u weiterhin von zwei gedachten Linien oben und unten begrenzt werden, ragen b, d, h und l oben, g, p und q unten darüber hinaus. Die übrigen Buchstaben werden sehr unterschiedlich geformt. Auch die Praxis, Buchstaben miteinander zu verbinden (Ligaturen), breitet sich weiter aus, wodurch einige Zeichen ganz neue Formen annehmen können. In dieser als jüngere römische Kursive bezeichneten Schrift zeichnet sich also bereits die Entstehung von Kleinbuchstaben ab, wie sie für die karolingische Zeit typisch sind.

1.3. Die Entwicklung bis zum Hohen Mittelalter

Die Unziale

Die jüngere römische Kursive blieb vor allem als Urkundenschrift bis ins 8. Jh. hinein in Gebrauch. Daneben entwickelte sich vom 4. Jh. an als reine Buchschrift die *Unziale*, die Merkmale von *capitalis* und Kursive verbindet.[*] Ihre Bezeichnung geht angeblich auf den Kirchenvater Hieronymus (um 342-419/20) zurück, der sich gegen diese „zollgroßen Buchstaben" (*„litterae unciales"*) empörte.

Einige Buchstaben der Unziale ähneln bereits unseren heutigen Kleinbuchstaben: a, d, e, h, m und q. Charakteristisch ist jedoch, dass die Orientierung an nur zwei Grenzlinien wie bei den Kapitalschriften erhalten bleibt, die Buchstaben also alle gleich hoch sind. Lediglich d, h und L können oben, F, P und q unten leicht über die anderen hinausragen.

Die in der jüngeren römischen Kursive bereits angedeutete Rundung der Schäfte wird noch stärker ausgeprägt und zum

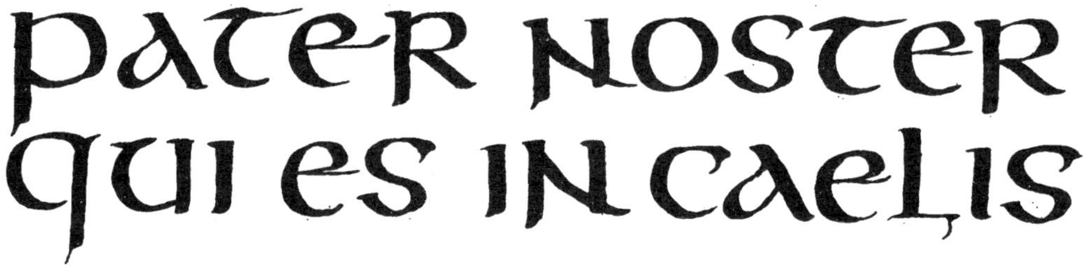

pater noster
qui es in caelis

Abb. 1: Die Unziale.

[*] Vgl. STURM, *Unsere Schrift*, S. 15-17; BECK/BECK, *Lateinische Schrift*, S. 116f.

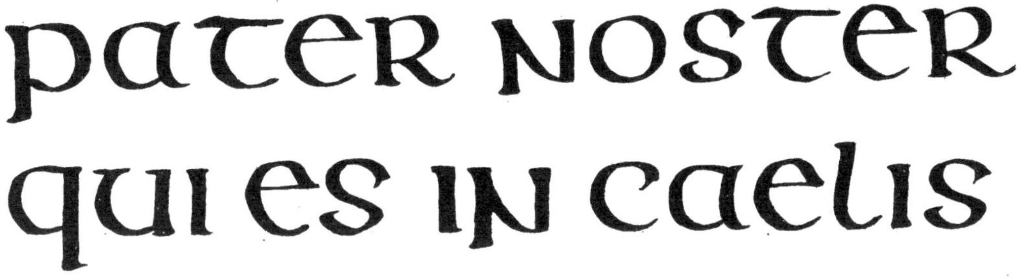

pater noster
qui es in caelis

Abb. 2: Die Halbunziale.

Kennzeichen der Unzialschrift. Das Schriftbild ist sehr breit und massiv, dünne waagrechte Haarstriche kommen kaum noch vor. Lediglich zum Abschluss senkrechter Schäfte (z. B. bei i, l oder n) finden sich manchmal angedeutete Serifen. Der Grund für die extreme Dicke der Striche dürfte vor allem in der zunehmenden Verwendung von Schreibfedern liegen, die weicher waren als die bislang üblichen Schreibrohre.

Bei der Unziale stehen die Buchstaben wieder separat und sind nicht durch Ligaturen verbunden. Selten werden Worte durch vergrößerten Zeichenabstand getrennt, nur vor Satzanfängen findet sich manchmal eine Lücke. Als Auszeichnungsschrift wurde die Unziale noch lange weiterverwendet. Aus ihr entwickelte sich die typische irische Schrift, die vornehmlich für gälische Texte bis heute Anwendung findet.

Die Halbunziale

Während die Unziale mit ihrem feierlichen Charakter vor allem als Buchschrift, d. h. in erster Linie für religiöse und liturgische Texte, verwendet wurde, entstand spätestens zu Beginn des 6. Jahrhunderts eine neue Schriftform, die mehr dem alltäglichen Gebrauch diente. Sie wurde in der Forschung gelegentlich als Vorkarolingische Minuskel bezeichnet, was aber eine spätere Entwicklung vorweg nimmt. Heute ist sie allgemein als *Halbunziale* bekannt, obwohl es sich dabei nicht um eine Unterform der zeitgleichen Unziale handelt.[*]

Wenngleich die Halbunziale keine Minuskelschrift im eigentlichen Sinne ist, bildeten sich in ihr bereits zahlreiche unserer heutigen Kleinbuchstaben heraus. Kennzeichnend ist die Verwendung eines Systems von vier Begrenzungslinien, also die endgültige Durchsetzung von Ober- und Unterlängen. Ein charakteristischer Buchstabe ist das g, das keinen ringförmigen Kopf, sondern einen geraden oder gewellten Querbalken aufweist, an dem eine Schlangenlinie, gewissermaßen ein kleines s, hängt. Das a besteht entweder aus einem schrägen Schaft mit links angehängtem Bauch wie bei der Unziale, oder der Schaft ist ebenfalls gerundet, so dass es wie zwei miteinander verschmolzene c wirkt (cc). Das N behält seine alte Majuskelform, bleibt aber zwischen den beiden Mittellinien, wodurch es sehr gedrungen wirkt. Beim r kann der Schulterstrich tief herunterhängen oder als Schnörkel ausgeführt sein.

Das e steht am Wortanfang meistens als kapitales, gerundetes E, kann aber viele verschiedene Formen annehmen, z. T. auch mit Oberlänge. Es wird oft durch Ligaturen mit anderen Buchstaben verbunden, wie auch f,

[*] Vgl. STURM, *Unsere Schrift*, S. 17-19; BECK/BECK, *Lateinische Schrift*, S. 118f.

g, r und t. Das s wird sowohl in der hergebrachten Majuskelform verwendet, als auch als so genanntes „langes s" (ähnlich unserem heutigen f ohne den Querstrich). Beim T kann der Schaft gerade oder wie ein C geformt sein.

Die Halbunziale wirkt schlanker als die Unziale und ist nicht so stark gerundet. Die Ober- und Unterlängen können mitunter stark betont sein, auch leichte Schnörkel deuten sich manchmal an, z.B. bei c, f, g, t, x oder y. Serifen kommen dagegen gar nicht mehr vor.

Andere Schriftformen

Nach dem Untergang des Römischen Reiches entstanden in einigen Teilen Europas neue Schriftformen, die nicht auf die griechisch-römischen Wurzeln zurückgingen. Bei den germanischen Völkern handelte es sich dabei vornehmlich um die so genannten *Runen*, die in verschiedenen Formen und Alphabeten überliefert sind. Allerdings begegnen sie uns in erster Linie als Weihinschriften auf Waffen oder geheiligten Gegenständen, vollständige Textzeugnisse sind überaus selten. Das bekannteste Runen-„Alphabet" ist der gemeingermanische *futhark* aus 24 Zeichen, von denen die nordischen und angelsächsischen Runen leicht abweichen.*

In Irland wurde im 4.-6. Jh. die Ogham-Schrift dazu benutzt, kurze Texte entlang der Kanten senkrecht stehender Steine zu meißeln. Meistens handelt es sich dabei um Personennamen, die im Genitiv stehen, also vermutlich einen Besitz anzeigen sollten. Die Sprache war überwiegend Altirisch, seltener Piktisch, doch wird heute vermutet, dass es sich nicht um ein eigenständiges Alphabet, sondern um eine Codierung des lateinischen Alphabets handelte.

Eine weitere neuartige Schrift wurde im 4. Jh. auf dem Balkan von Bischof Wulfila geschaffen, konnte sich aber nicht durchsetzen, so dass nur wenige Beispiele überliefert sind. Sie ist heute noch als Westgotische Schrift bekannt, obwohl sie später zeitweise auch von den Ostgoten übernommen wurde.**

Keine dieser Formen, die nicht auf römische Ursprünge zurückgingen, hatte Einfluss auf die weitere Entwicklung der abendländischen Schrift. Lediglich in einigen wenigen karolingischen Texten tauchen vereinzelt Runenzeichen auf, bleiben darin aber immer Fremdkörper.***

Während die Kapitale vor allem in Prunkhandschriften und als Auszeichnungsschrift weiter bestand und die Unziale auch als Buchschrift weiter verwendet wurde, bildeten vor allem Halbunziale und Kursive die Grundlage der weiteren Schriftentwicklung im germanischen Sprachraum. Dabei entstanden regionale Sonderformen, die von der früheren Forschung als „Nationalschriften" bezeichnet wurden, heute aber eher unter dem Begriff „vorkarolingische Minuskeln" zusammengefasst werden. Darunter fallen z.B. die westgotische Schrift in Spanien, die insulare Schrift (britische Inseln), die merowingische Schrift in Frankreich, die langobardische und die süditalische Schrift in Italien sowie die päpstliche Kuriale. Daneben lassen sich einzelne Schreibschulen unterscheiden, die nach den Klöstern benannt werden, in denen sie ihr Zentrum hatten, wie Monte Cassino, St. Gallen, Fulda, Metz, St. Martin in Tours und andere.

---

* Verschiedene Runensysteme in FAULMANN, *Buch der Schrift*, S. 161-166. Vgl. auch EIS, *Altdeutsche Handschriften*, S. 16-17. Im skandinavischen Raum blieben Runen vor allem auf Holz noch länger gebräuchlich. Bei Bergen (Norwegen) wurden bei Grabungen Runenstäbe gefunden, die z.T. komplexe Inschriften, auch in lateinischer Sprache trugen.

** Vgl. EIS, *Altdeutsche Handschriften*, S. 18-19.

*** Z.B. im Wessobrunner Gebet (um 800); vgl. EIS, *Altdeutsche Handschriften*, S. 24-25.

Die Karolingische Minuskel

Diese Aufsplitterung in zahllose regionale Sonderformen wurde gegen Ende des 8. Jahrhunderts in relativ kurzer Zeit vom Aufkommen der Karolingischen Minuskel überwunden, die deshalb zu Recht als *die* abendländische Schrift des Mittelalters bezeichnet werden kann. Sie wurde im Wesentlichen aus der Halbunziale entwickelt, nahm aber auch Einflüsse von den britischen Inseln, aus Italien und der Westgotischen Schrift auf. So wie es Karl dem Großen gelang, die seit dem Ende des römischen Kaiserreiches zerbrochene kulturelle Einheit des Abendlandes zumindest in Teilen wieder herzustellen, so sorgte auch die nach ihm benannte Schrift für eine neuerliche Vereinheitlichung des Schriftgebrauchs.

Merseburger Zaubersprüche oder die Straßburger Eide (10. Jh.) sind in der Karolingischen Minuskel abgefasst.

Die frühe Schriftforschung war noch davon ausgegangen, die Entstehung der neuen Schrift auf einen entsprechenden Erlass Karls des Großen zurückführen zu können. Doch der Kaiser, der gerade erst die eroberten Gebiete zu einem „Reich" zusammengefügt hatte, besaß schwerlich die hierzu erforderliche Zentralgewalt. Solches Denken entstammt einer Zeit, in der absolutistische Staaten wie Preußen in der Tat neue Handschriften und Drucktypen per Dekret für alle Untertanen verbindlich machte. Die Entstehung der Karolingischen Minuskel ging vermutlich eher auf unabhängige Entwicklungen in verschiedenen Klöstern des neuen Reiches zurück, die sich durch zunehmende

pater noſter
qui eſ in caeliſ

Abb. 3: Die Karolingische Minuskel.

Die Karolingische Minuskel diente dabei gleichermaßen als Buch- wie als Urkundenschrift und sogar für den täglichen „Hausgebrauch". Da sie sich von Frankreich aus nach und nach über das gesamte christliche Europa mit Ausnahme Irlands verbreitete, wurde sie zum hauptsächlichen Medium der christlichen und antiken Überlieferung des Mittelalters. Auch die frühesten Denkmäler der deutschen Sprache wie das Hildebrandslied (um 800), der „Heliand" (9. Jh.), die

geographische Mobilität und gestiegenen kulturellen Austausch rasch verbreiten konnten und dem Kaiser in seinem Bestreben, sein Reich zu kultureller Einheit und Blüte zu führen, wohl überaus gelegen kam.

Ihr Vorteil gegenüber den vorangegangenen Formen der Schriftentwicklung seit Ende des römischen Reiches bestand vor allem in ihrer besseren Lesbarkeit sowie der Einfachheit und zugleich Eleganz ihrer Buchstaben.* Wie der Name schon sagt, handelt

* Vgl. STURM, *Unsere Schrift*, S. 24-29; BECK/BECK, *Lateinische Schrift*, S.32-35 u. 136-139.

es sich bei der Karolingischen Minuskel um eine Schrift von Kleinbuchstaben. Das bedeutet die Verwendung eines Vierliniensystems mit Ober- (b, d, f, h, k, l sowie langes s) und Unterlängen (g, p, q). Das N, das bislang überwiegend seine Majuskelform behalten hatte, erhielt nun seine uns heute noch vertraute Form des kleinen n.

Worte wurden durch kleine Lücken (im Idealfall von der Breite eines o) voneinander getrennt, Abschnitte oder Sätze mit einzelnen oder doppelten Punkten abgeschlossen, neue Sätze oft mit hervorgehobenen Anfangsbuchstaben begonnen. Ligaturen fielen fast vollständig weg, dagegen nahm die Verwendung von *Abbreviaturen* mitunter monströse Ausmaße an. Dabei handelte es sich um spezielle Abkürzungszeichen für besonders häufig vorkommende Silben der lateinischen Sprache wie -us, pro-, per- etc. (siehe Kap. 1.6).

In den Klöstern des fränkischen Reiches erlebte die mittelalterliche Buchkunst eine noch heute zu bewundernde Blüte. Neben der nüchternen und einfachen Karolingischen Minuskel fanden in den so entstehenden Prachthandschriften auch andere Schriftformen, vornehmlich als Auszeichnungsschriften, Verwendung. Diese lehnten sich meist an die Vorbilder Kapitale, Unziale und in geringerem Maße auch Halbunziale an, passten ihre Formen jedoch dem „moderneren" Schriftbild der karolingischen Schreibweise an. Insbesondere zum Beginn neuer Kapitel, Seiten oder auch Absätze wurden einzelne *Versalien* (Großbuchstaben) als *Initiale* auf besondere Weise verziert und ausgeschmückt. Diese Praxis, zumindest Absätze, mitunter aber auch einzelne Sätze mit einem Großbuchstaben zu beginnen, fand im Laufe der Zeit auch Eingang in den Alltagsgebrauch.

In den deutschen Ländern blieb die Karolingische Minuskel bis zum Ende des 12. Jahrhunderts die dominierende Buch-, Urkunden- und Gebrauchsschrift.* Ihr Erscheinungsbild war in dieser Zeit Veränderungen unterworfen, die sich aber weniger einer kontinuierlichen chronologischen Veränderung als verschiedenen Schreibschulen zuschreiben lassen. Typisch ist z. B. die Wandlung des a, dessen anfänglich nach links geneigter Schaft im Lauf der Zeit immer steiler wurde, bis er spätestens zu Beginn des 12. Jahrhunderts senkrecht stand. Im 11. Jh. fand das runde s am Wort- oder Silbenende Verwendung, ab dem 12. Jh. auch im Wortinneren. Das w entwickelte sich als neuer Buchstabe aus einem uu, dann einem vu oder vv zu der heute noch verwendeten Form zweier ineinander verschränkter v. Um ein doppeltes i (z. B. bei lateinischen Genitiv-Endungen) vom u zu unterscheiden, bürgerten sich um die Mitte oder das Ende des 11. Jahrhunderts i-Striche ein, die etwa gegen Ende des 12. Jahrhunderts zunehmend auch für das einfache i übernommen, aber erst viel später zu Punkten verkürzt wurden.

Die Ausprägung von Ober- und Unterlängen kann ganz unterschiedlich sein, sie schwankt zwischen „kaum wahrnehmbar" und „stark betont". Das f und das lange s können etwa ab dem 12. Jahrhundert sowohl oben als auch unten über die mittleren Begrenzungslinien hinausragen. Die Zeichenabstände variieren ebenfalls recht stark, ganz allgemein ist allerdings die Entwicklung zu beobachten, die Buchstaben zunehmend enger zusammen zu schreiben. Gleichzeitig werden die senkrechten Grundstriche wieder stärker betont sowie oben und unten durch Abschluss-Striche begrenzt. Die mittleren Begrenzungslinien rücken dabei weiter

* Die Schrift der nachkarolingischen Zeit wird auch als „romanische Minuskel" bezeichnet; Beispiele in Beck/Beck, *Lateinische Schrift*, S. 140-163.

auseinander, so dass die Schrift etwas von ihrem rundlichen Charakter verliert. Die Buchstaben wirken etwas in die Länge gezogen, ohne dass sich die Zeilenhöhe insgesamt ändert.

Diese Streckung, die Betonung der Senkrechten und die Verwendung von Serifen, die z.T. schon als Gabelungen ausgeführt werden, verweisen bereits auf die weitere Entwicklung der gebrochenen Schriftformen der Gotik.

Die genannten Entwicklungen betrafen nicht nur die Karolingische Minuskel als Buchschrift, sondern ebenso die zeitgleiche Urkundenschrift, die vielfach als „diplomatische Minuskel" bezeichnet wird. Die wesentlichen Unterschiede bestehen in einer übertriebenen Betonung der Oberlängen, die zudem oftmals von Schlingen, Schleifen oder Schnörkeln verziert werden. Auch die Unterlängen werden betont und als Schnörkel oder nach links weisende Bögen ausgeführt. Dadurch rückt der Abstand der Zeilen zwangsläufig weit auseinander, die Betonung der Senkrechten wird früher und stärker ausgeprägt als bei der Buchschrift.

Zu Beginn und Abschluss der Urkunden finden sich in der Regel formelhafte Zeilen, die auch im Schriftbild besonders hervorgehoben werden. Meistens sind ihre Buchstaben wesentlich höher ausgeführt als die des eigentlichen Textes, eng aneinandergerückt und stark verziert. Ab dem 12. Jh. lässt sich beobachten, dass der Charakter der Buchstaben zunehmend eckiger wird, was ebenfalls bereits die Entwicklung der gebrochenen gotischen Schriftformen voraus nimmt.

1.4. Die Entwicklung vom Hohen Mittelalter bis zu Gutenbergs Erfindung

Das gemeinsame und kennzeichnende Merkmal der gotischen Schriften ist die so genannte Brechung.* Die Buchstabenschäfte stehen senkrecht und werden oben wie unten abgeknickt, so dass scharfe Ecken und spitze Winkel entstehen. Feine Haarstriche verbinden die Schäfte miteinander. Wo zwei Buchstaben einander mit ihren Bögen berühren, scheinen sie direkt ineinander überzugehen (so genannte „Bogenverbindungen").

Die mittleren Begrenzungslinien sind weiter auseinandergerückt als bei der Karolingischen Minuskel. Dadurch, sowie durch die senkrechten Schäfte und den sehr engen Zeichenabstand wirken die gotischen Schriften schmal, schlank und gedrängt. Für die Lesbarkeit bedeutet diese Entwicklung keinen Fortschritt, wohl aber für den Ausdruck von Erhabenheit und Feierlichkeit, der besonders den späten Formen innewohnt und der sie noch heute als Auszeichnungsschriften, für Urkunden und in der Mittelalterszene außerordentlich beliebt macht.

Wie sich zwischen der Karolingischen Minuskel und dem zeitgleichen romanischen Baustil Parallelen aufweisen lassen, die beide das horizontale und gerundete Prinzip betonen, bestehen auffällige Ähnlichkeiten zwischen Schrift und Baukunst der Gotik. Beide streben auf geradezu zierliche Weise in die Höhe, neigen deutlich stärker zu ornamentalen Verzierungen und weisen zahlreiche spitze Ecken und Kanten auf. Die Bezeichnung „Gotik" für Baustil, Schrift und andere Kunstformen des Hohen Mittelalters stammt jedoch aus dem 18. Jh. und war ursprünglich abwertend gemeint. Die Goten

* Zum Folgenden vgl. auch ERNST CROUS, *Die gotischen Schriftarten*, Braunschweig 1970.

galten den späthumanistischen Gelehrten als Inbegriff des Barbarentums, mit dem diese das „finstere Mittelalter" in Verbindung brachten. Heute weiß man gotische Architektur und Kunst zu würdigen und auch die zeitgenössischen Schriftformen erlebten in diesem Zuge eine neuerliche Aufwertung. Für die weitere Entwicklung sowohl der Handschriften wie auch der frühen Drucktypen waren sie, insbesondere in Deutschland, von zentraler Bedeutung.

Die gotischen Schriften lassen sich zunächst in zwei große Untergruppen gliedern, die weitgehend zeitgleich in Gebrauch waren, sich aber wesentlich voneinander unterscheiden: die gotische Minuskel und die gotische Kursive. Beide fanden sowohl als Buch- wie auch als Urkundenschrift ebenso Verwendung wie im Alltag. Da die Zahl schriftlicher Dokumente in allen Bereichen des Lebens während dieser Zeit – besonders ab dem 13. Jahrhundert – erheblich zunahm, fallen individuelle Züge, regionale Eigenheiten und Einflüsse verschiedener Schulen oder Schreibstuben nun stärker ins Gewicht. Daher ist mitunter schwer zu erkennen, wo eine tatsächliche, übergreifende Veränderung der Schreibweise stattgefunden hat und wo besondere Eigenarten nur verstärkt hervortreten. Innerhalb der äußeren Formenstrenge der gotischen Schriften findet sich also recht große persönliche Freiheit.

Die gotische Minuskel

Wie erwähnt entwickelte sich die gotische Minuskel recht fließend aus der Karolingischen Minuskel, so dass eine exakte Trennung bisweilen schwer fällt.* Charakteristiken des neuen Schreibstils sind die senkrecht stehenden, breiten Schäfte, an die sich Bäuche und Schlingen nicht mehr rund, sondern deutlich eckiger anschließen, und im Kontrast dazu die feinen Haarstriche, die „als schwungvolle und meist nach rechts gebogene Auslauflinien zwischen den Zeilen, als Verbindungs- und Anfangsstriche der Buchstaben und als i-Striche über den Zeilen das Schriftbild vorteilhaft verlebendigen."** Die mittleren Begrenzungslinien rücken weiter auseinander, so dass die Mittellängen betont, Ober- und Unterlängen dagegen weniger stark ausgeprägt werden.

Die i-Striche finden sich nun auch beim einfachen i (besonders zwischen m, n und u), nicht mehr nur beim doppelten, und verkürzen sich im 14. Jh. zu Punkten. Typisch ist wiederum die Form des a, dessen senkrechter Schaft am oberen Ende derart nach links ausläuft, dass er den Bauch berührt und somit ein „doppelt geschlossenes" a bildet. Das lange s, das nur noch selten eine Unterlänge aufweist, steht am Anfang und im Innern eines Wortes. Am Wortende findet sich das runde s, zunächst als einfache, offene Schlangenlinie, ab dem 14. Jh. an die Form einer 8 erinnernd. Der Querbalken des t wird meistens weit nach rechts gezogen.

Die einzelnen Buchstaben stehen in gleichmäßigen Abständen sehr dicht beieinander, was den Texten ihren strengen Ausdruck verleiht. Dagegen findet sich nun zwischen den Wörtern durchgängig eine deutliche Lücke und der Punkt zum Abschluss eines Satzes hat sich allgemein durchgesetzt. Die Buchstaben werden durch dünne Striche miteinander verbunden, auch Ligaturen wie z. B. bei st, ti oder fi finden sich häufig, allerdings nicht immer konsequent durchgeführt. Zunehmend berühren sich auch die Schäfte der Buchstaben selbst.

Kapitel-, Abschnitts- oder Satzanfänge werden verstärkt durch Majuskeln oder auch

---

* Zum Folgenden vgl. BECK/BECK, *Lateinische Schrift*, S. 36-42 u. 166-207.

** STURM, *Unsere Schrift*, S. 44.

Pater noster
qui es in caelis

Abb. 4: Die gotische Textura.

Minuskeln hervorgehoben, welche die übrigen Buchstaben um ein vielfaches überragen können. Oftmals werden sie als Initialen auf besondere Weise verziert und mit Schnörkeln versehen. Dabei handelt es sich in vielen Fällen um Buchstaben aus früheren Schriftformen, insbesondere der Unziale, die allerdings auf typisch gotische Weise mit Linien und Ornamenten ausgestaltet werden.

Textura und Rotunda

Ihre formvollendete Ausgestaltung erfuhr die gotische Minuskel in Deutschland ab dem 14. Jh. in der so genannten *Textura*.[*] Ihre breiten, doppelt gebrochenen Buchstabenschäfte werden von rautenförmigen Abschlüssen begrenzt. Die Mittellängen haben auf Kosten von Ober- und Unterlängen noch einmal an Höhe zugelegt, wodurch die *Textura* schlanker wirkt als frühere Formen der gotischen Minuskel. Verwendung fand diese „prächtige Kunsthandschrift“[**] vor allem in repräsentativen Werken, Messbüchern, liturgischen Handschriften und anderen Prachtbänden, aber auch in Rechtssammlungen oder Amtsbüchern, und sie diente Gutenberg als Vorbild für seine erste Drucktype.

Ihren feierlichen, aber auch sehr strengen Charakter verdankt die *Textura* nicht nur ihrer dicht gedrängten, gitterförmigen Schreibweise und dem daraus resultierenden dunklen Erscheinungsbild der Textseiten. Durch die ausgiebige Verwendung unzähliger verschiedener *Abbreviaturen* gelang es fähigen Schreibern auch, auf jeder Seite bzw. in jeder Spalte stets dieselbe Zeilenbreite einzuhalten, was den Eindruck von Strenge und Ordentlichkeit noch verstärkt.

In Italien setzte etwa zur gleichen Zeit eine gegenteilige Entwicklung ein, bei der die Brechung der Schäfte schwächer und das Erscheinungsbild der Buchstaben wieder etwas breiter wurde[***]. Diese als *Rotunda* oder „rundgotisch“ bezeichnete Form fand besonders in Handschriften der juristischen Fakultät der Universität von Bologna Verwendung, die in ganz Europa verbreitet wurden. Einfluss auf die weitere Entwicklung der Handschriften in Deutschland hatte sie aber

[*] Vgl. Sturm, *Unsere Schrift*, S. 46.

[**] Sturm, *Unsere Schrift*, S. 46.

[***] Vgl. Sturm, *Unsere Schrift*, S. 47.

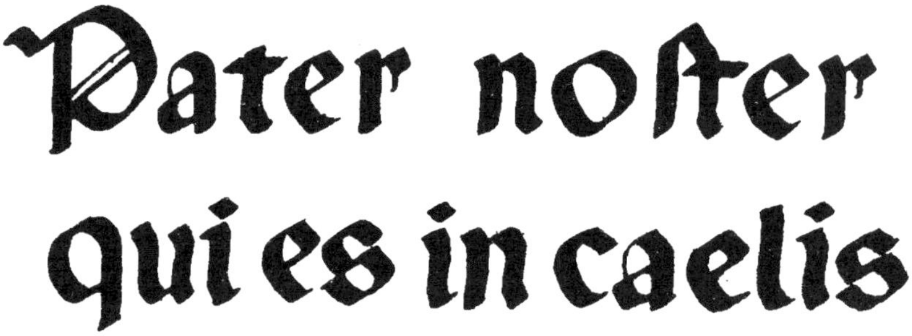

Pater noster
qui es in caelis

Abb. 5: Die Rotunda oder rundgotische Schrift.

ebenso wenig wie die zeitgleich entstandene Gotico-Antiqua[*], die aber wiederum von großer Bedeutung für die Entwicklung der *Antiqua*-Drucktypen gewesen ist.

Die gotische Kursive

Die andere Form der gotischen Schrift, die gotische Kursive, entwickelte sich zur gleichen Zeit wie die Minuskel.[**] Sie entstand aus dem Bedürfnis nach einer flüssigeren Gebrauchsschrift für den Alltag, die der stark angewachsenen und weiter zunehmenden Verschriftlichung Rechnung trug. Die Unterschiede zur gotischen Minuskel fallen auf den ersten Blick ins Auge: die Kursive ist viel ungleichmäßiger, flüchtiger und entschieden schwerer zu lesen. Ihre Buchstaben sind kleiner und in ihren Größenverhältnissen nicht so streng und gleichmäßig. Die Schäfte stehen überwiegend senkrecht, sind aber nicht oben und unten durch Haarstriche verbunden wie bei der Minuskel, sondern wie in unserer heutigen Schreibschrift durch diagonale Linien.

Die Oberlängen, die unterschiedlich stark ausgeprägt sein können, werden mit Schlingen oder Schleifen versehen, die meist gleich den Übergang zum folgenden Buchstaben bilden. So wird der Schaft des d nach links zu einer Schlinge gekrümmt, die als Schleife nach rechts weitergeführt wird, wenn sich ein weiterer Buchstabe anschließt. Die obere Schlinge des a, die bei der gotischen Minuskel bis zum Bauch heruntergezogen wurde, entfällt bei der Kursive ganz. Beim g wird die untere Schlinge von links unten über die Mittellänge hinweg nach rechts zum Anschluss des nächsten Buchstabens gezogen. Die jeweils linken Schäfte von v und w werden in der Oberlänge nach rechts geschwungen. Die Oberlänge des h bildet eine Schlinge, der Abschluss der Rundung wird über die Mittellinien hinaus nach unten verlängert und kann ebenfalls eine Schlinge bilden. Das u unterscheidet sich vom n praktisch nur durch ein kleines Häkchen, das i wird mit einem Punkt versehen.

Das s kommt in vielen verschiedenen Formen vor. Am Ende eines Wortes erscheint es in der heutigen Form, aber auch oben, unten oder an beiden Stellen geschlossen wie eine 8. Gegen Ende der Entwicklung treten diese Formen auch zunehmend am Anfang oder im Innern eines Wortes auf.[***] „Das lange s wird von der

[*] Auch als „Petrarca-Handschrift“ bezeichnet.

[**] Vgl. STURM, *Unsere Schrift*, S. 48-61; BECK/BECK, *Lateinische Schrift*, S. 42-51 u. 208-267.

[***] „Immer aber – und das ist bei der Erkennung in schwierigen Texten zu beachten – wird dieser Buchstabe von der Mitte aus zu schreiben begonnen.“ STURM, *Unsere Schrift*, S. 50.

oberen Mittellinie aus zuerst nach unten und dann parallel dazu wieder nach oben gezogen, wodurch gelegentlich Doppelschäfte entstehen, um dann über der Mittelzeile nach rechts (hier manchmal auch in einer Schlinge) abzubiegen.“ *

Zahlreiche weitere Besonderheiten sind weniger einheitlich und werden nicht immer konsequent durchgehalten. So kann z.B. das z dazu neigen, in die Unterlänge hineinzuragen und dort eine Schlinge zu bilden; der Querbalken des t kann am Schaft angesetzt und nach rechts geführt, durch den Schaft gezogen oder ganz daneben gesetzt werden; am Wortanfang nimmt das u gelegentlich die Form des v an; das r kann, abhängig vom folgenden Buchstaben, die unterschiedlichsten Formen annehmen und z.B. an ein c oder ein t erinnern; usw.

Besonders im Alltagsgebrauch der gotischen Kursive kommt die persönliche Handschrift des Schreibers deutlicher zum Vorschein als in allen vorangegangenen Entwicklungsphasen.

Auffallend ist die zunehmende Verwendung von „Großbuchstaben“ am Satzanfang oder bei bestimmten Wörtern, z.B. Namen. Dabei handelt es sich zunächst nicht um *Versalien* im eigentlichen Sinne, sondern um besonders hervorgehobene Schriftzeichen, die sich aus den Formen der gotischen Minuskel allmählich zu eigenständigen Buchstaben entwickelten. Viele von ihnen wurden in späteren Drucktypen wie der Schwabacher übernommen. Beispiele sind das A, dessen linker Schaft in einem Bogen nach rechts weiter geführt wird und dort an den folgenden Buchstaben anschließt, oder das S, dessen unterer Schwung oberhalb der Mittellänge ebenfalls nach rechts zum nächsten Buchstabe weiter gezogen wird.

Beim E findet sich statt des oberen Querstrichs mitunter ein nach links weisendes Häkchen. Das I, das sich z.B. in Rechnungsbüchern u.ä. Schriftstücken im Wort *„Item“* wiederholt findet, gleicht vielfach einem J, dessen oberer Querbalken stark nach links und nach unten geschwungen ist. Der Schaft des R hat oben eine kleine Schlinge und direkt darunter einen waagrecht nach rechts gezogenen Strich, der es mit dem folgenden Buchstaben verbindet. Häufig findet sich auch ein gleichsam spiegelverkehrtes N, das links oben in einem abwärts geführten Bogen beginnt, dann diagonal nach rechts oben strebt und schließlich mit einem senkrechten Schaft endet.

Neben diesen Beispielen sind jedoch auch viele andere Formen möglich und belegt. Typisch sind jedoch vor allem für offizielle Schriftstücke wie Urkunden, aber auch für Briefe u.ä., schwungvolle Buchstabenansätze (besonders bei Wortanfängen), Schlingen, Schleifen und Schnörkel, die zum Teil auch mitten durch das Schriftbild gozogen werden und das Lesen erheblich erschweren können.

Pater noſter qui es in caelis

Abb. 6: Gotische Kursive.

Misch- und Bastardformen

Minuskel und Kursive wurden gleichermaßen als Buchschrift wie auch für Urkunden verwendet. Natürlich wurde bei der Ausfertigung offizieller Schriftstücke oder der Gestaltung von Büchern auf eine besonders

* Sturm, *Unsere Schrift*, S. 50.

sorgfältige und kalligraphische Schreibweise geachtet. Die Merkmale der Flüchtigkeit, die sich bei der Kursive als Geschäfts- und Alltagsschrift mitunter verstärkt fanden, treten daher in der manchmal als „Buchkursive" bezeichneten Form entschieden zurück.

Bereits im 14. Jh. begannen Minuskel und Kursive, miteinander zu verschmelzen, wobei sich aus einer „reinen Minuskel mit kursiven Elementen"* allmählich eine eigene Schriftform entwickelte, die der Kursive näher stand. Ihren gestalterischen Höhepunkt erlebte sie im 14. Jh., wobei gleichzeitig die ornamentale Ausschmückung der Urkunden wieder zurückging. Anfangsbuchstaben, Namen, Titel oder besondere formelhafte Zeilen wurden zwar weiterhin verziert, aber der wesentliche Schmuck dieser spätgotischen Schriftstücke war die Feierlichkeit und kalligraphische Ausgewogenheit der Schrift selbst. Heute meist als Bastarda bezeichnet stellte diese Mischform den letzten Höhepunkt der gotischen Schriftentwicklung dar.** Aus ihr entwickelte sich die Schwabacher als Druckschrift für deutschsprachige Texte.

Bis zum Ende des 15. Jahrhunderts waren die gebrochenen Formen der gotischen Schriften in Deutschland in allen Bereichen unangefochten in Gebrauch. In den letzten 50 Jahren ihrer Entwicklung und Verwendung lässt sich aber eine deutliche Schriftverschlechterung feststellen, die mit dem Aufkommen des neuen Schönheitsideals und Stilempfindens der Renaissance in Zusammenhang zu bringen ist. Dennoch erhielten sich die gotischen Schriftformen – insbesondere Minuskel und Bastarda – noch einige Zeit, da sie als Vorlagen für die ersten gegossenen Drucktypen Johannes Gutenbergs und seiner Nachfolger dienten, während die Handschrift im Zuge der Renaissance und des Humanismus längst einen anderen Weg eingeschlagen hatte.

1.5. Buchdruck, Humanismus und Renaissance

Es ist ein noch immer weit verbreiteter Irrtum, Johannes Gensfleisch zum Gutenberg habe den Buchdruck erfunden. Tatsächlich wurden Bücher bereits vor Gutenbergs Lebzeiten gedruckt, indem ganze Seiten in Holz geschnitten, durch ein Pressdruckverfahren vervielfältigt und oftmals nachträglich von Hand koloriert wurden. Doch diese so genannten „Blockbücher" waren teuer und aufwändig herzustellen, und selbstverständlich konnte mit den einmal angefertigten Holzschnitten immer nur dieselbe Seite gedruckt werden.

Gutenberg war gelernter Goldschmied*** und seine revolutionäre „Erfindung" war eigentlich nur die Anwendung altbekannter Verfahren auf einen neuen Bereich. Die von ihm entwickelten Lettern waren im Grunde nichts anderes als Stempel bzw. Punzen, wie sie von Goldschmieden, Münzschlägern, Lederbearbeitern und anderen Berufsgruppen seit alters her verwendet wurden; auch Siegel funktionieren letztlich auf dieselbe Weise. Das geniale daran waren die schier unerschöpflich vielfältigen Kombinationsmöglichkeiten dieser aus Metall gegossenen Einzelbuchstaben sowie ihre Wiederverwendbarkeit.†

Das erste mit beweglichen Lettern gedruckte Buch war die berühmte 42-zeilige

---

* STURM, *Unsere Schrift*, S. 59.

** Vgl. BECK/BECK, *Lateinische Schrift*, S. 51-55 u. 269-319.

*** Zu Gutenbergs Leben und Werk: STEPHAN FÜSSEL, *Johannes Gutenberg*, Reinbek 1999.

† Zur Geschichte des Buchdrucks: SIGFRID H. STEINBERG, *Die Schwarze Kunst. 500 Jahre Buchwesen*, München [3]1988.

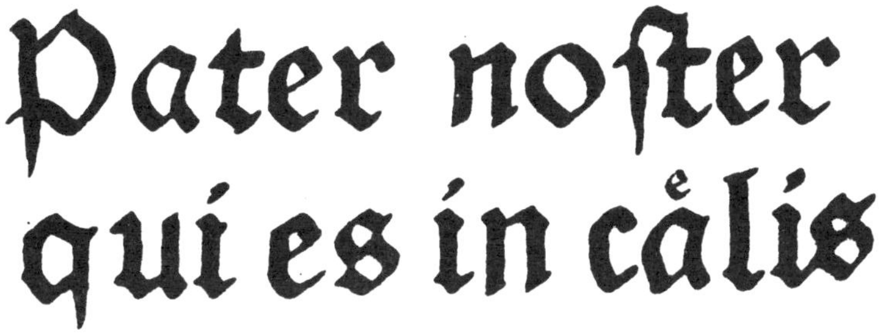

Pater noſter qui es in caͤlis

Abb. 7: Die Schwabacher.

Bibel, die zwischen 1452 und 1455 entstand. Als Vorbild für die Gestaltung seiner Typen diente Gutenberg die gotische Buchminuskel in ihrer vollkommenen Form, die Textura. Die Nachahmung der handschriftlichen Schreibweise durch den frühen Buchdruck ging so weit, dass z.B. für Ligaturen und Abbreviaturen eigene Lettern gegossen wurden. Doch Gutenbergs Nachfolger schlugen insbesondere in Italien, wo 1464 die erste Druckerei gegründet wurde, sehr bald eigene Wege in der Gestaltung ihrer Drucktypen ein. In Venedig schuf der Franzose Nicolas Jenson bereits 1470 seine *Antiqua*, die von dem berühmten Drucker und Schriftkünstler Aldus Manutius zur Vollkommenheit geführt und von Druckern in aller Welt für Jahrhunderte zum Vorbild genommen wurde.[*]

Wie der Name schon sagt, lehnt sich die Antiqua an antike, genauer gesagt römische, Vorbilder an. Ihr herausragendes Merkmal ist jedoch, dass sie eigentlich auf zwei höchst unterschiedlichen Alphabeten basiert: die Großbuchstaben, die hier zum ersten Mal einheitlich und konsequent eingesetzt werden, entstammen der *capitalis*, die Kleinbuchstaben wurden aus den mittelalterlichen (Karolingischen) Minuskelschriften geschaffen, deren Erscheinungsbild den Majuskeln angeglichen wurde. „In den nachfolgenden Schriften hat nur noch ein stilistischer Wandel stattgefunden, der in Bezug auf die Lesbarkeit keine Verbesserung mehr vollbringen konnte.“ [**] Noch heute beruhen die meisten im Buchdruck verwendeten Zeichensätze auf diesen Vorbildern des späten 15. und frühen 16. Jahrhunderts. [***]

„Deutsche Schriften“: Schwabacher und Fraktur

Zwei weitere Drucktypen müssen an dieser Stelle Erwähnung finden. Die so genannte „Schwabacher“ entstand gegen Ende des 15. Jahrhunderts in Süddeutschland unter Einfluss der Bastarda und der italienischen Rotunda als gewissermaßen „weltliches“ Gegenstück zur strengen, feierlichen Textura.[†] Ihre Buchstaben, besonders die Versalien, gehen eher in die Breite als in die Höhe (vgl. Abb. 7).

Das senkrechte Prinzip betont dagegen stärker die *Fraktur*, die sich seit Beginn des

[*] Zu Antiqua-Schriftformen vgl. BECK/BECK, *Lateinische Schrift*, S. 94-107.

[**] CYRUS D. KHAZAELI, *Crashkurs Typo und Layout. Vom Zeilenfall zum Screendesign*, Reinbek 1995, S. 19.

[***] In Deutschland regelt seit 1964 die DIN 16 518 die Einteilung von Schriften in insgesamt elf Gruppen, von denen acht verschiedene Variationen der Antiqua umfassen; vgl. KHAZAELI, *Crashkurs*, S. 30-59.

[†] Zur Entstehung vgl. LANGE, *Schriftfibel*, S. 50-52.

16. Jahrhunderts als letzte Form gotisch gebrochener Drucktypen entwickelte.[*] Sie blieb bis zu ihrem Verbot im Dritten Reich die vorherrschende Schrift des Buchdrucks in Deutschland und auch nach 1945 wurden noch vereinzelt Werke in ihr gesetzt. Schwabacher und Fraktur gelten bis heute als typisch deutsche Schriften, obwohl zumindest letztere auch in zahlreichen anderen Ländern stark verbreitet gewesen ist. Und wenngleich beide explizit und ausschließlich für den Buchdruck entwickelt wurden und um bzw. nach 1500 entstanden, müssen sie heute in vielen Publikationen als „typisch mittelalterliche" Schriften herhalten.

die gleichzeitige Übernahme der Majuskelformen der römischen Epigraphik entstand so die später *Antiqua* genannte typische Buchschrift der Renaissance, die nicht nur im Druck, sondern auch in Handschriften[**] Verwendung fand. In Deutschland allerdings blieben Antiqua und humanistische Kursive fast ausschließlich auf die Kreise humanistischer Gelehrter beschränkt.

Dagegen herrschten als Alltags- und Gebrauchsschriften noch lange Zeit „abgeschliffene" und bastardisierte Formen der gotischen Kursive vor. Persönliche und geographische Einflüsse sowie Anlass oder Zweck des ge-

Pater noster
qui es in caelis

Abb. 8: Die Fraktur als Handschrift des frühen 16. Jahrhunderts.

Handschriften der Renaissance

In Italien begann die Renaissance als Wiederentdeckung und Neubelebung antiker, griechisch-römischer Kultur. Die aus der romanischen Zeit überlieferten Abschriften klassischer Autoren wurden dabei fälschlicherweise für die Originale gehalten, die in ihnen verwendeten Schriftzeichen der Karolingischen Minuskel daher als „Urform" der abendländischen Schrift angesehen und folgerichtig kopiert. Durch

schriebenen Textes bestimmten dabei die Gestaltung der Buchstaben viel stärker als die gemeinsamen Merkmale der ursprünglichen Reinform dieses Schrifttyps, so dass sich die Veränderungen im Laufe der Zeit nicht mehr einheitlich charakterisieren lassen.[***]

Die so genannte „deutsche Schrift" oder auch „deutsche Schreibschrift" geht auf „die von der kaiserlichen Kanzlei Maximilians I. ausgehende Normierung der schönen Reinkurrentschrift" [†] zurück. Als „Kanzleischrift" existierte sie dann auch lange Zeit

---

[*] Vgl. BECK/BECK, *Lateinische Schrift*, S. 58-69. Vgl. auch HEINRICH FICHTENAU, *Die Lehrbücher Maximilians I. und die Anfänge der Frakturschrift*, Hamburg 1961.

[**] Als so genannte „Humanistenkursive"; vgl. STURM, *Unsere Schrift*, S. 78-80.

[***] Zur heterogenen Schriftentwicklung der Renaissance vgl. BECK/BECK, *Lateinische Schrift*, S. 70-77 u. 360-411.

[†] STURM, *Unsere Schrift*, S. 84.

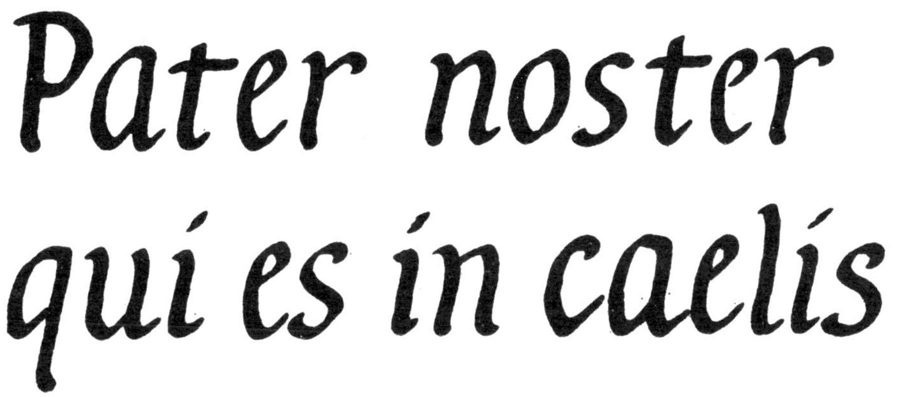

Pater noster
qui es in caelis

Abb. 9: Beispiel für die humanistische Kursive.

parallel zu anderen Formen der Kurrent- und Kursivschriften, setzte sich aber nicht zuletzt durch die Zunahme und die homogenisierende Wirkung der Schreibschulen im Laufe des 16. Jahrhunderts allmählich im gesamten deutschen Sprachraum durch. Die weiteren Veränderungen in den folgenden Jahrhunderten waren nur noch stilistischer Natur, dem Geschmacksempfinden der Zeit geschuldet und brachten keinen elementaren Wandel der Buchstabenformen mehr mit sich.[*]

Die Deutsche Schrift blieb die an Schulen gelehrte Ausgangsschrift, bis 1911 der Grafiker und Pädagoge Ludwig Sütterlin im Auftrag des preußischen Kulturministeriums aus ihr die nach ihm benannte vereinfachte Schreibschrift entwickelte.[**] Diese blieb wiederum bis zum nationalsozialistischen „Normalschrifterlass" von 1941 im Gebrauch, wurde allerdings nach Kriegsende bis in die 1970er Jahre hinein an einigen Schulen weiter gelehrt. Seit 1953 gilt jedoch in Westdeutschland die so genannte „Lateinische Ausgangsschrift" als verbindliche Schulschrift, in der DDR wurde die leicht abweichende „Schulausgangsschrift" (SAS) unterrichtet.

1. 6. Zahlen, Abkürzungen, Kurz- und Geheimschriften

Die einfachste Methode, Zahlen schriftlich zu fixieren, begegnet uns schon in der Steinzeit in Form von eingeritzten Punkten oder Strichen, von denen jeder jeweils eine Einheit darstellte. „Überliefert finden sich solche Zählsysteme in Knochen, Horn oder Stein gekerbt, in Häute oder Rinde gebrannt, in Schnüre geknotet." [***] Bei größeren Mengen oder Summen wird diese Form der Aufzeichnung

[*] So waren z. B. zu verschiedenen Zeiten jeweils unterschiedlich breite Federn in Mode, die nicht unwesentlichen Einfluss auf das Aussehen der Buchstaben, nicht aber ihre Konstruktion hatten.

[**] Fälschlicherweise werden heute oftmals alle Formen der deutschen Schrift als „Sütterlin" bezeichnet. Tatsächlich wurde seine Schreibschrift jedoch erst 1915 in Preußen eingeführt und begann erst ab den 1920er Jahren, die eigentliche „deutsche" Kurrentschrift abzulösen. Als Schulschrift deutschlandweit verbindlich war sie nur von 1935 bis 1941.

[***] ADRIAN FRUTIGER, *Der Mensch und seine Zeichen*, Wiesbaden 2006, S. 116.

schnell sehr unübersichtlich, weswegen es wahrscheinlich ratsam erschien, spezielle Zeichen für größere Werte einzuführen. Noch heute werden z. B. bei Strichlisten die Ziffern Eins bis Vier als senkrechte Striche dargestellt, die Fünf als Schrägstrich durch die vorangegangenen.

Zählen und Rechnen

Im Griechischen wurden die Buchstaben als Zahlzeichen mit verwendet und durch einen nachgestellten Apostroph in ihrer Funktion gekennzeichnet, also α'=1, β'=2, γ'=3 usw. Die römische Zählweise dürfte sich aus der Anatomie herleiten: ein Finger = I, zwei Finger = II, drei Finger = III, die Hand mit abgespreiztem Daumen = V, zwei Hände = X. Hinzu kommen C für 100 (lat. *centum*), L (ein halbes C) für 50, M für 1000 (lat. *mille*) und D für 500 (lat. *demi* = halb). Steht ein Zeichen von geringerem Wert links von einem höherwertigen, wird es dem nachfolgenden abgezogen: IV = 5-1 = 4.

Die römischen Zahlzeichen blieben bis ins 12. Jh. hinein ausschließlich im Gebrauch und noch lange danach wurden sie (besonders im religiösen und diplomatischen Bereich) weiterverwendet, vor allem zur Datierung oder in Listen aller Art. „In der gotischen Schriftperiode sind diese Buchstaben natürlich in gotischen Minuskeln geschrieben worden.“ [*] Aus dem I wurde also ein i oder ein j. Um den Wert ½ darzustellen, wurde das j mit einem Querstrich oder einer Schlinge, die den Schaft kreuzte, versehen. Stehen z. B. drei j nebeneinander, von denen das letzte auf diese Weise halbiert ist, ergibt sich der Zahlwert 2 ½.

Bei Ordinalzahlen („die Erste“, „der Zweite“ usw.) wurde der Buchstabenzahl meist die entsprechende lateinische Endung hochgestellt angehängt: j^{ma} = *prima*, ij^{do} = *secundo*, x^{9} = *decimus* usw.[**] Mitunter finden sich solche Hochstellungen aber auch gewissermaßen als Abkürzungen, um höhere Stellenwerte auszudrücken: vij^{m} = 7000, v^{c} = 500 usw. Jahreszahlen, z. B. in Inschriften, erhielten in der Regel ein vorangestelltes „AD“ (lat. *anno domini* = „im Jahre des Herrn“). Um komplexe Jahreszahlen wie z. B. 1479 (MCDLXXIX) wiederzugeben, war eine gewisse Rechenleistung erforderlich, die nicht selten zu Fehlern führte.

Die römischen Buchstabenziffern wurden allerdings nicht zum Rechnen verwendet, sondern nur zur schriftlichen Wiedergabe von Zahlenwerten. „Der Rechnungsvorgang selbst erfolgte mittels eines Rechenbrettes oder Rechentuches und der ‚Raitpfennige‘; die Rechnung wurde mit diesen auf dem Rechenbrett im wörtlichsten Sinne ‚gelegt‘ (lat. *calculare* von *calculus* = Steinchen hat die gleichartige Bedeutung wie ‚rechnen‘). Getrennt von diesem mechanischen Vorgang war die schriftliche Fixierung des Rechnungsergebnisses.“ [***]

Durch die Einführung der so genannten „arabischen“ Ziffern wurde das Rechnen dann erheblich vereinfacht. Diese stammen ursprünglich aus Indien, von wo aus sie über Persien gegen Ende des 10. Jahrhunderts ins maurische Spanien (Andalusien) gelangten.[†]

Vermutlich wurde ihr Nutzen von dortigen Fernhandelskaufleuten schnell erkannt, denn die Ziffern und die damit verbundene „neue“ Art zu rechnen verbreiteten sich rasch im gesamten Abendland. Allerdings waren es lange Zeit fast ausschließlich Kaufleute, die auf diese Weise ihre Buchführung vereinfachten,

---

[*] STURM, *Unsere Schrift*, S. 91.

[**] Das Zeichen, das einer hochgestellten 9 ähnelt, ist eine gängige Abbreviatur für die lat. Endsilbe -us.

[***] STURM, *Unsere Schrift*, S. 94.

[†] Vgl. FRUTIGER, *Der Mensch*, S. 117-121.

und es dauerte etliche Jahrhunderte, ehe sich die arabischen Ziffern allgemein durchsetzen konnten. Dieser Prozess war im 16. Jh. überall abgeschlossen, römische Buchstabenzahlen finden sich von nun an praktisch nur noch in Jahresangaben.

Im Dezimalsystem der arabischen Ziffern wird jedem Zahlwert von Null bis Neun ein Zeichen zugewiesen. Die Einführung des Kommas und der Null ermöglichte es nun, auch Bruchteile genau anzugeben: „Um die zentrale Kommastelle gliedern sich links die Einheiten – die Zehner, die Hunderter usw. –, rechts die Bruchteile in festgelegter Reihung, die es dem Rechnenden erlauben, durch exaktes Einsetzen der Ziffern jede arithmetische Operation vorzunehmen. Die Möglichkeit eines solchen Systems fundiert in der genialen Erfindung eines Zeichens für ‚Nichts', der Null also, die die Stelle ausfüllt, wenn kein Einheitswert in der Reihe vorhanden ist."*

Im Wesentlichen erhielten die arabischen Ziffern im 11. und 12. Jh. jene Formen, die uns auch heute noch geläufig sind; allerdings waren auch sie stilistischen Wandlungen unterworfen. In der gotischen Zeit ähnelte die 7 einem spitzen, unten offenen Dreieck (einem A ohne Querstrich), der 5 fehlte der obere Querbalken und die 4 glich einer unten offenen 8, ähnlich der roten AIDS-Schleife. Die 1 wurde lange Zeit nur als senkrechter Strich dargestellt, konnte aber (besonders im 15. Jh.) auch wieder dem römischen I gleichen. Bei 3, 5 und 9 wiesen die unteren Bögen häufig über die untere Mittellinie hinaus, die 2 erschien eckig wie ein Z. Seit dem 16. Jh. haben sich die Grundformen der Ziffern praktisch nicht mehr verändert.

Abbreviaturen

Eine Besonderheit mittelalterlicher Schreibweise waren die *Abbreviaturen* (lat. „Abkürzungen"). Sie wurden zunächst vor allem dazu benutzt, häufig vorkommende lateinische Silben wie *pro*, *per*, *us* etc. durch ein einzelnes Zeichen zu ersetzen (vgl. Abb. 10).** Die Verdopplung eines Konsonanten wurde in der Regel durch einen einfachen Querstrich über dem nur einfach dargestellten Konsonanten angedeutet (z. B. *an̄o* = *anno*, lat „Jahr"). Nach und nach entwickelten sich aber auch spezielle Zeichen für ganze Wörter wie *aut*, *ut*, *item*, *etim* etc. Sie hier im Einzelnen darzustellen, würde den Rahmen erheblich sprengen; das wichtigste Nachschlagewerk, bereits 1899 von Adriano Cappelli, Archivar des königlichen Staatsarchivs in Parma verfasst, verzeichnet allein über 14.000 verschiedene Abbreviaturen!***

In der gotischen Schriftperiode nahm das Abkürzungs(un)wesen mitunter derart überhand, dass manche Texte geradezu in Geheimschrift geschrieben zu sein scheinen. Oftmals lässt sich jedoch anhand des verbliebenen Wortstamms oder des Zusammenhangs die Bedeutung des gemeinten Wortes erschließen.

Die Abbreviaturen dienten nicht alleine dazu, sich die Mühe des Ausschreibens zu sparen. In besonders sorgfältig erstellten, illuminierten Handschriften wurden sie vor allem dazu verwendet, einen einheitlichen Satzspiegel, d. h. gewissermaßen einen „Blocksatz" zu erzeugen. Die hauptsächlichen Anwender des Systems waren daher schreibende Mönche und Nonnen.

Einige ursprünglich für die lateinische Sprache gedachte Abbreviaturen kamen

* FRUTIGER, *Der Mensch*, S. 118.

** Ein Überblick über die wichtigsten Abbreviaturen z. B. in FAULMANN, *Buch der Schrift*, S. 198-199.

*** Vgl. ADRIANO CAPPELLI, *Lexicon Abbreviaturarum. Dizionario di abbreviature latine ed italiane. Usate nelle carte e codici specialmente del medio-evo riprodotte con oltre 14000 segni incisi*, Mailand [6]1967.

cum	cū	ds dſ̄	deus
dictus	dc̄ſ	ꝺ	dies
dominus	dm̄ſ dn̄s	.e. eccl̄a	ecclesia
episcopus	ep̄c	ewᵐ	evangelium
Jesus	ihc ihſ	nꝰ	nullus
per	ꝑ	pp̄m	perpetuum
prae	p̄	ꝓ	pro
qui	ꝗ q̇	ꝰ ; : ꝰ	-us
vobis	vƀ	xpi xpi	christus

Abb. 10: Beispiele für einige der gängigsten lateinischen Abbreviaturen.

mitunter auch in volkssprachlichen Texten zur Anwendung. Das & (*et*, lat. „und") ist ein Beispiel für eine Abbreviatur, die sich bis heute erhalten hat. Es entstand ursprünglich aus einer Zusammenziehung von e und t, die sich als eigenes Zeichen verselbständigte.* Im Mittelalter und darüber hinaus begegnet es uns auch in der Form &c. als *et cetera* (lat. „und übrige"). Eine extreme, aber durchaus praktizierte Verwendung findet sich z. B. in „P&rus" = „Petrus".

Das falsche Auflösen bzw. nicht Erkennen von Abbreviaturen sorgte häufig für Fehler bei Abschriften. Daher lässt sich heute in manchen Fällen der ursprüngliche Sinn nur noch mit Hilfe verschiedener Kopien desselben Textes entschlüsseln.

Andere Abkürzungen

Neben Verwendung dieser speziellen Abkürzungszeichen war es üblich, bestimmte

* Heute auch als „Kaufmanns-Und" bzw. „kaufmännisches Und" bezeichnet, im Englischen *„ampersand"* (von *and per se and* = „und das Und selbst").

Begriffe durch ihre Anfangsbuchstaben abzukürzen („suspensive Abkürzung").* Die Praxis ist bereits aus der römischen Antike bekannt und wurde im Mittelalter übernommen. Besonders auf Münzen findet sich z. B. häufig die Inschrift „CAR (oder HENR, FRID o. ä.) IMP AUG". Gemeint ist „Carolus (bzw. Henricus, Fridericus) Imperator Augustus", also Kaiser Karl (bzw. Heinrich, Friedrich).

Seit etwa dem 2. Jh. n. Chr. gesellte sich dazu die Praxis der so genannten „syllabaren Suspension" oder Abkürzung, bei der die Anfangsbuchstaben der einzelnen Silben eines Wortes aneinandergereiht wurden. So steht „FCR" für *„fecerunt"*, „DTV" für *„dictavit"*. Ähnlich funktioniert die Kontraktion bzw. „kontraktive Kürzung", bei der ein Wort auf einzelne prägnante Buchstaben von Anfang, Mitte und Ende reduziert wurde. Diese Praxis stammt aus der frühchristlichen Literatur und geht z. T. auf griechische Wurzeln zurück. So steht z. B. „XPS" für „Christus", „IHS" = „Jesus" wurde später auch als *Iesus Hominum Salvator* = „Jesus, Retter/Erlöser der Menschheit" gedeutet. Fälle aus dem lateinischen Sprachgebrauch sind z. B. „dns" = *dominus*, „eps" = *episcopus*, „eccla" = *ecclesia* usw. Meistens wurden diese Abkürzungen zusätzlich durch einen horizontalen Strich über dem Wort kenntlich gemacht.

Kurz- und Geheimschriften

Wurden Abbreviaturen und andere Abkürzungen innerhalb „normaler" Texte angewandt, stellen Kurzschriften dagegen eigenständige Zeichensysteme dar. Sie dienen vor allem dazu, dem mündlichen Diktat zu folgen, um den so notierten Text später in Reinschrift zu übertragen (wie z. B. die moderne Stenographie). Im Mittelalter waren vor allem die so genannten „Tironischen Noten" gebräuchlich, die ihre Bezeichnung vom Namen eines freigelassenen Sklaven Ciceros erhielten, der sie erfunden haben soll. Sie bestehen zum einen aus Zeichen für einzelne Buchstaben, die sich schnell und flüssig schreiben lassen, zum anderen aus einzelnen Zeichen für häufig vorkommende Silben oder Wörter. „Die von Tiro aufgestellten Abkürzungen der Begriffswörter, der Präfixe und Suffixe wurden später von anderen vermehrt, namentlich fanden nach Herrschendwerden der christlichen Religion viele Abkürzungen für biblische Namen Eingang." **

Da es bis ins 12. Jh. nicht üblich (und auch lange danach noch relativ selten) war, dass Herrscher, Adelige oder hohe Geistliche ihre Gedanken selbst niederschrieben, war die Fähigkeit, sich nach Diktat zumindest Notizen zu machen, ein wichtiges Kriterium für Sekretäre und persönliche Schreiber. Manche von ihnen entwickelten so ihr eigenes System einer Kurzschrift, dass nur ihnen bekannt war und somit gleichzeitig als Geheimschrift dienen konnte. Da derartige Mitschriften jedoch in der Regel auf Wachstafeln niedergeschrieben und später in Reinschrift auf Pergament oder Papier übertragen wurden, sind praktisch keine Zeugnisse erhalten. Allenfalls Tironische Noten finden sich mitunter noch auf besonderen Urkunden.

Geheimschriften waren im Mittelalter ebenfalls bekannt, doch war die Kunst der Kryptographie noch nicht sehr weit fortgeschritten. Gängig war die Zuweisung eines bestimmten Zahlwertes für jeden einzelnen Buchstaben, doch ein solches System ist leicht zu durchschauen, wenn sich bestimmte

* Zum Folgenden vgl. auch AHASVER VON BRANDT, *Werkzeug des Historikers. Eine Einführung in die Historischen Hilfswissenschaften*, Stuttgart u. a. [17]2007, S. 79f.

** FAULMANN, *Buch der Schrift*, S. 194. Hier auch ein Verzeichnis gängiger Zeichen.

Ziffern und -kombinationen häufen. Dasselbe gilt für das Vertauschen bzw. Umsetzen der Buchstaben des Alphabets nach einem bestimmten, nur Absender und Empfänger bekannten System.*

Deutlich seltener wurden Zeichen aus fremden oder gar erfundenen Alphabeten eingesetzt. Häufiger waren Verfahren, bei denen sich die Beteiligten auf einzelne Worte einigten, die bestimmte bedeutsame Begriffe (vor allem Namen) ersetzten. Diese kamen besonders im diplomatischen und militärischen Bereich zum Einsatz. Eine systematische, „wissenschaftliche" Auseinandersetzung mit Geheimschriften setzte erst gegen Ende des Mittelalters ein, vornehmlich in Italien, mit bedeutenden Traktaten von Leon Battista Alberti u. a. Leonardo Da Vinci schrieb die meisten seiner Texte spiegelverkehrt.

Das fahrende Volk entwickelte ein besonderes Zeichensystem, meistens „Zinken" genannt, um einander schnell und verdeckt Botschaften zukommen zu lassen. In der Regel diente dabei ein Zeichen zum Ausdruck eines ganzen Sachverhalts – es handelt sich also im Grunde wieder um eine Piktogrammschrift.

* Vgl. v. BRANDT, *Werkzeug*, S. 80.

2. Schreibende, Lesende und Verstehende

> *„Scribere proposui*
> *de contemptu mundano*
> *ut degentes seculi*
> *non mulcentur in vano."*[*]

2.1. Lesen und Schreiben in der mittelalterlichen Gesellschaft

Rex illiteratus (est) quasi asinus coronatus – ein ungebildeter König ist wie ein gekrönter Esel. Dieser Ausspruch, der angeblich vom Kirchenvater Augustinus (4. Jh.) stammen soll, taucht tatsächlich erst ab dem 12. Jh. in verschiedenen Quellen auf, in denen er aber auch Herrschern des 9. oder 10. Jahrhunderts in den Mund gelegt wird.[**] Die Realität entsprach zumindest bis zum Hohen Mittelalter eher selten dem frommen Ideal und man könnte ironisch bemerken, dass die europäische Geschichte voller „gekrönter Esel" gewesen ist. Doch war der *rex literatus* tatsächlich eine Idealvorstellung? Wer galt überhaupt als *literatus*, wer als *illiteratus*[***], wo begann Bildung und welchen Zwecken diente sie? Und schließlich: welche Funktion und Bedeutung hatte die

[*] „Schreiben will ich vom Bösen in der Welt, damit die Zeit nicht ungenutzt vorübergeht." Totentanz *(„Ad mortem festinamus")* aus dem „Llibre Vermell de Montserrat", 14. Jh.

[**] Zum ersten Mal wohl um 1125 bei Wilhelm von Malmesbury (um 1080/95-um 1143), dann auch bei Roger von Salisbury († 1139); Heinrich I. von England (um 1068-1135) soll so seine Vorgänger kritisiert haben. In der Geschichte der Grafen von Anjou (*Gesta consulum andegavorum*, 12. Jh.) wird der Satz dem Grafen Fulco II. († 958) zugeschrieben; vgl. auch HANS-WERNER GOETZ, *Leben im Mittelalter. Vom 7. bis zum 13. Jahrhundert*, München 1986, S. 171; HERBERT GRUNDMANN, *Litteratus – Illitteratus. Der Wandel einer Bildungsnorm vom Altertum zum Mittelalter*, in: DERS., *Ausgewählte Aufsätze. Teil 3: Bildung und Sprache*, Stuttgart 1978, S. 1-66 (hier bes. S. 52-55).
In Quellen und Forschungsliteratur sind beide Schreibweisen *(literatus* und *litteratus)* anzutreffen.

[***] Vgl. hierzu vor allem GRUNDMANN, *Litteratus –Illitteratus.*

Fähigkeit, Lesen und Schreiben zu können, in der mittelalterlichen Gesellschaft?

Bildung und Schriftkenntnis

Der Gegensatz – und bisweilen auch Konflikt – zwischen *literati* und *illiterati* zieht sich wie ein roter Faden durch die Geistesgeschichte des Mittelalters. Doch diese Begriffe sind nicht unproblematisch, erfuhren im Laufe der Zeit mehrere Bedeutungswandel und wurden von unterschiedlichen Personengruppen ganz verschieden verstanden und gebraucht, mitunter auch äußerst polemisch. Sie lassen sich nicht einfach in modernes Hochdeutsch übersetzen: Wir kennen zwar den Analphabeten, aber es gibt im Deutschen keinen entsprechenden Ausdruck für einen Schreib- und Lesekundigen; die Bezeichnung „Literat" hat eine ganz andere Bedeutung. Die Gegensatzpaare gelehrt/ungelehrt bzw. gebildet/ungebildet erfassen nicht das gesamte Spektrum von Konnotationen, das mit *literatus*/*illiteratus* zum Ausdruck kommen konnte: Lesen und Schreiben zu können war wohl eine Voraussetzung für Bildung und Gelehrtentum, aber keineswegs mit diesen gleichzusetzen.[*]

Als mit Völkerwanderung und „Barbareneinfällen" das weströmische Reich und damit die Antike zu Ende gingen, brach damit auch die jahrhundertealte römische Bildungstradition ab. Unter den Familien der stark romanisierten, alteingesessenen Oberschicht war es üblich gewesen, den Kindern eine klassische Ausbildung zukommen zu lassen. *Literatus* zu sein bedeutete zu dieser Zeit, Lesen und Schreiben zu können, und das wiederum hieß, die lateinische Sprache zu beherrschen. Die einwandernden germanischen Volksstämme dagegen waren nicht nur illiterat (und heidnisch), sondern ganz und gar schriftlos; ihre Kultur beruhte auf mündlicher Überlieferung, was das Klischee von den Germanen als ungebildeten und kriegerischen Barbaren bis heute prägt.

Unter neu entstehenden Dynastien wie den Merowingern formierte sich nach und nach ein neuer Kriegeradel, der sich vom bisherigen, unter dem Einfluss Roms und seiner Kultur stehenden, Senatoren- bzw. Beamtenadel unterschied. Mut, Kraft und Geschicklichkeit im Kampf, beim Reiten und auf der Jagd wurden nun zu dominierenden Merkmalen des männlichen Adels, des Rittertums, und blieben es für fast tausend Jahre.

Überreste der antiken Bildungstradition überdauerten in Klöstern, in die sich auch zahlreiche ihrer Macht beraubte Angehörige des „alten" Adels zurückzogen. Seit Benedikt von Nursia 529 das Kloster Monte Cassino gegründet und dort seine Ordensregel verfasst hatte, verbreitete sich das benediktinische Mönchtum rasch über ganz Europa. Jedes neu gegründete Kloster benötigte natürlich eine eigene Kopie der *Regula Benedicti* sowie Bibelabschriften, Messbücher und andere liturgische Literatur, die größtenteils von den Mönchen vor Ort selbst hergestellt wurden.

Die Mission irischer Mönche wie Columbans des Jüngeren und anderer brachte im 6./7. Jh. zudem neue Impulse, ebenso wie die Reformen und Klostergründungen des Bonifatius im 8. Jh., die sich sowohl auf die Buchgestaltung wie auch auf Rezeption und Weitervermittlung antiken Wissens sowie auf die Textproduktion allgemein positiv auswirkten. Man begann nach und nach,

[*] In Anlehnung an M. Curschmann und den internationalen Sprachgebrauch werden im Folgenden die „undeutschen und unschönen Adjektive" *literat* und *illiterat* sowie das Substantiv *Literarizität* verwendet; vgl. MICHAEL CURSCHMANN, *Hören – Sehen – Lesen. Buch und Schriftlichkeit im Selbstverständnis der volkssprachlichen literarischen Kultur Deutschlands um 1200*, in: *Beiträge zur Geschichte der deutschen Sprache und Literatur 106* (1984), S. 218-257 (hier S. 221).

Chroniken der Geschichte des eigenen Klosters anzulegen, aber auch damit, die Weltgeschichte niederzuschreiben, zu ordnen und in Bezug auf die christliche Heilslehre zu deuten. Ein Geistlicher, Bischof Gregor von Tours, verfasste im 6. Jh. die Chronik der Franken, eine wichtige Quelle zum Übergang von Antike zum Mittelalter sowie zu Aufstieg und Herrschaft der Merowinger.

Die Karolingische Bildungsreform

Eine gewaltige Blüte erlebte das abendländische Mönchtum und mit ihm die Literatur des Mittelalters in karolingischer Zeit. Von Karl dem Großen heißt es bei Wilhelm Busch:

„Jedoch vom Sachsenkriege her
Plagt ihn ein Rheumatismus sehr.
Die Nacht ist lang, das Bein tut weh,
Carolus übt das ABC." [*]

Tatsächlich lernte der Kaiser Zeit seines Lebens zwar vermutlich das Lesen, nicht aber das Schreiben, holte jedoch schon 782 den berühmten angelsächsischen Gelehrten Alcuin an seinen Hof und diskutierte mit ihm über Fragen der Theologie, der Verwaltung und der Wissenschaften. Weitere gelehrte Männer aus England, Italien und Spanien folgten, so dass im unmittelbaren Umfeld des Herrschers ein gebildeter Zirkel entstand, in dem die griechisch-römische und christliche Tradition der Antike gepflegt, kommentiert und erweitert wurde. So war Karl der Große zwar im engeren Sinne illiterat und ungelehrt, aber keineswegs ungebildet.[**]

Vielen Bereichen seiner Herrschaftsausübung und seiner Reformen lag ein idealisiertes Bild des römischen Kaiserreichs zu Grunde; hierzu zählt nicht zuletzt die Wertschätzung von Bildung und Wissenschaft. Die antike Einteilung des Wissens in sieben „freie Künste" (lat. *artes liberales*) wurde zur Grundlage des karolingischen Bildungssystems: Grammatik, Dialektik und Rhetorik (das *„trivium"*), Musik, Arithmetik, Geometrie und Astronomie (*„quadrivium"*) bildeten fortan den elementaren Kanon des Wissens. Davon profitierten bereits die Kinder Karls des Großen:

„Für die Erziehung seiner Kinder fasste er den folgenden Plan: Sowohl die Knaben als auch die Mädchen sollten zunächst in den Wissenschaften unterrichtet werden, an denen er selbst interessiert war. Sobald die Knaben alt genug waren, mussten sie nach fränkischem Brauch Reiten, Jagen und den Waffendienst erlernen. Die Mädchen mussten sich an Wollarbeit gewöhnen und, damit sie nicht durch Langeweile träge würden, fleißig weben und spinnen [...]." [***]

Mit den Wissenschaften waren die sieben freien Künste gemeint. Hier flossen nun also spätantike römische und germanische Traditionen zusammen, und dieses Schema der Ausbildung adeliger Nachkommen blieb im Prinzip das gesamte Mittelalter über erhalten.

Notker Balbulus – auch Notker der Stammler oder Notker von St. Gallen genannt – berichtet in seinen *„Gesta Caroli Magni"* von einem Besuch Karls des Großen

[*] WILHELM BUSCH, *Eginhard und Emma. Ein Fastnachtsschwank in Bildern*, in: WILHELM BUSCH, *Sämtliche Bildergeschichten*, Bayreuth 1978, S. 39-47 (hier S. 40).

[**] Nach Angabe Einhards beherrschte er sogar die lateinische und die griechische Sprache ausreichend, um darin über komplexe Themen zu diskutieren.

[***] EINHARD, *Vita Karoli Magni. Das Leben Karls des Großen. Lateinisch/Deutsch*, ed. EVELYN SCHERABON FIRCHOW, Stuttgart 1995, S. 39-41. Vgl. auch GOETZ, *Leben im Mittelalter*, S. 63.

in einer Klosterschule.[*] Alle Schüler zeigen ihm die von ihnen geschriebenen Briefe und Gedichte und es zeigt sich, dass die Arbeiten der Kinder von mittlerer und niederer Herkunft mit deutlich mehr Fleiß und Können ausgeführt sind als die der adeligen Sprösslinge. Den Strebsamen verspricht der Kaiser daraufhin, sie nach dem Ende ihrer Ausbildung mit reichen Bistümern und Klöstern zu belohnen, wenn sie sich weiterhin so viel Mühe geben. Den hochmütigen, verwöhnten, faulen und Genuss liebenden Söhnen des Adels dagegen hält er eine Gardinenpredigt, mahnt sie zu mehr Demut, Fleiß und Ernsthaftigkeit und droht ihnen, sie hätten andernfalls Zeit ihres Lebens nichts von ihm zu erwarten.

Die Episode – ob wahr oder nicht – ist in vielerlei Hinsicht aufschlussreich. Wichtig sind in unserem Kontext jedoch vor allem zwei Erkenntnisse: Literarizität und, darauf aufbauend, Bildung eröffneten Karrierechancen in den geistlichen Sphären von Kloster und Welt, doch mit dem Selbstverständnis des Adels war sie unvereinbar. Daher mag Karls Vortrag auch noch so beeindruckend geklungen haben: Die führenden Familien des Reiches wussten sehr wohl, dass ihr Kaiser auf sie angewiesen war und sich ihre Gewogenheit früher oder später würde erkaufen müssen – durch Titel und Rang, Pfründe oder Land. Auf sie angewiesen war Karl ebenso wie seine Nachfolger vor allem in Kriegszeiten, und was machte es da für einen Unterschied, ob einer Lesen und Schreiben konnte oder Latein beherrschte?

Die einzigen Arbeiten, die eines Adeligen als würdig erachtet wurden, waren die Handwerke des Krieges und der Jagd. Dass der Mensch arbeiten musste, war die Strafe Gottes für den Sündenfall, Lesen und vor allem Schreiben wurden nicht nur als Arbeit,[**] sondern gar als eine besonders mühsame Arbeit angesehen. Lesen zum Vergnügen oder zur Unterhaltung konnte sich erst im 12. und 13. Jh. allmählich verbreiten, doch sogar noch ritterliche Autoren wie Wolfram von Eschenbach kokettierten in ihren Werken damit, illiterat zu sein. Auf den Abbildungen deutscher Minnedichter in der Großen Heidelberger (oder Manesseschen) Liederhandschrift fehlen bei kaum einem ritterliche Attribute wie Wappen, Waffen und Rüstung, Jagdfalke oder Pferd etc., doch nur wenige halten Geschriebenes in Händen und nicht einer ist an Schreibtisch oder -pult mit Feder und Tinte schreibend zu sehen.

Schreiben im Kloster

Darstellungen schreibender Mönche sind dagegen das ganze Mittelalter hindurch überaus zahlreich. Nach Cassiodor (um 490-um 580) galt das Schreiben als heilswirksame Tätigkeit, nicht nur als Dienst an Gott und der Gesellschaft, sondern auch als Mittel zu Rettung der eigenen Seele. Wie Ordericus Vitalis im 12. Jh. berichtet, konnte ein besonders sündhafter Mönch einmal seine Seele retten, da Gott jede seiner Sünden mit einem von ihm geschriebenen Buchstaben aufwog – es blieb genau ein Buchstabe übrig.[***]

---

[*] Notker Balbulus, *Gesta Karoli Magni Imperatoris*, ed. Hans F. Haefele, Berlin 1959, S. 4 f. (dt.: Notker Balbulus, *Die Taten Karls des Großen*, ed. Wilhelm Wattenbach, Leipzig 1912, S. 5 f.) Vgl. auch Gerd Althoff, Hans-Werner Goetz u. Ernst Schubert, *Menschen im Schatten der Kathedrale. Neuigkeiten aus dem Mittelalter*, Darmstadt 1998, S. 167.

[**] Der Begriff „Arbeit" hatte im Mittelhochdeutschen ein größeres Bedeutungsspektrum als heute und konnte z. B. auch Anstrengung, Mühsal oder Not bedeuten.

[***] Vgl. Wilhelm Wattenbach, *Das Schriftwesen im Mittelalter*, Graz [4]1958, S. 436; vgl. auch Althoff/Goetz/Schubert, *Menschen*, S. 169-170.

Abb. 11: Schreibende Mönche.

Dass das Abschreiben heiliger Texte aber auch irdische und durchaus negative Folgen nach sich ziehen konnte, zeigt die Legende des irischen Heiligen Colum Cille, genannt Columban der Ältere (521/22-597). Als dieser nämlich einmal den heiligen Finnian besuchte, schrieb er heimlich ein Buch aus dessen Bibliothek ab – es soll sich um ein Evangeliar gehandelt haben, das heute unter dem Titel *„Cathach"* („Krieger") in der Royal Irish Academy zu finden ist. Als sein Frevel bekannt wurde, führte Finnian Beschwerde beim Hochkönig Diarmait Mac Cerbaill, der entschied: „Das Kalb gehört zur Kuh, die Kopie zum Buch." Columban verfluchte daraufhin den König, was als Ursache für eine Schlacht gilt, die seine Sippe 561 gegen die des Herrschers schlug. Die Episode wurde als „Bücherkrieg" und als erste Urheberrechtsverletzung der Geschichte bekannt.

Zumindest größere Klöster verfügten über eine Schreibstube, genannt Skriptorium. Auf dem Klosterplan von St. Gallen (um 820) befindet es sich im Erdgeschoss direkt neben der Kirche, damit die *scriptores* (lat. „Schreiber") von dort direkt zum Chor gehen konnten, und verfügt über sieben große Fenster, an denen sieben Schreibpulte aufgereiht sind. Direkt darüber liegt die Bibliothek, die bereits im 9. Jahrhundert über 400 Titel verzeichnete. Damit muss sie allerdings schon als außerordentlich umfangreich gelten, denn die meisten Klöster besaßen deutlich weniger Bücher. Die hohe Bedeutung, die ihnen zukam, drückt sich nicht zuletzt darin aus, dass geschriebene Werke zum Kloster- (bzw. Kirchen-) Schatz gezählt und akribisch katalogisiert wurden. Wo nicht, wie in St. Gallen, ein eigener Raum dafür zur Verfügung stand, wurden sie meist in einem Schrank oder einer Truhe (lat. *armarium*) aufbewahrt und vom *armarius* (auch *antiquarius* oder *librarius*) verwaltet. Bibliothek und Skriptorium gehörten zum Kloster wie die Befestigungen zu einer Burg: *„Claustrum sine armario est quasi castrum sine armamentario."* * Neben Altem und Neuem Testament, liturgischen Büchern und den Werken der Kirchenväter verzeichneten die Bibliothekskataloge Gesetzessammlungen, bedeutende Werke antiker Philosophie, Geschichtsschreibung und Dichtkunst sowie der *artes liberales* und nicht zuletzt Bücher, die für den Schulunterricht benötigt wurden (näheres hierzu vgl. Kap. 2.2).

Schon Benedikt hatte in seiner Klosterregel festgelegt, dass die Mönche täglich mehrere Stunden mit stillem Lesen verbringen sollten. Für die Tage der Fastenzeit „erhält jeder aus der Bibliothek ein Buch, das er von Anfang bis Ende ganz lesen soll." ** Dadurch sollten die Brüder jedoch keineswegs zu Gelehrten werden: Ziel und Zweck des Lesens waren nicht Bildung, sondern geistige Erbauung, Unterweisung in tugendhaftem Leben und Rückzug aus der Welt. Die Fähigkeit, Latein lesen zu können, die bei allen Mönchen gegeben sein sollte, bedeutete nicht zwangsläufig, es auch schreiben zu können. Gelesen wurden neben der Bibel – hier insbesondere die Psalmen – vor allem die Kirchenväter und andere christliche Autoren der Antike. Die so genannten *auctores* bildeten bald einen Kanon, der auch der Schullektüre zu Grunde gelegt wurde. Etwa ab dem 12. Jh. wurde Literarizität vielfach mit Kenntnis und Verständnis der *auctores* gleichgesetzt.

Der geistige Aufbruch des Hochmittelalters

Einer der Gründe für diesen Bedeutungswandel ist in der zunehmenden Verbreitung volkssprachlicher Literatur zu finden. Da Lesen und Schreiben nun nicht mehr ausschließlich auf Latein möglich waren, der Klerus außerdem sein Schriftmonopol zu verlieren begann, wurde der *homo literatus* wiederum zu einem Ideal und gleichzeitig einem Charakteristikum der Geistlichkeit. Bis etwa ins 12. Jh. war das Gegensatzpaar Kleriker-Laien gleichbedeutend mit Literaten-Illiteraten. Da nach Kirchenrecht dem *ignorans litteras*, also dem Leseunkundigen, das Priesteramt verwehrt war, galt jeder *clericus* automatisch als *literatus* – umgekehrt konnten Laien, die Latein verstanden, ungeachtet ihrer Profession ebenfalls als Kleriker oder Pfaffen bezeichnet werden.

* So in einem Brief des Canonicus Gotfried von Ste.-Barbe-en-Auge (um 1170), zitiert nach: WATTENBACH, *Schriftwesen*, S. 430. Zu den Bibliotheken des Mittelalters vgl. UWE JOCHUM, *Kleine Bibliotheksgeschichte*, Stuttgart 1993; HERMANN ERBACHER, *Schatzkammern des Wissens. Ein Beitrag zur Geschichte der kirchlichen Bibliotheken*, Neustadt/Aisch 1966.

** RB XLVIII, 15; zitiert nach: BASILIUS STEIDLE (Hg.), *Die Benediktus-Regel. Lateinisch-Deutsch*, Beuron [2]1975, S. 145-146. Allerdings können mit *„singulos codices de bibliotheca"* auch einzelne Bücher der Bibel gemeint sein, die seit der Spätantike auch als *bibliotheca* bezeichnet und in neun Codices aufgeteilt wurde.

Um diese Zeit geriet auch der Umgang mit Bildung und Buch in Umbruch. Die Scholastiker traten an, das antike Wissen kritisch zu hinterfragen, zu kommentieren und durch neue Erfahrungen zu erweitern. An den neu entstehenden Universitäten entwickelte sich das System von *lectio* und *disputatio*: zuerst wurde ein Text laut vorgelesen, dann darüber diskutiert, was vor allem hieß, die Ansichten anderer großer Denker zum vorliegenden Gegenstand zu zitieren. Hatte bislang die römische Überlieferung die geistige Debatte dominiert, kamen nun durch den Kontakt zur gelehrten islamischen Welt die Texte griechischer, jüdischer und arabischer Philosophen hinzu, wurden übersetzt, kommentiert und diskutiert.

Durch Wissen zu Weisheit *(sapientia)* zu gelangen und durch Weisheit Gott zu erkennen war das Ziel der scholastischen Philosophie – ein Novum in der Geschichte des christlichen Denkens. Denn stand nicht in der Bibel geschrieben: „Selig sind, die da arm im Geiste sind, denn ihrer ist das Himmelreich" (Mt 5,3)? Und schon Tertullian (ca. 160-220) hatte geschrieben:

„Unsere Lehre stammt aus der Säulenhalle Salomos, der selbst gelehrt hat, der Herr sei in der Einfalt des Herzens zu suchen. [...] Wir haben nach Christus Jesus die Neugierde nicht mehr nötig und seit dem Evangelium brauchen wir keine Forschung. Wir glauben; wir wollen nichts darüber hinaus glauben. Denn das glauben wir in erster Linie, es gebe nichts, was wir darüber hinaus glauben müssten." [*]

Während sich zahlreiche Kloster- und Weltgeistliche also mit gewissem Stolz und vielleicht auch Überheblichkeit als *literati* bezeichnen, sehen die Anhänger einiger neuer religiöser Bewegungen darin ab dem 12. Jh. geradezu eine Gefährdung ihres Seelenheils. Konsequent (und nicht weniger stolz) nennen sie sich daher selbst *illiterati* oder auch *idiotae*.[**] So wurden in der lateinischen Bibelübersetzung, der *Vulgata*, schließlich schon die Apostel Petrus und Johannes bezeichnet (Apg 4, 13) und der Urheber dieser Übersetzung, der heilige Hieronymus, schämte sich seiner Bildung. Auch der heilige Franziskus wollte „einfältig" sein, *illiteratus* und *idiota*.

Andererseits: Beginnt das Evangelium eben dieses Johannes nicht mit dem Satz: „Im Anfang war das Wort" (Joh 1,1), hatte nicht Gott der Herr selbst sich in der Heiligen Schrift offenbart? Wurden nicht die vier schriftkundigen Evangelisten mit den Attributen der Schreiber – Tinte, Feder und Buch – dargestellt?

Den Häretikern dieser Zeit, namentlich den Waldensern und Katharern, wurde von katholischer Seite vorgeworfen, sie seien *illiterati* und *idiotae*, denn sie verstünden sich nicht auf die Heilige Schrift und ihre rechte Auslegung.[***] Der reiche französische Kaufmann Petrus Waldes († vor 1218), der nach einem „Erweckungserlebnis" dem Besitz entsagt und eine strenggläubige Sekte gegründet hatte, soll sich die Bibel und Werke der Kirchenväter in seine Muttersprache übersetzen lassen und sie oft gelesen haben, um dann, ebenfalls auf Französisch, darüber zu predigen.[†] Darin lag sein Vergehen, denn die Auslegung der Heiligen Schrift war ein Monopol der Kirche.

[*] TERTULLIAN, *De praescriptione haereticorum 7*, zitiert nach: KURT FLASCH (Hg.), *Geschichte der Philosophie in Text und Darstellung. Bd. 2: Mittelalter*, Stuttgart 1994, S. 65.

[**] Der Ausdruck (gr. für „Privatmann") bezeichnete ursprünglich den Unwissenden, Ungebildeten, also des Lateins und/oder des Schreibens nicht mächtigen Laien. Zum Blödsinnigen, Schwachsinnigen, auch Geistesgestörten, wurde der Idiot erst im Laufe des 19. Jh.; vgl. GRUNDMANN, *Litteratus – Illitteratus*, S. 2.

[***] Vgl. GRUNDMANN, *Litteratus – Illitteratus*, S. 57.

[†] Vgl. ARNO BORST, *Lebensformen im Mittelalter*, München 1973, S. 106-110.

Minnedichtung und volkssprachliche Literatur

Gleichwohl eroberten die Volkssprachen ab dem 12. Jh. die Literatur. Neben die Verschriftlichung mündlich tradierter Dichtungen und Erzählungen trat vor allem die neue, „erfundene" Literatur der höfischen Dichtung, der Minnelieder und Ritterepen.* Dabei handelte es sich um Werke, die von Rittern für Ritter geschrieben wurden, wodurch sich zum ersten Mal Laien in größerem Umfang der Schrift als Ausdrucksmittel bedienten. Diese Bemühungen wurden dann auch von geistlicher Seite sehr kritisch betrachtet oder verspottet.

Einer der bedeutendsten und einflussreichsten Vertreter der deutschen Ritterepik, Wolfram von Eschenbach (um 1170-nach 1217), gesteht im dritten Buch seines „Parzival" recht freimütig (115, 11-14):

„schildes ambet ist mîn art.
[...]
swelhiu mich minnet umbe sanc,
sô dunket mich ir witze kranc." **

Und weiter:

„swer des von mir geruoche,
dern zels ze keinem buoche:
ine kan decheinen buochstap.
da nement genuoge ir urhap:
disiu âventiure
vert âne der buoche stiure." ***

Im „Armen Heinrich" des nicht minder bedeutenden Hartmann von Aue (um 1168-um 1210) heißt es dagegen (Z. 1-5):

„Ein ritter sô gelêret was,
daz er an den buochen las,
swaz er dar an geschriben vant:
der was Hartman genant,
dienstman was er zOuwe." †

Beide Dichter entstammten Ministerialengeschlechtern und dürften sich in ihrem Bildungsstand sehr ähnlich gewesen sein; von Hartmann zumindest ist der Besuch einer Klosterschule bezeugt. Sie schrieben für ein Publikum, das größtenteils in der Lage gewesen sein dürfte, ihre Texte selbst zu lesen und zu verstehen, sie aber auch – wie es seit langer Zeit Brauch war – in Gesellschaft vorgelesen oder szenisch dargeboten bekam.†† Doch der eine charakterisiert sich stolz als gebildeten Ritter, als *miles litteratus*, der andere kokettiert geradezu mit seiner Unbelesenheit.

Je mehr in der geistigen Debatte des Hochmittelalters um die Abgrenzungen zwischen Literaten und Illiteraten gerungen wurde, desto stärker begannen die Grenzen der Literarizität zu verschwimmen. Während einerseits die mangelnde Schriftkenntnis des Adels seit dem 12. Jh. verstärkt kritisiert oder verspottet wurde – siehe das einleitende Zitat dieses Kapitels – müssen sich die Laien andererseits belehren lassen, dass sie der Schrift eigentlich gar nicht bedürfen: „der

* Vgl. hierzu Günther Schweikle, *Minnesang*, Stuttgart u. a. [2]1995; vgl. auch Hilkert Weddige, *Einführung in die germanistische Mediävistik*, München [6]2006.

** „Ich bin zum Ritterdienst geboren. [...] Wenn mich eine wegen meiner Dichtkunst liebt, erscheint sie mir ziemlich einfältig." Vgl. Wolfram von Eschenbach, *Parzival. Text und Kommentar*, ed. Eberhard Nellmann u. Dieter Kühn, 2 Bde., Frankfurt/Main 2006.

*** „Wer dies von mir erfahren will, der zähle es nicht zu den Büchern: ich kenne nicht einen Buchstaben. Da nehmen genügend ihren Anfang: dieses Abenteuer wird nicht von Büchern gelenkt." Vgl. Wolfram von Eschenbach, *Parzival* 115, 25-30.

† „Ein Ritter war so gebildet, dass er alles, was er in den Büchern geschrieben fand, lesen konnte. Er hieß Hartmann und war Lehnsmann zu Aue." Hartmann von Aue, *Der arme Heinrich. Mittelhochdeutsch/Neuhochdeutsch*, ed. Siegfried Grosse u. Ursula Rautenberg, Stuttgart 2005, S. 4/5.

†† Vgl. Curschmann, Hören – Sehen – Lesen, bes. S. 225-238.

leie soll durch der ôren tür / lâzen die guoten lêre vür.“ [*] Ein jeder soll sich mit dem befassen, was seines Standes angemessen ist: Der „Pfaffe“ soll nicht nach dem Schwert greifen (wie es viele Fürstbischöfe der Zeit nur zu gerne taten), der Ritter nicht nach dem Buch.

Seit Beginn des Mittelalters waren die Geistlichen die alleinigen Hüter von Bildung und Schriftkultur gewesen. Die Identifikation ging so weit, dass jeder, der (Latein) Lesen und/oder Schreiben konnte, als *clericus* oder Pfaffe bezeichnet wurde.[**] An „pfaffen unde leien“ richten sich im 12. Jh. vermehrt volkssprachliche Texte auch religiöser oder erbaulicher, nicht nur unterhaltender Natur, zunehmend außerdem an „pfaffen, leien, frouwen“. Im Epilog zu „Der welsche Gast“ wünscht sich Thomasin von Zirklaere als Leser seines Werkes „vrume rîtr und guote vrouwen und wîse phaffen“ (14696f.), womit zugleich idealtypische Eigenschaften der jeweiligen Gruppen angesprochen werden: fromme Ritter, gute Frauen, weise Pfaffen.

Die „guoten vrouwen“ sind seit dem 12. Jh. als überaus eifrige Leserinnen belegt.[***] Lesende und schreibende Nonnen hatte es seit dem Frühmittelalter gegeben, auch wenn wir über die Buchproduktion in Nonnenklöstern weniger gut unterrichtet sind. Im Hochmittelalter bildete sich jedoch die lesende Frau von Adel als neue Zielgruppe vornehmlich volkssprachlicher Literatur heraus. Nicht nur waren ihnen die Minnelieder und andere Formen höfischer Dichtung zugedacht, auch die Praxis der stillen Lektüre religiöser Traktate, erbaulicher Sentenzen und anderer frommer Texte war zunächst ein vorrangig weibliches Phänomen.[†]

Nachdem sie sich erst einmal etabliert hatte, brachte die volkssprachliche Literatur bald neue Gattungen und Formen hervor. So schuf z.B. Ulrich von Liechtenstein Mitte des 13. Jahrhunderts mit seinem „Frauendienst“ den ersten deutschen Roman aus der Ich-Perspektive. Sein „Frauenbuch“ (1257), ein Streitgespräch zwischen einem Ritter und seiner Angebeteten, in dem der Autor wiederum selbst auftritt, führt das Ideal höfischer Minne *ad absurdum* und bildet geradezu einen Abgesang auf die ritterliche Kultur seiner Zeit. Auch dieser Autor hat – zumindest vordergründig – ein weibliches Publikum im Auge, denn sein Werk endet mit den Versen (2122-2134):

„Ich Ulrich von Liechtensteine
hân ir getihtet ditz büechelîn
damit sol ir gedienet sîn.
[...]

[*] „Der Laie soll durch der Ohren Tür / lassen die guten Lehren für.“ THOMASIN VON ZIRKLAERE, *Der welsche Gast*, 9469 f., zitiert nach: CURSCHMANN, *Hören – Sehen – Lesen*, S. 240.

[**] Im Englischen wird diese Beziehung deutlich in der Entwicklung des Ausdrucks *cleric* zu *clerk:* Schreiber, Sekretär.

[***] Vgl. hierzu HERBERT GRUNDMANN, *Die Frauen und die Literatur im Mittelalter. Ein Beitrag zur Frage nach der Entstehung des Schrifttums in der Volkssprache*, in: DERS., *Ausgewählte Aufsätze 3*, S. 67-95; vgl. auch CHRISTINE JAKOBI-MIRWALD, *Das mittelalterliche Buch. Funktion und Ausstattung*, Stuttgart 2004, S. 63.

[†] Die Geschichtsforschung, die sich seit ihren Anfängen mit allen erdenklichen Formen des Schreibens beschäftigt, hat erst relativ kürzlich die Praxis des Lesens als Untersuchungsgegenstand entdeckt. Das weite Feld der Textrezeption, das auf vielfältige Weise auf die Textproduktion zurückwirkt, kann hier nur angerissen werden; vgl. ROGER CHARTIER u. GUGLIELMO CAVALLO (Hgg.), *Die Welt des Lesens. Von der Schriftrolle zum Bildschirm*, Frankfurt/Main u.a. 1999 (insb. die Beiträge von MALCOLM PARKES, JACQUELINE HAMESSE, PAUL SAENGER und ANTHONY GRAFTON). Vgl. auch JAKOBI-MIRWALD, *Das mittelalterliche Buch*, S. 59-67.

Die vrouwen suln ez gerne lesen:
ez nennet in die werden man,
die in mit dienst sint untertân.
Der sol ir güete gnâde hân.
Welhiu daz tuot, diu ist wolgetân.“ *

Lesen …

Vom 12. Jh. an nahmen Umfang der Textproduktion und Vielfalt ihrer Formen massiv und kontinuierlich zu, wofür unterschiedliche Faktoren geltend zu machen sind: zum einen die erwähnte Zunahme volkssprachlicher Texte, zugleich auch die Entstehung der Universitäten sowie Gründung und Anwachsen neuer Orden und anderer religiöser (auch häretischer) Bewegungen, die jeweils mit erheblichem Bedarf an Schrifterzeugnissen verbunden waren. Daneben sind Aufkommen und wachsende Verbreitung des billigeren Beschreibstoffs Papiers zu nennen (näheres hierzu vgl. Kap. 3.1).

Mit der Zunahme der verfügbaren Schrifterzeugnisse gingen Veränderungen der Lesegewohnheiten** und der Schreibmethoden einher: In beiden Bereichen ist ein Rückzug ins Private zu erkennen. Die stille Lektüre ersetzte zwar nicht sofort und vollständig den öffentlichen Vortrag, ergänzte ihn aber in immer stärkerem Maße, sowohl im universitären bzw. gelehrten als auch im laikalen Umfeld. Gefördert wurde diese Entwicklung z. B. auch durch die endgültige und einheitliche Durchsetzung von Worttrennung, Verwendung von Satzzeichen etc., die das Verständnis des Gelesenen erleichterten. Eine Konsequenz dieses Umstands ist z. B. eine Zunahme erotischer Literatur.***

… und Schreiben

War es zumindest bei Geistlichen gehobenen Ranges (Bischöfe, Äbte) und Adeligen bislang üblich gewesen, Werke zu diktieren, setzte sich nun das eigenhändige Schreiben immer mehr durch. In Folge dessen entstand zu dieser Zeit wieder eine flüchtige Kurrentschrift (die gotische Kursive), die dem Gebrauch im Alltag, der Aufzeichnung von Entwürfen und Gedanken sowie der Mitschrift universitärer Vorlesungen diente. Die Formulierung *propria manu* („mit eigener Hand“) am Ende eines Dokuments muss jedoch nicht zwangsläufig bedeuten, dass der gesamte Text vom Unterzeichnenden selbst niedergeschrieben wurde. Insbesondere Urkunden wurden nach wie vor von bezahlten Schreibern zu Papier bzw. Pergament gebracht, der Aussteller setzte bestenfalls seine Unterschrift darunter.

Gleichermaßen deutet der Hinweis ... *dictavit* („diktiert von ...“) nicht unbedingt darauf hin, dass der Text einem Schreiber vorgesagt wurde, der ihn dann niederschrieb. Mit *dictare* ist in diesem Zusammenhang vorrangig gemeint, dass der *dictator* der Urheber der Formulierungen ist. Wenn also eine Nonne schreibt, dass sie die Worte diktiert und selbst niedergeschrieben habe *(litteras ipsa dictavit et scripsit)*, so ist das kein Widerspruch, sondern gängige Praxis. Noch im 15. Jh. spricht Thomas a Kempis von den Worten, die er „mit eigener Hand diktiert hat“ *(quas manu mea dictavi)* – der Geist gibt vor, was die Hand niederschreibt.†

Mit *dictamen* wurde vielfach auch ein Gedicht bezeichnet und das neuhochdeutsche

* „Ich, Ulrich von Liechtenstein, habe ihr dieses Büchlein gedichtet, um ihr damit zu dienen. [...] Die Damen sollen es gerne lesen: Es nennt ihnen die würdigen Männer, die ihnen mit Dienst untertan sind. Denen sollte ihre Güte gnädig sein. Die, die das tut, ist edel.“ ULRICH VON LIECHTENSTEIN, *Das Frauenbuch. Mittelhochdeutsch/Neuhochdeutsch*, ed. CHRISTOPHER YOUNG, Stuttgart 2003, S. 172-173.

** Vgl. hierzu JAKOBI-MIRWALD, *Das mittelalterliche Buch*, S. 60-67.

*** Vgl. PAUL SAENGER, *Lesen im Spätmittelalter*, in: CHARTIER/CAVALLO, *Welt des Lesens*, S. 181-217 (hier bes. S. 213-217); DERS., *Space between Words. The Origins of Silent Reading*, Stanford 2000; DERS., *Silent Reading: its Impact on Late Medieval Script and Society*, in: Viator 13 (1982), S. 367-414.

† Vgl. WATTENBACH, *Schriftwesen*, S. 459.

Verb „dichten" geht auf das lateinische *dictare* zurück. Die *ars dictaminis* oder *ars dictandi* nahm ebenfalls im 12. Jh. ihren Aufschwung. Darunter verstand man die Lehre von den Regeln, die einem guten Prosastil vor allem in Urkunden und Briefen zu Grunde lagen. Hierzu wurden bis ins 16. Jh. hinein Lehrbücher verfasst, zunächst auf Latein, bald jedoch auch in den Volkssprachen. Sie behandelten alle erdenklichen Themen vom Aufbau des Textes über häufige Fehler, sprachlichen Rhythmus, Zeichensetzung, die Grußformeln der Briefe an Empfänger unterschiedlichen Standes, Formen verschiedener Urkunden etc. Zahl und Verbreitung solcher Lehr- oder Handbücher zeigen die Bedeutung, die jene Textgattungen im Hohen und Späten Mittelalter erlangten.

Bücher und Bürger

Träger dieser Entwicklung war nicht zuletzt das neu entstandene Bürgertum und hier vor allem die Kaufleute. Lesen und schreiben zu können wurde bald unabdingbar, um rechtsgültige Verträge abzuschließen und mit Produzenten, Lieferanten und Handelsvertretern an weit entfernten Orten zu korrespondieren. Erfolgreiche Waren- und Kreditgeschäfte setzten zudem eine konstante Buchführung und diese wiederum Kenntnisse im Lesen, Schreiben und Rechnen voraus. So schloss sich im Hochmittelalter ein Kreis, der etliche Tausend Jahre vor Christi Geburt seinen Anfang genommen hatte, da die Erfindung der ersten Piktogrammschriften vermutlich auf Kaufleute zurückzuführen ist.

Um nicht nur ihren Reichtum, sondern auch ihre Bildung zur Schau zu stellen, kauften nicht wenige vermögende Bürger auch gelehrte, erbauliche oder unterhaltende Bücher und ließen sich Prachthandschriften anfertigen, selbst dann noch, als sich der Buchdruck bereits über ganz Europa ausgebreitet hatte. Um mit Geschäftspartnern in anderen Ländern kommunizieren zu können, waren außerdem Fremdsprachenkenntnisse vonnöten, einige Kaufleute lernten sogar Latein. Viele von ihnen kamen ursprünglich aus kleinen Verhältnissen und erblickten in der klassischen Bildung ein erstrebenswertes Ideal, an dem sie ihre Nachkommen teilhaben lassen wollten. Im Spätmittelalter dürfte der Bildungsstand „einfacher" Bürger vielfach den des Adels und der niederen Geistlichkeit übertroffen haben.

Doch nicht nur lesend, auch schreibend kam das neu gewonnene Selbstwertgefühl des aufstrebenden Bürgertums zum Ausdruck. Erhaltene Tagebücher und Autobiographien zeigen, wie selbstverständlich man sich im Spätmittelalter der Schrift bediente, um sich seiner selbst zu vergewissern, über Leben und Taten Rechenschaft abzulegen und Spuren in der Geschichte zu hinterlassen.

Die Fülle literarischer Gattungen und Formen wurde im Späten Mittelalter nahezu unüberschaubar. Das Buch etablierte sich auch in laikalen Kreisen als Übungs-, Lehr- und Nachschlagewerk zu allen erdenklichen Themenbereichen. Unterweisungen in kaufmännischer Buchführung, Haushaltslehre, Fechtbücher, Werke über verschiedene Formen der Jagd, Tugendspiegel, medizinische Kompendien, Schwänke, Stundenbücher, Historien und Ritterromane bilden nur einen kleinen Ausschnitt aus dem verfügbaren Schriftgut, mögen aber einen Überblick über die Bandbreite des neuen literarischen Spektrums verschaffen.

Im Zuge dessen erlebten kommerzielle Buchproduktion und -handel einen enormen Aufschwung. Waren Bücher bislang fast ausschließlich auf Bestellung angefertigt worden, wurde nun zunehmend auf Vorrat produziert, ab dem 15. Jh. auch im xylographischen Druckverfahren (Holzschnitte, Blockbücher). Die Brüder vom Gemeinsamen Leben verwandelten im 14. Jh.

das Abschreiben in ein Gewerbe und verbreiteten bevorzugt fromme Schriften in den Volkssprachen.[*] Nach Aufkommen des Buchdrucks zählten sie zu den ersten, die in ihren Niederlassungen Druckereien einrichteten.

Besonders beliebt waren Gebetbücher, die es Laien ermöglichten, dem lateinischen Gottesdienst durch Nachlesen der entsprechenden Passagen in der Landessprache zu folgen. Diese mussten notwendigerweise von sehr kleinem Format sein – das „Taschenbuch" war geboren.

Gleichwohl soll nun nicht der Eindruck entstehen, die Bevölkerung des Späten Mittelalters habe sich plötzlich in eine Gesellschaft von *literati* verwandelt. Der Anteil der lesefähigen Bevölkerung in den Städten des deutschen Sprachgebiets vor der Reformation wird auf etwa 10-30% geschätzt, jener der Landbevölkerung dürfte deutlich darunter im niedrigen einstelligen Bereich gelegen haben. Doch verglichen mit vielleicht 1-3% der Gesamtbevölkerung zu Zeiten Karls des Großen stellen diese Zahlen noch immer einen gewaltigen Zuwachs dar.

2.2. Lesen lernen – Schreiben lernen – Verstehen lernen

Am Ende der römischen Kaiserzeit bestand in den Städten der germanischen Provinzen ein vollständig von Laien getragenes Schulsystem. Die Lehrer wurden von den örtlichen Autoritäten ausgewählt, bezahlt und beaufsichtigt, der Lehrstoff bestand vor allem aus der lateinischen Sprache sowie dem antiken Kanon der Wissenschaften, den sieben *artes liberales*. Beim überwiegenden Teil der Schüler handelte es sich um Nachkommen der einheimischen, stark romanisierten Senatorenaristokratie. Um später selbst die Rolle imperialer Beamter wahrnehmen zu können, waren lateinische Lese- und Schreibfähigkeit unverzichtbar.

Mit dem Untergang des römischen Reiches und der damit einhergehenden so genannten Ruralisierung und Barbarisierung fand auch die Institution der Laienschulen ihr Ende. Die meisten Städte verödeten und mit ihnen ihre öffentlichen Einrichtungen. Die „barbarischen" Eroberer waren Angehörige schriftloser Germanenstämme, die für derartige geistige Bildung keine Verwendung und daher keinen Anlass sahen. Wohlhabende Eltern des alteingesessenen Senatorenadels stellten nun mitunter Hauslehrer an, um die Ausbildung ihrer Nachkommen sicher zu stellen, doch der Schwerpunkt der schulischen Bildung verlagerte sich in den Schoß der Kirche.

Die Kirche als Lehrerin

Ab dem 6. Jh. bestanden kirchliche Schulen vornehmlich an Bischofssitzen, aber auch in einfachen Pfarreien, und unterrichteten Kinder ab etwa sieben Jahren und Erwachsene, Kleriker wie Laien gleichermaßen. Letztere wurden jedoch immer weniger, da sich die Ausbildung des adeligen Nachwuchses zunehmend in den häuslichen Bereich verlagerte und dort eher die Praxis des adeligen Lebensstils vermittelt wurde. Der größte Teil des frühmittelalterlichen Adels konnte weder Lesen noch Schreiben oder Rechnen.

Für den Klerikernachwuchs war dagegen ein Mindestmaß an geistiger Bildung erforderlich, denn das Kirchenrecht verlangte als Voraussetzung für die Priesterweihe zumindest *„bene legere et bene cantare"*, gut Lesen und

[*] Vgl. WATTENBACH, *Schriftwesen*, S. 453-456.

gut Singen zu können. Lesen bedeutete dabei weniger, das Gelesene auch zu verstehen, sondern vor allem, es mit wohlklingender Stimme angemessen vortragen zu können. Daneben wurden wohl auch einfachste Grundkenntnisse im Rechnen vermittelt, Schreiben war dagegen vermutlich schon nicht mehr Bestandteil des Elementarunterrichts, sondern ein höheren „Jahrgängen" vorbehaltenes, eigenes Lehrfach.

Das frühmittelalterliche Schulwesen ist leider nicht so gut dokumentiert, wie es wünschenswert wäre; man kann allerdings wohl den allgemeinen Bildungsstand des Klerus relativ niedrig, den der übrigen Bevölkerung noch deutlich darunter ansetzen. Schon der heilige Bonifatius (672/73-754) beschwerte sich über Priester, welche die Taufe *„in nomine patria et filia"* [*] vollzogen. Natürlich gab es Ausnahmen, doch das germanische Mitteleuropa hat zumindest zwischen dem 6. und dem 8. Jh. nicht gerade eine überragende Zahl bedeutender Denker oder Autoren hervorgebracht. Der Niedergang der merowingischen Kirche und der gleichzeitige Verfall der Bildung stehen in engem Zusammenhang.

Wieder Karl der Große

Einen wichtigen Einschnitt bedeutete die so genannte Bildungsreform[**] Karls des Großen. Wenn hier und im Folgenden von Bildung die Rede ist, so handelt es sich dabei um einen Ausdruck des modernen Sprachgebrauchs; das Mittelalter kannte keinen entsprechenden Begriff.[***] Auf das Gegensatzpaar *literatus-illiteratus*, das vielfach (unzutreffend) als „gebildet-ungebildet" übersetzt wird, wurde bereits ausführlich eingegangen. Als „Gebildeter" lässt sich jedoch eher der *eruditus* bezeichnen, wobei *eruditio* wiederum am ehesten mit „Erziehung" zu übersetzen wäre – oder auch mit „Gelehrsamkeit", je nach Zusammenhang.[†]

In unserem Kontext ist „Bildung" in erster Linie als schulisch vermitteltes Wissen zu verstehen, das insbesondere Lese- und Schreibfähigkeit umfasst. Das Streben nach Erkenntnis oder Weisheit (*sapientia*) wäre dagegen eher der Gelehrsamkeit zuzuordnen, die ohne Bildung nicht denkbar, aber keine notwendige Folge von ihr ist. Die „Bildungsreform" Karls des Großen umfasste beide Bereiche: die Vermittlung grundlegendster literarischer Fähigkeiten sowie das Streben nach Klugheit (*prudentia*), Weisheit und Erkenntnis, was sich als Metier des „Intellektuellen" bezeichnen ließe (vgl. Kap. 2.5).

Karls vorrangiges Anliegen war eine Reform der Kirche, deren Niedergang seit dem 7. Jh. augenfällig war. Die Erkenntnis, dass dieses Ziel nicht erreicht werden konnte, ohne das Niveau der Bildung unter den Geistlichen zu heben, führte zu Anstrengungen unterschiedlicher Art. Bereits Karls Vorgänger Pippin hatte sich um kirchliche Reformen bemüht und durch die Einrichtung einer Hofschule auch für die Bildung des hohen Adels Sorge getragen. Durch Berufung der bedeutendsten Gelehrten Europas, unter denen Alcuin eine Vorrangstellung

[*] „Im Namen das Vaterland und die Tochter …"

[**] „Der Begriff ist eine Übereinkunftsbezeichnung für die Bemühungen Karls d. Gr. und seines Hofes um die Erneuerung der Bildung in seinem Reich." JOSEF FLECKENSTEIN, *Bildungsreform Karls des Großen*, in: LexMA, Bd. 2, Sp. 187-189 (hier: Sp. 187).

[***] Das nhd. Wort Bildung stammt vom ahd. *pildunga* ab, womit das lat. *imaginatio* übersetzt wurde. Der Begriff hängt daher eher mit Worten wie Vor-, Abbild, einbilden (i. S. v. einprägen), Vorstellung oder auch bilden i. S. v. herstellen, erzeugen zusammen. Eingang in die Literatur fand er erst bei den dt. Mystikern des 14. Jh., seine heutige Bedeutung erlangte „Bildung" erst im Zuge der Aufklärung.

[†] Vgl. MARTIN KINTZINGER, *Wissen wird Macht. Bildung im Mittelalter*, Ostfildern 2003, S. 12.

einnahm, machte Karl seinen Hof zum wichtigsten Bildungszentrum Mitteleuropas. Von dort gingen seit dem Ende des 8. Jahrhunderts Bemühungen aus, antikes Wissen zu sammeln, zu pflegen und zu verbreiten. Zu diesem Zweck wurden Schulen und Bibliotheken gegründet, Lehrbücher verfasst und Abschriften antiker, überwiegend christlicher Werke angefertigt. Wichtige Folgen dieser Anstrengungen waren die Schaffung einer neuen, einheitlichen Schriftform, der später so genannten Karolingischen Minuskel, und die Pflege der lateinischen Sprache, die seit Ende des römischen Reiches stark verwildert und grammatisch verkommen war.

Weitere nicht zu unterschätzende Impulse vor allem für den monastischen Bereich gingen zu jener Zeit von irischen und angelsächsischen Missionaren aus. In ihren Heimatländern sind bereits vom 6./7. Jh. an Klosterschulen belegt, und nun trugen sie wesentlich dazu bei, diese erfolgreichen Institutionen auch im fränkischen Herrschaftsbereich zu etablieren. Ziel dieser Bildungseinrichtungen war natürlich vorrangig die Unterrichtung der angehenden Mönche im Lesen, Schreiben und Singen, doch viele von ihnen nahmen auch Schüler auf, die nicht dem Kloster angehörten.

Kloster- und Domschulen

Auf der Aachener Synode von 817 wurde festgelegt, dass die Klosterschulen ausschließlich jenen offen stehen sollten, *„qui oblati sunt"*, die also bereits als Kinder in die Obhut des Klosters gegeben worden waren. Tatsächlich bestanden aber vielerorts zwei Schulen unter einem Dach: eine *schola claustri* für die Oblaten und eine *schola exterior* für Geistliche von außerhalb, die wohl mitunter auch Laien aufnahm. In St. Gallen leitete im späten 9. Jh. der bereits erwähnte Notker Balbulus die *schola claustri*. Berühmte Lehrer wie er, Alcuin oder später Hrabanus Maurus in Tours und andere zogen verstärkt externe Schüler an.

Vom 8. bis zum 12. Jh. bildeten die Klosterschulen das Rückgrat des Bildungssystems. Dabei standen sie mitunter in unmittelbarer Konkurrenz zu den nicht weniger angesehenen Domschulen, deren Bedeutung unter der Herrschaft der Ottonen stetig zunahm und schließlich die der monastischen Schulen übertraf. Wie ihr Name schon vermuten lässt, waren sie den Domstiften angeschlossen. Ihre Leitung oblag einem Angehörigen des Kapitels, der *scholasticus* oder *magister scholarum* genannt wurde. Er erteilte die Lehrbefugnis *(licentia docendi)*, beaufsichtigte die Lehrer *(magistri)* und wachte über die Schuldisziplin.

Vorbild für die Einrichtung der Domschulen im fränkischen Reich war die berühmte und angesehene Schule der Kathedrale in York, die Alcuin geleitet hatte, bis ihn Karl der Große 781 an seinen Hof rief. Der Kaiser selbst förderte vor allem Metz als Musterschule des Reiches, und 789 wurde auf der Synode zu Aachen die Einrichtung von Stiftsschulen den Bischöfen zur Pflicht gemacht.

Ein Vorteil der Domschulen war die breitere Differenzierung des Lehrpersonals: Für einzelne Fächer konnten jeweils spezielle Lehrer angeworben werden, die vielleicht anderswo schon einen Ruf erworben hatten. Hier traten die Diözesen auch zueinander in Konkurrenz. Von Nachteil war dagegen der mitunter starke Einfluss des Hofes auf die Kathedralschulen, von dem die Klöster weitgehend verschont blieben. Insbesondere die Ottonischen Kaiser stellten Forderungen was Bildungsanforderungen und Lehrinhalte betraf.

Hauptaufgabe der Domschulen war die Ausbildung des künftigen Diözesanklerus. Da dieser, im Gegensatz zum Großteil der Mönche und Nonnen, auch Verwaltungsaufgaben zu bewältigen hatte, nahm ab dem 10. Jh. das Studium der Rechte einen wachsenden Teil des Lehrplans ein. Hier wurde auch das System von *quaestio* und *disputatio* entwickelt, das später zu einem prägenden Bestandteil des universitären Unterrichts wurde. Damit trat die Logik als beherrschendes Lehrfach auf den Plan.

Diese Flexibilität im Lehrplan, Offenheit für neue geistige und wissenschaftliche Strömungen und Methoden sowie Konkurrenzdruck und Elitedenken zeichneten die Domschulen vor den Klosterschulen aus, so dass sie etwa vom 10. Jh. an auf deren Kosten zur tragenden Säule des Bildungswesens wurden. Wenngleich es zu allen Zeiten äußerst gelehrte und gebildete Mönche und Nonnen gegeben hatte, war Gelehrsamkeit doch kein eigentliches Ziel des Unterrichts in den Klöstern. Ganz anders die Entwicklung an dem Domschulen: Gute Bildung wurde immer mehr zum Kriterium für eine Ernennung zum Bischof oder den Erwerb einer angesehenen und ertragreichen Pfründe. So stiegen die Anforderungen an die Schüler wie an das Lehrpersonal, was eine allgemeine Intellektualisierung des Unterrichts mit sich brachte.

Im 13. Jh. begannen dann die Universitäten, die selbst aus Domschulen hervorgingen, diesen den Ruf als Hort der Wissenschaften streitig zu machen. „Im 14. und 15. Jahrhundert wurde es üblich, dass Anwärter auf Domstiftspfründen ein zwei- oder dreijähriges Universitätsstudium absolviert haben sollten (Biennium, Triennium).“ *

Unterricht und Lehrplan

Wie hat man sich Unterricht und Lehrplan an den Dom- und Klosterschulen vorzustellen?

Größter Wert wurde zunächst auf das Auswendiglernen von Psalmen und einfachen Gebeten gelegt, die der Lehrer den Schülern vorsagte. Der Leseunterricht begann mit dem Erlernen des Alphabets, dann mit der Bildung einfacher Silben, also Verbindungen von Vokal und Konsonant wie z. B. la, le, lu. Dabei werden die Schüler wohl im Chor die Silbenfolgen aufgesagt haben, die der Lehrer ihnen vorgab. Dazu dienten große Alphabet- und Silbentafeln an den Wänden. Wie aus Silben Wörter und aus Wörtern Sätze gebildet werden, wurde dann offenbar anhand der zuvor auswendig gelernten Texte vermittelt.

Spätestens jetzt setzte auch der Unterricht in der lateinischen Sprache ein. Seine gängigste Form dürfte die von Frage und Antwort bzw. des Dialogs gewesen sein. Das um 990 von dem englischen Benediktiner Aelfric Grammaticus verfasste *„Colloquium“* bietet ein gutes Beispiel für diese Form der Unterweisung. Die in einer Art Plauderton geführte Unterhaltung zwischen Lehrer und Schülern diente nicht nur zur Übung des Lateinischen, sondern brachte den Zöglingen des Klosters auch die richtige mönchische Lebensweise nahe.** Darin wird deutlich, was für das Schulwesen des gesamten Mittelalters gilt: Der Unterricht diente nicht allein dem Wissenserwerb, sondern war vor allen Dingen eine „Schule des Lebens“, die gesellschaftliche und sittliche Normen, den rechten Glauben und Disziplin vermittelte – *non scholae, sed vitae*, nicht für die Schule, sondern für das Leben.

Bei jeder Form der Bildung im Mittelalter – sei sie handwerklicher, ritterlicher oder geistiger Natur – war der Lehrstoff stets auf seine praktische Anwendung ausgerichtet. Die Vorstellung von Wissen oder Bildung als Selbstzweck wäre den Menschen jener Zeit fremd und unsinnig vorgekommen. Lehrlinge lernten die Verrichtungen eines Handwerks, um die Gesellschaft mit nützlichen

* KINTZINGER, *Wissen*, S. 106.

** GEORGE N. GARMONSWAY (HG.), *Aelfric's Colloquy*, London 1939. Vgl. auch BORST, *Lebensformen*, S. 583-587.

Dingen versorgen sowie sich und ihre Familie ernähren zu können; der adelige Nachwuchs erlernte das Kriegerhandwerk, um seine Schutzverpflichtung zu erfüllen und seinem Herrn im Konfliktfall zu dienen; die angehenden Mönche und Kleriker lernten, ein gottgefälliges Leben im Dienste der Gemeinschaft zu führen. Die einzelnen Bestandteile des Lehrplans wie Lesen, Singen und Beten waren stets auf diesen übergeordneten Zweck ausgerichtet.

Das Schreiben bildete ein eigenes Lehrfach. Da die Schüler hierzu Wachs- und Tontafeln verwendeten, auf denen die Schrift leicht wieder ausgelöscht werden konnte – Pergament wäre zu teuer gewesen –, haben sich kaum Zeugnisse erhalten, die uns einen Einblick in die Praxis des Schreibunterrichts gewähren könnten.* Dass nach Diktat geschrieben wurde, ist anzunehmen, um den Schülern die Beziehung zwischen der Aussprache eines Wortes und seiner schriftlichen Wiedergabe zu vermitteln. Früher oder später wurden sie wohl auch ermutigt, selbst einfache Texte zu verfassen, wie die erwähnte Episode vom Schulbesuch Karls des Großen vermuten lässt.

Die vornehmste Aufgabe war jedoch das Abschreiben heiliger Texte. Eine solche Abschrift anzufertigen war nicht so leicht, wie es erscheinen mag, denn Schreibstil und Schriftbild hatten sich seit der ersten Niederschrift verändert. Es genügte also nicht, die gängigen Formen der Karolingischen Minuskel oder der späteren gotischen Buchschriften zu beherrschen, man musste außerdem die älteren Schriftformen lesen und in die neuen übertragen können. Weitere Schwierigkeiten entstanden z.B. durch den Gebrauch von Abbreviaturen, deren Bedeutung ebenfalls bekannt sein musste.

Zudem hatten die Abschriften strengen Kriterien von Ausgestaltung, Schönschrift, Ebenmäßigkeit und Schriftspiegel zu entsprechen. Zwar wurden wohl zumindest in den Klosterschulen alle Schüler in der Kunst des Abschreibens unterrichtet, doch nur die besten unter ihnen fanden später als Schreibermönche einen Platz im klösterlichen Skriptorium. Weitere dort erforderliche Kenntnisse wie das Zurichten des Pergaments, die Herstellung von Tinten etc. wurden aller Wahrscheinlichkeit nach nicht in der allgemeinen Klosterschule vermittelt, sondern erst, wenn Mönch oder Nonne zur Arbeit im Skriptorium berufen wurden.

Da das Abschreiben von Büchern für angehende Weltgeistliche keine große Rolle spielte, lag der Schwerpunkt des Schreibunterrichts an Domschulen vermutlich in anderen Bereichen. Möglicherweise wurden dort bereits formelhafte Wendungen für Briefe, Urkunden und dergleichen eingeübt.

Das Studium der sieben freien Künste war nicht mehr Teil des Elementarunterrichts, kam also nicht allen Schülern zugute. Es begann mit der Grammatik in Form der Lektüre zunächst christlicher Dichter der Spätantike wie Sedulius, Iuvencus, Prudentius oder Paulinus von Nola und römischer Grammatiker wie Donatus und Priscianus. Dank der Karolingischen Bildungsreform wuchs das Interesse auch an heidnischen Dichtern und so wurden Werke wie die Cato zugeschriebenen „*Disticha Catonis*" und die Fabeln Avians in den Lehrplan aufgenommen. Welche Schriften gelesen wurden, variierte von Schule zu Schule und von Lehrer zu Lehrer, doch bildete sich allmählich ein Kanon heraus, der als kleinster gemeinsamer Nenner künftig die Grundlage klassischer Bildung darstellte. Er umfasste die

* Vgl. ANTJEKATHRIN GRASSMANN, *Wachstafel und Griffel*, in: BREMER LANDESMUSEUM FÜR KUNST- UND KULTURGESCHICHTE (HG.), *Aus dem Alltag der mittelalterlichen Stadt. Handbuch zur Sonderausstellung vom 5. Dezember 1982 bis 24. April 1983 im Bremer Landesmuseum für Kunst- u. Kulturgeschichte (Focke-Museum)*, Bremen 1982, S. 211-218 (bes. S. 216f.).

Epen Vergils, Lucans und Statius', Satiren von Horaz, Juvenal und Persius sowie die Komödien von Terenz, ferner Werke von Ovid und Sallust.

Nicht Teil des Grammatikunterrichts, aber Bestandteil des Studiums der *artes liberales* waren die philosophischen Schriften Senecas und die Naturgeschichte Plinius' des Älteren. Die Werke Ciceros waren lange Zeit umstritten und fanden erst relativ spät Eingang in den Bildungskanon, die historischen Schriften von Livius und Tacitus wurden erst gegen Ende des Mittelalters wieder entdeckt.

Auf den Grammatik- folgte der Rhetorikunterricht, der sich vor allem dem Stil offizieller Dokumente und Briefe widmete. Auch hierzu dienten Autoren der römischen Antike als Vorbilder, namentlich Cicero (Reden und Briefe), Quintilianus, Augustinus und Martianus. Daneben kamen „moderne" Lehrbücher zum Einsatz, wie sie z. B. von Alcuin oder Gerbert von Reims speziell für den Schulunterricht verfasst worden waren.

Den Abschluss des *triviums* bildete die Dialektik, in der Verstand und Argumentation geschärft und geübt werden sollten. Hier dienten vor allem Werke von Cassiodorus, Boethius, Martianus Capella und Porphyrius als Grundlage, später auch lateinische Ausgaben des Aristoteles. Das Studium dieser drei klassischen Fächer dauerte in der Regel etwa neun Jahre, doch längst nicht alle Schüler hielten bis zum Ende durch. Noch geringer war die Zahl derer, die sich dem anschließenden *quadrivium* widmeten. Dieses umfasste Musik (Harmonielehre), Astronomie, Arithmetik und Geometrie.

Neue Schulformen des Hochmittelalters

Kloster- und Domschulen bestanden während des gesamten Mittelalters und darüber hinaus. Etwa ab dem 12. Jh. breitete sich jedoch zusätzlich ein neuer Schultyp aus: Private Magister boten besonders in größeren Städten oder bestehenden Bildungszentren Unterricht gegen Geld. Das Aufkommen dieser neuen Unterrichtsform stand mit anderen Entwicklungen in Zusammenhang: Der starke Einfluss des Königs auf die Domschulen des Reiches hatten deren Niveau deutlich unter das ihrer französischen Nachbarn sinken lassen. Viele deutsche Geistliche gingen nach Frankreich, um eine geistige Ausbildung zu erhalten, und kamen nicht wieder zurück, weil ihre Karrierechancen dort erheblich besser standen. Die gängige Praxis, minderbegabte Adelssöhne zu Klerikern ausbilden zu lassen, hatte dem Bildungsstand der Geistlichkeit weiter geschadet.

Auch die allgemeine Kritik der Zeit an den hergebrachten Formen des Mönchtums hatte Auswirkungen auf die Bildungsvermittlung. Viele der neu gegründeten Orden, namentlich die Franziskaner, standen der Bildung der Geistlichkeit kritisch gegenüber und verzichteten auf die Einrichtung von Schulen in ihren Klöstern. Wo Klosterschulen bestanden, wurde zunehmend gefordert, die Unterrichtung von Laien unter einem Dach mit Mönchen und Nonnen einzustellen.

So konnte sich das Bildungswesen seit dem 12. Jh. verstärkt in den Bereich der immer größer und bedeutender werdenden Städte verlagern. Die frei umherziehenden und gegen Bezahlung unterrichtenden *magistri* kamen einem Bedürfnis des gehobenen Bürgertums nach Schreib- und Lesekenntnis entgegen. Da ihre Lehrbefähigung jedoch ebenso wenig wie ihre Lehrpläne oder -methoden von einer übergeordneten Instanz überwacht wurden, mag die Qualität ihres Unterrichts höchst unterschiedlich ausgefallen sein.

Wo Domschulen bestanden, zogen sich diese privaten Lehrer außerdem den Zorn des dortigen Lehrpersonals zu. Zumindest in Frankreich bedeutete die *licentia docendi*, die Lehrbefugnis einer Dom- oder Stiftsschule, zugleich die alleinige Berechtigung, innerhalb der Diözese unterrichten zu dürfen. Im

Abb. 12: Henricus de Alemania (Heinrich von Friemar d. Ä.), um 1245-1340 unterrichtet seine Schüler. (Nach Laurentius de Voltolina, ca. 1380.)

Reich war diese Monopolstellung der Scholaren nicht so eindeutig festgeschrieben, wurde aber dennoch vielfach ebenso energisch durchgesetzt.

Der Übergang zu einem städtischen Schulwesen offenbarte sich gegen Ende des Mittelalters in der nahezu unüberschaubaren Zunahme so genannter Grammatikschulen. Wie der Name schon andeutet gingen die Lehrinhalte selten über die erste Stufe des *triviums* hinaus. Vermittelt wurden hier vor allem Lese- und Schreibfähigkeit, mitunter wohl auch die Lehre des gehobenen Stils *(ars dictaminis)*, sowie eine Art literarisches Grundwissen durch Lektüre der *auctores*. Einige dieser Schulen wurden durch private Stiftungen ins Leben gerufen, andere waren städtische Einrichtungen. Gemeinsam war ihnen der bürgerliche Charakter: Es handelte sich um reine Laienschulen.*

Eine weitere Entwicklung des Späten Mittelalters war die Entstehung spezialisierter Schulen für einzelne Berufszweige, von denen z. B. die Juristenschule in Bologna oder die Medizinschule von Salerno große Berühmtheit erlangten. Hier unterrichteten praktizierende Juristen oder Ärzte künftige Generationen des eigenen Berufsstandes.

* Vgl. JACQUES ROSSIAUD, *Der Städter*, in: JACQUES LE GOFF (Hg.), *Der Mensch des Mittelalters*, Frankfurt/Main 1996, S. 156-197 (hier S. 189f.).

Nach ähnlichem Muster entstanden Schulen für Notare mit naturgemäß starker Betonung der Rhetorik, für Kaufleute, in denen vor allem Rechnen und Fremdsprachen unterrichtet, oder auch für bestimmte Handwerke, in denen die Grundlagen der *artes mechanicae* vermittelt wurden.

So bestand am Ende des Mittelalters ein recht umfassendes und differenziertes Schul- und Bildungswesen, das sich von seinen geistlichen Wurzeln emanzipiert hatte. Bildung und Wissen standen dadurch zumindest im städtischen Bereich breiten Bevölkerungsschichten offen, was nicht zuletzt massive Auswirkungen auf das Selbstverständnis des Bürgertums hatte. Die Folgen der zunehmenden Lese- und Schreibfähigkeiten für die mittelalterliche Gesellschaft im Einzelnen zu beschreiben, würde den Rahmen dieses Buches bei weitem sprengen. Stattdessen sollen uns diese Fragen beschäftigen: Wer schrieb was und warum?

2.3. Schreiben als Gottesdienst: Mönche und Nonnen

Während des gesamten Mittelalters waren die Klöster die größten Produzenten geschriebener Werke. Die Gründe hierfür sind mehrschichtig: Nach dem Ende des römischen Kaiserreiches waren Mönche (und in geringerem Maße Nonnen) nahezu die Einzigen, die Latein in ausreichendem Maße verstanden, Lesen und zumindest zum Teil auch Schreiben konnten. Der christliche Glaube war außerdem eine Buchreligion, kirchliche Institutionen waren seit jeher auf geschriebene Werke angewiesen. Zudem überdauerten antike Literatur und antikes Wissen in den Bibliotheken der Klöster, wo sie halfen, die lateinische Sprache am Leben zu erhalten.

In seinen „*Institutiones*" hatte Cassiodorus das Schreiben ferner zum Heilswerk erklärt. Wer schrieb, konnte seine Seele retten, und Schreiben bedeutete in dieser Hinsicht zunächst: Abschreiben. In den Skriptorien der Klöster entstanden reich illuminierte Prachthandschriften, Bibeln und Psalter, Stundenbücher, Heiligenviten etc., aber auch weniger aufwändig gestaltete Werke zum täglichen liturgischen Gebrauch.

Tätigkeiten der Schreiber

Beschreibstoffe und Tinten wurden meist in den Klöstern selbst hergestellt, mitunter aber auch gekauft (vgl. Kap. 3). Auch die weitere Verarbeitung der Manuskriptseiten bis zur Fertigstellung eines Buches geschah in der Regel vor Ort. Dabei bildete sich früh ein System der Arbeitsteilung heraus, das von Aliza Cohen-Mushlin in mehreren wegweisenden Arbeiten exemplarisch untersucht und beschrieben wurde.[*] So waren an der Herstellung der 1148 im Frankenthaler Kloster Sankta Maria Magdalena entstandenen, riesigen „Wormser Bibel" nicht weniger als elf Mönche beteiligt: vier Schreiber und sieben *Koloristen*, die nicht dem Frankenthaler Skriptorium angehörten, sondern wohl ausschließlich für dieses Werk aus Köln kamen.[**] Darüber hinaus kann angenommen werden, dass zumindest in größeren

[*] ALIZA COHEN-MUSHLIN, *The Making of a Manuscript. The Worms Bible of 1148 (British Library, Harley 2803-2804)*, Wiesbaden, 1983; DIES., *A medieval scriptorium. Sancta Maria Magdalena de Frankendal*, Wiesbaden 1990; DIES., *The Division of Labour in the Production of a Twelfth-Century Manuscript*, in: PETER RÜCK UND MARTIN BOGHARDT (Hgg.), *Rationalisierung der Buchherstellung im Mittelalter und in der Frühen Neuzeit. Ergebnisse eines buchgeschichtlichen Seminars der Herzog August Bibliothek Wolfenbüttel 12.-14. November 1990*, Marburg 1994, S. 51-67.

[**] Vgl. COHEN-MUSHLIN, *Division of Labour*, S. 52.

Klöstern die Bereitung der Beschreibstoffe, die Anfertigung und Verzierung des Einbands sowie das Binden in den Händen weiterer fähiger Experten lagen.

Nur äußerst selten finden sich in den Handschriften die Namen derer, die an ihrer Herstellung beteiligt waren. Anhand unterschiedlicher Schreibstile lässt sich aber vielfach zumindest feststellen, wie viele verschiedene Hände sich der Abschrift angenommen haben. Dabei konnte es sich um mehrere Meister, einen Meister und seine(n) Assistenten oder einen Meister und seine(n) Schüler handeln.

Zu den berühmtesten, namentlich bekannten Schreibern zählt der Benediktinermönch Leonhard Wagner (1453-1522), der die Kunst der Kalligraphie nach dem Aufkommen des Buchdrucks noch einmal zu höchster Blüte führte. Er galt zu seiner Zeit als „Achtes Weltwunder", da er mehr als einhundert verschiedene Schreibstile ohne Verwendung einer Vorlage beherrschte. Seinem Förderer Kaiser Maximilian I. widmete er 1507 sein Meisterwerk *„Proba centum scripturarum una manu exaratarum"*, ein Musterbuch von einhundert zum Teil selbst entwickelten Schriftformen.

In der Regel arbeiteten die Schreiber gleichzeitig an verschiedenen Kapiteln oder Abschnitten des Textes. Oft ließen sie Platz für die dekorierten Initialen, die später von Illuministen hinzugefügt wurden. Illustrationen wurden manchmal auch von den Schreibern vorgezeichnet und dann von Koloristen farbig ausgestaltet. Das *Rubrizieren*, das Einfügen von Kapitelüberschriften in roter Tinte,* wurde entweder von den Schreibern selbst übernommen oder war Aufgabe eines Spezialisten. Dasselbe gilt für die Ausführung von Titeln oder Überschriften in besonderen Auszeichnungsschriften.

Außerdem war meistens ein Korrektor beteiligt, der die Abschrift mit dem Urtext verglich und gegebenenfalls Korrekturen vornahm. Mitunter korrigierten sich die verschiedenen Schreiber aber auch gegenseitig.

Zu Beginn oder am Ende einer Abschrift (im *Kolophon*, vgl. Kap. 4.2) finden sich manchmal Bitten der Schreiber, für ihre Seelen zu beten, oder andere fromme Wünsche. In Randbemerkungen kommentierten sie zuweilen ihre Arbeit oder beklagten sich über die Mühen, die sie auf sich zu nehmen hatten. So heißt es im Manuskript eines anonymen Schreibers aus dem 8. Jahrhundert:

„O beatissime lector, lava manus tuas et sic librum adprehende, leniter folia turna, longe a littera digito pone. Quia qui nescit scribere, putat hoc esse nullum laborem. O quam gravis est scriptura: oculos gravat, renes frangit, simul et omnia membra contristat. Tria digita scribunt, totus corpus laborat ..." **

Ein anderer bringt im 13. Jh. eher irdisches Verlangen zum Ausdruck:

„O got durch dine güte
Beschere uns kugeln und hüte
Menteln und röcke
Geisze und böcke
Schoffe und rinder
Vil frowen und wenig kinder." ***

Auch in den Illuminationen ihrer Handschriften verewigten sich die schreibenden

* Daher der Ausdruck „Rubrik", der ursprünglich diese rot ausgeführten Titel oder Überschriften bezeichnete.

** „Oh glücklichster Leser, wasche deine Hände und fasse so dieses Buch an, schlage sanft die Seiten um, halte die Finger weit von den Buchstaben entfernt. Derjenige, welcher nicht zu Schreiben versteht, glaubt, dies wäre keine Arbeit. Oh wie schwer ist das Schreiben: Es trübt die Augen, quetscht die Nieren und quält alle Glieder zugleich. Drei Finger schreiben, der ganze Körper leidet..." Mon. Germ. Leg. III (1863), S. 589.

*** Universitätsbibliothek Heidelberg, Cod. Pal. Germ. 20, fol. 246r. Zahlreiche weitere Beispiele in WATTENBACH, *Schriftwesen*, S. 491-534.

und malenden Mönche oft selbst. Dabei sind sie meistens bei ihrer Tätigkeit dargestellt, manchmal aber auch z. B. bei ihrer Aufnahme in den Himmel. So zeigt eine berühmte Abschrift der *„Etymologiae"* Isidors von Sevilla aus Prüfening (12. Jh.) eine Szene, in der sich der Schreibermönch Swicher selbst auf dem Totenbett porträtiert hat. Seine Seele wird gegen ein von ihm geschriebenes Buch gewogen und darf mit einem Engel in den Himmel auffahren.* Engilbertus, *„pictor et scriptor"* des Springiersbacher Homiliars, malte sich selbst zu Füßen Jesu liegend.**

Eine recht lustige Darstellung des Schreibers Hildebertus und seines Lehrlings Everwinus findet sich in einer Ausgabe von *„De civitate Dei"* des Augustinus, entstanden um 1140. Der Meister sitzt vor einem Schreibpult, das von einem geschnitzten Löwen getragen wird. Darauf befinden sich das Buch, an dem er arbeitet, zwei Tintenhörner (rote und schwarze Tinte) sowie zwei Federn, eine dritte hat er hinter sein rechtes Ohr geklemmt. Mit einem Schwamm zielt er gerade auf eine Maus, die auf seinem Tisch eine Schüssel umgeworfen hat und nun an einem Stück Käse knabbert. Dazu entfährt ihm der wenig fromme Ausruf:

„Pessime mus, sepius me provocas ad iram, ut te deus perdat!" ***

Nicht nur Abschriften entstanden in den Klöstern, auch Originale wurden dort geschaffen. Gelehrte Mönche und Nonnen verfassten Auslegungen der Heiligen Schrift oder einzelner Bibelstellen, Kommentare zu den Werken der Kirchenväter, Heiligenviten, Herrscherbiographien, Chroniken des Klosters und geschichtliche oder medizinische Werke sowie Lehrbücher zu den einzelnen Disziplinen der *artes liberales*.

Nicht alle diese Bücher wurden von ihren Autoren selbst geschrieben. Viele wurden diktiert, andere auf Wachstafeln vorformuliert und dann von fähigen Schreibern in schöner Schrift zu Pergament gebracht. Natürlich wurden auch von diesen neu entstandenen Werken wieder Abschriften angefertigt.

Die klösterliche Schreibstube

Ort der Schreibtätigkeiten in den Klöstern war in der Regel das Skriptorium, deutsch meist als Schreibstube bezeichnet. Der St. Gallener Klosterplan von 820 zeigt seine ideale Anordnung: direkt neben dem Chor, damit die Mönche ohne Umweg zum Gottesdienst gelangen konnten, und unter der Bibliothek, wo die bereits vorhandenen Bücher aufbewahrt wurden. Sieben Schreibtische stehen an jeweils einem großen Fenster, damit die Schreiber bei guter Beleuchtung arbeiten konnten. In der Mitte befindet sich ein Lesepult.

Ein solch idealtypisches Skriptorium hat es vermutlich in keinem Kloster je gegeben, einheitliche Aussagen über die Gestaltung oder Ausstattung der Schreibstuben sind unmöglich zu treffen. Bei den Zisterziensern befanden sie sich im Mönchssaal, die Kartäuser schrieben alleine in ihren jeweiligen Zellen. Kleinere Abteien verfügten selten über ein gesondertes Skriptorium und auch längst nicht alle Klöster hatten ihre eigenen Schreibermönche oder -nonnen. Wie die Koloristen der Wormser Bibel extra für diese Arbeit nach Frankenthal reisten, konnten *peregrini* – Ortsfremde, darunter vielfach

* Bayerische Staatsbibliothek München, Clm. 13031, fol. 1r.
** Stadtbibliothek Trier, Ms. 261/1140, fol. 153v.
*** „Elende Maus, so oft reizt du mich zum Zorn – möge Gott dich vernichten!" Kapitelbibliothek Prag, Ms. Kap. A XXI, fol. 133r.

Abb. 13: Der Schreibermönch hält in seiner rechten Hand die Feder, in der linken ein Messer. In seinem Schreibpult steckt ein Tintenhörnchen. (Nach einer Miniatur des 13. Jahrhunderts.)

Iren, Engländer oder Italiener – auch anderswo für einzelne Abschriften angeworben werden.

Bücher, die als Vorlagen für Abschriften dienen sollten und nicht lokal vorhanden waren, wurden in den Bibliotheken anderer Klöster ausgeliehen. Dafür musste oft ein gleichwertiges Buch im Gegentausch geliefert oder ein Pfand hinterlassen werden. Alternativ ließ sich in einem anderen Kloster, das vielleicht über eine berühmte Schreibstube verfügte, eine Abschrift bestellen, die dann mit Geld oder in Naturalien zu bezahlen war.

Doch nicht nur andere Klöster gaben bei fähigen Schreibermönchen und -nonnen Abschriften in Auftrag. Viele Skriptorien schufen kostbare Prachtbände für Fürsten und Adel, was sich mitunter zu einem einträglichen Erwerbszweig des Klosters entwickeln konnte. Die Brüder vom Gemeinsamen Leben revolutionierten die Buchproduktion im 14. Jh. geradezu, indem sie beliebte Werke auf Vorrat anfertigten und über Zwischenhändler vertreiben ließen.[*]

Gutenbergs Erfindung bedeutete keineswegs das Ende der klösterlichen Handschriftenproduktion. Für den Eigenbedarf wurde ohnehin weiter geschrieben und mit der Schönheit und Ebenmäßigkeit einer von fähigen Händen geschaffenen, illuminierten Handschrift konnten sich die gedruckten Werke lange Zeit nicht messen.

2.4. Schreiben als Gelderwerb: Notare, Lohnschreiber u. a.

Schreiber bei Hofe

In Italien konnten sich Notare aus dem Laienstand über das Ende des römischen Reiches hinaus halten. Auch am Hof der Merowinger arbeiteten noch weltliche Schreiber als Kanzleibeamte, doch zur Zeit Karls des Großen wurden ihre Aufgaben von den Geistlichen der Hofkapelle wahrgenommen. Ihnen oblag das Konzipieren, Verfassen und Ausfertigen sämtlicher kaiserlicher Urkunden, aber auch die gesamte Korrespondenz des Hofes. Mit der Zeit bildete sich an der Hofkanzlei eine Hierarchie von Notaren, Diktatoren, Schreibern, Korrektoren, Dataren (für die Datierung zuständig), Registratoren, Taxatoren (berechnet die Gebühren) und Sigillatoren heraus,[**] die alle dem kaiserlichen oder königlichen Hofkanzler unterstanden.

---

[*] Vgl. WATTENBACH, *Schriftwesen*, S. 453-456.

[**] Vgl. JOSEF HARTMANN, *Urkunden*, in: FRIEDRICH BECK u. ECKART HENNING (Hgg.), *Die archivalischen Quellen. Mit einer Einführung in die Historischen Hilfswissenschaften*, Köln u. a. ^{4}2004, S. 9-39 (hier: S. 24).

Auch die größtenteils schriftunkundigen („illiteraten“) Adeligen benötigten ihren persönlichen Sekretär, der Briefe und Urkunden las und schrieb. Bis ins 13. Jh. wurde diese oft recht einflussreiche Position nahezu ausschließlich von Geistlichen wahrgenommen, was z. B. im Englischen in der Wortverwandtschaft von *clericus* und *clerk* – Sekretär, Schreiber – nachklingt. Auch im Deutschen wurden Schreiber – Geistliche oder nicht – mitunter als „Pfaffen“ bezeichnet, so noch 1461 in Mainz „Konrad Humery, der Stadt Pfaffe und Juriste“, der später auch „der Stadt Canceller“ genannt wurde.* Andere zeitgenössische Bezeichnungen waren *notarius*, *cancellarius* und seit Mitte des 14. Jahrhunderts verstärkt *secretarius*. Am Hofe Friedrichs II. (1194-1250) nahm unter italienischem (sizilianischem) Einfluss die Zahl der weltlichen Kanzleibeamten zu, im 14. und 15. Jh. wurden die Tätigkeiten der Notare auch im deutschsprachigen Raum zunehmend von Laien wahrgenommen.

Schreiber arbeiteten natürlich nicht nur an den Höfen der Fürsten und des Adels, sondern auch in den Institutionen der Kirche, namentlich an den Bischofsitzen. Etliche von ihnen begannen so ihre Karriere, die bis zu einem eigenen Bistum oder gar Erzbistum führen konnte.

Neben der Beherrschung verschiedener Schriftformen waren vor allem Kenntnisse in Rhetorik und im juristischen Sprachgebrauch erforderlich. Auf deren Vermittlung wurde in den Domschulen größerer Wert gelegt als in den Klosterschulen. Mit Zunahme der Schriftlichkeit im Hohen Mittelalter, der wachsenden Bedeutung auch der Verwaltung und des städtischen Kanzleiwesens, entstanden besondere Schulformen, an denen künftige Notare von ihresgleichen ausgebildet wurden.

Im Dienst der Städte

Die schriftliche Geschäftsführung der Städte wurde etwa ab dem 13. Jh. vermehrt von Stadtschreibern wahrgenommen. Kamen auch diese zunächst aus den Reihen des Klerus, wurden sie im Laufe des 14. Jahrhunderts zunehmend durch fest angestellte Laien ergänzt oder ersetzt. Diese gingen nach ihrer schulischen Laufbahn meist bei einem älteren Stadtschreiber in die Lehre, im Späten Mittelalter verfügten viele auch über einen Universitätsabschluss der Rechtswissenschaften sowie über Kenntnisse der *ars dictaminis*.

Aufgabe der amtlich vereidigten und dem Rat verantwortlichen Stadtschreiber war es, die Stadtbücher, Rats- und Gerichtsprotokolle sowie den Schriftverkehr der Stadt bzw. des Rates zu führen. Manche unterrichteten daneben im öffentlichen Schulwesen oder legten Chroniken der Stadt an, was nicht eigentlich zu ihren offiziellen Aufgaben gehörte. Mit Ausweitung der Bürokratie im Hohen Mittelalter nahm auch die Zahl der von einer Stadt beschäftigten Schreiber zu, so dass allmählich eine Hierarchie entstand, die sich immer stärker funktional differenzierte. So entstanden die einzelnen Ämter des Rats-, Gerichts-, Zoll- und Schoßschreibers, daneben auch berittene Schreiber, die für den auswärtigen Schriftverkehr zuständig waren.

Öffentliche Notare

Öffentliche Notare, *notarii publici*, sind seit dem 13. Jh. auch im deutschen Sprachraum belegt. Sie erlernten das Schreiberhandwerk meistens in einer Kanzlei, um dann von Kaiser, Papst oder (meistens) einem Pfalzgrafen zum *notarius publicus* ernannt zu werden. Diesem wurde dann ein Notariatszeichen verliehen, das in ein Verzeichnis

---

* Vgl. WATTENBACH, *Schriftwesen*, S. 456.

aufgenommen wurde und nicht verändert werden durfte. Eigenhändig ausgestellte und mit diesem Signet *(signetum publicum)* versehene, siegellose Urkunden hatten dieselbe Beweiskraft wie kaiserliche oder päpstliche Urkunden.* Bei der Ausfertigung dieser Notariatsinstrumente oder *instrumenta publica* mussten allerdings genau festgelegte Vorschriften und Formen eingehalten werden, die so genannten „Solemnitäten" (vgl. Kap. 4.1).

Im Heiligen Römischen Reich erlangten die öffentlichen Notare nie die Bedeutung, die ihnen z. B. in Frankreich oder besonders in Italien zukam. Die Notariate weltlicher und kirchlicher Institutionen, die zum Führen eines Siegels berechtigt waren, erachteten die *notarii publici* als unerwünschte Konkurrenz. Seit dem 14. Jh. wurden diese aber verstärkt damit betraut, im Ratsauftrag Notariatsinstrumente und Stadtbucheintragungen vorzunehmen. Im 15. Jh. fanden sie auch zunehmend Beschäftigung bei der weltlichen Gerichtsbarkeit, was in der Reichskammergerichtsordnung von 1495 seinen Niederschlag fand.

Einige der *notarii publici* werden wohl auch ein Jurastudium absolviert und als Rechtsberater bzw. -beistand gewirkt haben, wie es für die *syndici* belegt ist, die seit dem 15. Jh. in größeren Städten auftraten. Diese verfügten meist über einen Universitätsabschluss als „Doktor beider Rechte" ** und berieten oder vertraten den Rat in Rechtsfragen und -streitigkeiten. Ihr einflussreiches Amt verlieh den Stadtsyndici höchstes Ansehen und schlug sich in hohen Gehältern, langfristigen Beschäftigungsverhältnissen, Dienstwohnungen, Altersversorgung und z. T. auch Steuerbefreiungen nieder.

Für einfache Schriftwerke ohne Rechtscharakter, dafür aber mitunter in besonders schöner Gestaltung, griffen Rat und Bürger auch auf freie Schreiber zurück. Bis ins 12. Jh. hinein wurden auch solche Aufgaben vornehmlich von Mönchen oder Weltgeistlichen wahrgenommen, nach Entstehung der Universitäten verstärkt auch von Studenten, die sich so z. T. ihren Lebensunterhalt verdienten.*** Weltliche Schreiber, mitunter auch Stuhlschreiber oder Kunstschreiber genannt, treten ab dem 13. Jh. häufiger auf. Sie erstellten Kopien oder verfassten für illiterate Mitbürger Briefe und andere Schriftstücke gegen Lohn. Über ihren Bildungsstand lassen sich kaum konkrete Aussagen treffen, einige von ihnen wirkten aber auch als Lehrer an städtischen Schulen oder gaben privaten Schreib- und Grammatikunterricht.†

Die Kunst des schönen Schreibens

Schreiblehrer oder -meister sind ein Phänomen des ausgehenden Mittelalters, das erst nach der Verbreitung des Buchdrucks mit beweglichen Lettern seine Blüte erreichte. Sie unterrichteten Schönschrift (Kalligraphie) und verfassten Hand-, Lehr- und Musterbücher, in denen unterschiedlichste Schriftformen aus Vergangenheit und Gegenwart dargestellt und Anleitungen zu ihrer Benutzung gegeben wurden. Leonhard Wagners *„Proba"* wurde bereits erwähnt, weitere berühmte Beispiele sind „Ein nutzlich und wolgegründt Formular mancherley schöner schriefften …", 1553 von Wolfgang Fugger in Nürnberg verfasst, oder auch Albrecht Dürers „Underweysung der Messung" (Nürnberg 1525), worin er sich u. a. um die geometrische Konstruktion verschiedener Majuskelformen bemühte.

* Vgl. Toni Dietrich, *Siegel und andere Beglaubigungsmittel*, in: Beck/Henning (Hgg.), *Die Archivalischen Quellen*, S. 291-306 (hier: S. 303f.).
** D. h. der kirchlichen und der weltlichen Rechtsprechung.
*** Vgl. Wattenbach, *Schriftwesen*, S. 476.
† Vgl. Wattenbach, *Schriftwesen*, S. 477-484.

2.5. Schreiben als Notwendigkeit: Kaufleute und andere Bürger

Ein Kleinhändler, der Geschäfte gegen Bargeld abwickelte und seine gesamten Warenbestände in seinem Laden stets vor Augen hatte, mochte im Mittelalter ganz gut ohne Schriftkenntnisse auskommen. Doch die Verbreitung des Kreditwesens von Italien aus machte eine schriftliche Buchführung unumgänglich. Vor allem Fernhandelskaufleute begannen daher im Hohen Mittelalter, so genannte Handlungsbücher anzulegen, in denen die gegebenen und aufgenommenen Kredite, also Forderungen und Verbindlichkeiten, die Warenbestände in verschiedenen Niederlassungen, Fixkosten etc. verzeichnet wurden.

Kaufmännische Aufzeichnungen

Die doppelte Buchführung, die in der zweiten Hälfte des 13. Jahrhunderts in Italien entwickelt wurde, konnte sich erst im Laufe des 15. Jahrhunderts im Reich durchsetzen, im Süden früher als in den Hansestädten des Nordens. Bis dahin führte jeder Kaufmann seine Bücher so, wie er es für richtig hielt, was es heute mitunter schwer macht, das verwendete System nachzuvollziehen. Bargeschäfte tauchen mitunter gar nicht in den Aufzeichnungen auf.

Um erfolgreich in großem Stil Handel treiben, Kredite aufnehmen und gewähren, Gewinn und Verlust gegeneinander abwägen zu können, musste ein mittelalterlicher Kaufmann verschiedene Rechenarten beherrschen. Mit Übernahme der arabischen Ziffern, der Einführung der Null und dem Gebrauch neuartiger Rechenhilfen erreichte die Kunst der Arithmetik im 13. und 14. Jh. eine neue Blüte, die sich u. a. auch in einer Vielzahl von Lehr- und Handbüchern zu diesem Thema niederschlug. Der *abacus* – das Rechenbrett, auf dem mit verschiebbaren Steinen anschaulich addiert, subtrahiert, multipliziert und dividiert werden konnte – gab auch einer Gattung von Lehrbüchern für das kaufmännische Rechnungswesen ihren Namen.[*]

Die meisten Kaufleute des Mittelalters waren *self made*-Unternehmer; nur relativ wenige hatten das Glück, in eine Handelsdynastie wie die Fugger hineingeboren zu werden oder ein gut gehendes Handelsimperium erben zu können. Sie stammten aus den verschiedensten Schichten und verfügten daher über einen unterschiedlichen Bildungshintergrund. Die meisten stammten allerdings aus dem städtischen Bürgertum und hatten eine Schule besucht, dann vielleicht eine Lehre bei einem ansässigen Händler absolviert, für den sie dann eine Zeitlang eine Niederlassung im Ausland übernahmen, ehe sie auf eigenen Namen und eigene Rechnung Geschäfte abzuschließen begannen.

Das Wissen, das sie erwarben, war auf die Praxis ausgerichtet. Das bedeutete neben Lesen, Schreiben und Rechnen das Erlernen von Fremdsprachen. Viele Hansekaufleute erlernten Russisch oder Estnisch, andere Englisch, Holländisch oder skandinavische Sprachen. Auch zumindest rudimentäre Lateinkenntnisse konnten die Kommunikation mit ausländischen Geschäftspartnern erleichtern. Italienisch war wichtig, um im Mittelmeerraum Geschäfte zu machen, Arabisch konnte vor allem im Gewürzhandel hilfreich sein. Um fremde Sprachen zu erlernen, wurden Wörterbücher und Lernhilfen verfasst, nicht selten von Kaufleuten selbst, die Übung hatten, das erforderliche Vokabular kannten und wussten, worauf es ankam.

Das Buch hatte für die meisten Kaufleute vor allen Dingen einen praktischen Wert,

[*] Vgl. AARON J. GURJEWITSCH, *Der Kaufmann*, in: LE GOFF (Hg.), *Mensch des Mittelalters*, S. 268-311 (hier S. 293).

Abb. 14: Tischaufsatz, Federn und Tinten machen aus der bürgerlichen Stube ein Schreibzimmer.

als Lehr- oder Handbuch, Nachschlagewerk oder zum Zwecke der eigenen Buchführung. „Es entstanden praktische Handbücher für die kaufmännische Tätigkeit mit Aufzählungen von Waren, Maßen und Gewichten, mit Verzeichnissen der Geldkurse und Zölle, aber auch mit Hinweisen, wie man die Behörden hintergehen konnte, wenn sie von den Kaufleuten Abgaben forderten."* In Tagebüchern und Reisebeschreibungen wurden außerdem Handelsrouten festgehalten, daneben Notizen über politische oder wirtschaftliche Verhältnisse unterwegs oder in den Absatzgebieten.

Aber auch als Prestigeobjekte, als Luxusgegenstände waren (illuminierte) Handschriften bei den wohlhabenderen Kaufleuten beliebt, die so ihren Reichtum und ihre Bildung zur Schau stellen konnten. Bibel und Psalter fanden sich wohl in fast jedem Bürgerhaushalt des Hohen und Späten Mittelalters, in den reicheren und/oder bildungsbeflisseneren daneben Heiligenviten, erbauliche Werke, Ritterromane oder Schriften Ciceros, Senecas und später Dantes.**

Durch Briefe standen die Kaufleute mit ihren Geschäftspartnern in Kontakt, aber auch mit ihren Familien, von denen

* GURJEWITSCH, *Kaufmann*, S. 294.

** Vgl. auch GURJEWITSCH, *Kaufmann*, S. 294.

sie bisweilen jahrelang getrennt lebten (vgl. Kap. 4.3). Die meisten überlieferten Schreiben sind recht kurz gehalten, denn Zeit und Pergament waren kostbar. In der Regel schrieben die Kaufleute daher auch selbst und diktierten nicht, was länger gedauert hätte. Für spontane Aufzeichnungen benutzten sie Wachstafeln, von denen die Einträge wieder gelöscht werden konnten (vgl. Kap 3.1).

Schreibendes Bürgertum

Vieles von dem, was hier über die Kaufleute gesagt wurde, gilt auch für Angehörige anderer bürgerlicher Berufe. Namentlich angesehene Handwerker wie Goldschmiede begannen im Hoch- und Spätmittelalter, über ihre Geschäfte Buch zu führen, auf Zunftversammlungen wurden Protokolle angefertigt, auch ihre Statuten wurden zunehmend schriftlich festgehalten. Der bürgerliche Briefverkehr nahm ganz allgemein vom 13. Jh. an einen stetigen Aufschwung, ebenso die Praxis, schriftliche Testamente zu hinterlassen. In Tagebüchern legten Bürger sich selbst und Gott gegenüber Rechenschaft ab.

Ärzte und Apotheker verfassten Lehrbücher und Nachschlagewerke zu Medizin und Kräuterkunde, Fechtmeister schrieben ab dem 14. Jh. über den Schwertkampf, auch etliche andere Handwerke hielten die Geheimnisse ihrer Kunst vermehrt in Büchern oder Traktaten, mitunter in Versen, fest. Die literarische Gattung des Hausbuchs diente vornehmlich dazu, der (jungen) Ehefrau die standesgemäße und ordentliche Führung des Haushalts darzulegen (vgl. Kap. 4.2). Lesen und Schreiben zu können – und beide Fähigkeiten auch anzuwenden –, wurde vom Hochmittelalter an zum Bestandteil des städtisch geprägten, bürgerlichen Bewusstseins.

2.6. Schreiben als Ausdruck der Kreativität: Dichter und Denker

Unter den Begriff des „Intellektuellen“ lassen sich verschiedene Berufs- und Personengruppen zusammenfassen, denen gemeinsam ist, dass sie sich vornehmlich des Wortes und ihrer Intelligenz bedienen, um die Ziele ihrer Arbeit zu erreichen. Der Ausdruck ist jedoch ein Modernismus, der in dieser Bedeutung bzw. in diesem Zusammenhang im Mittelalter nicht verwendet wurde.[*]

Intellektuelle im Mittelalter

Durch das große Teile des Mittelalters prägende kirchliche Bildungsmonopol handelte es sich bei denen, die man heute als Intellektuelle bezeichnen würde, bis ins 13. Jh. fast ausschließlich um Mönche, Nonnen und Weltgeistliche. Sie versuchten, die bestehende Welt, die Geschichte und Gottes Schöpfung zu erforschen, zu verstehen und zu deuten und verfassten zu ihren Forschungsgegenständen gelehrte Abhandlungen. Berühmte Namen wie Anselm von Canterbury, Roger Bacon, Hildegard von Bingen, Petrus Abaelardus, Thomas von Aquin und viele andere wären hier zu nennen.

Mit Entstehung der Universitäten seit dem 12. Jh. erweiterten sich der Kreis derer, die sich mit Forschung und Lehre beschäftigten, sowie die Betätigungsfelder der Wissenschaft. Viele Studenten schrieben außerdem, um sich den Lebensunterhalt zu verdienen, gegen Bezahlung Briefe und andere Dokumente

[*] Vgl. Jacques Le Goff, *Die Intellektuellen im Mittelalter*, Stuttgart [4]2001, und Mariateresa Fumagalli Beonio Brocchieri, *Der Intellektuelle*, in: Le Goff (Hg.), *Mensch des Mittelalters*, S. 198-231, bes. S. 201.

für illiterate Bürger oder verfassten Abschriften gelehrter Werke, um sie zu verkaufen.

An den Universitäten entwickelte sich ein besonderes System zur Verbreitung von Lehrbüchern oder anderen Unterrichtswerken. Beim *stationarius* wurde ein sorgfältig korrigiertes, ungebundenes Exemplar aufbewahrt, dessen Blätter in Lagen (lat. *pecia* = „Stück") zusammengefasst und durchgehend nummeriert waren. Die Studenten liehen sich einzelne *peciae* für maximal eine Woche aus, um Abschriften anzufertigen, so dass stets mehrere Kopisten gleichzeitig an demselben Werk arbeiten konnten.* Der *stationarius* führte ein Inventar aller in seiner Obhut befindlichen Werke, in dem Autor und Titel, Anzahl der Lagen, Mietpreis und die Namen der Entleiher vermerkt wurden. Seine Blüte erlebte das *pecia*-System Ende des 13., Anfang des 14. Jahrhunderts an den Universitäten von Paris und Bologna, mit Verbreitung des Buchdrucks wurde es trotz seiner Vorteile nach und nach obsolet.**

Neue Quellen und Methoden

Im 12. Jh. begann die intellektuelle Auseinandersetzung mit dem Islam und der arabischen Wissenschaft. Gleichzeitig wurde griechisches Wissen der Antike wiederentdeckt, das sich in griechischer, arabischer und hebräischer, nicht aber lateinischer Überlieferung erhalten hatte: mathematische Werke des Euklid, astronomische von Ptolemäus, medizinische von Hippokrates und Galen sowie Schriften des Aristoteles zu Physik, Logik und Ethik. Doch die gelehrte Sprache des Abendlandes war Latein, das Griechische war in Vergessenheit geraten. Der große Philosoph Petrus Abaelardus (1079-1142) sah darin einen Missstand und forderte „die Nonnen des Paraklet auf, diese Lücke zu füllen und so die Männer kulturell zu überrunden." ***

Dazu kam es nicht, doch die Übersetzertätigkeit erreichte im 12. und 13. Jh. zuvor nie gekannte Ausmaße. Dazu wurden meist eigene „Arbeitsgruppen" gebildet, die von spanischen Christen, Juden und sogar Muslimen unterstützt werden konnten. Unter der Leitung des berühmten Abts von Cluny, Petrus Venerabilis (um 1094-1156), entstand mit Hilfe eines Sarazenen die erste lateinische Ausgabe des Korans.

Gleichzeitig übernahmen abendländische Gelehrte Teile der weit entwickelten arabischen Wissenschaften, der Algebra und Arithmetik mit ihren „arabischen" Ziffern und der Null, der Medizin, Astronomie, Botanik und weiterer Disziplinen. Wissens- und abenteuerhungrige Gelehrte machten sich auf den Weg ins maurische Spanien, ins Heilige Land und in den Orient, um dort wertvolle Schriften ausfindig zu machen, die arabische oder hebräische Sprache zu erlernen und Übersetzungen anzufertigen. In den Bildungszentren des Abendlandes wurden diese neuen Werke dann abgeschrieben, erweitert, zusammengefasst und kommentiert. Dabei hinkte die Bedeutung des deutschsprachigen Raums jener Italiens und vor allem Frankreichs hinterher.

Bürgerliche Dichter

Waren die meisten dieser Gelehrten Geistliche oder zumindest Universitätsabsolventen, so ist der Beruf des Schriftstellers ein bürgerliches Phänomen. Dante Alighieri (1265-1321) war Sohn eines Geldverleihers

* Vgl. LE GOFF, *Die Intellektuellen*, S. 92-94.

** Vgl. auch RICHARD H. U. MARY A. ROUSE, *The Dissemination of Texts in Pecia at Bologna and Paris*, in: RÜCK/BOGHARDT (Hgg.), *Rationalisierung der Buchherstellung*, S. 69-77.

*** LE GOFF, *Die Intellektuellen*, S. 24.

und in der Zunft der Ärzte und Apotheker seiner Heimatstadt Florenz eingetragen, wo er auch bis zu seiner Vertreibung 1302 im Rat saß.

Die wohl berühmteste, wenn auch keineswegs einzige, Schriftstellerin des Mittelalters, Christine de Pizan (1364-1431), war Tochter eines Astrologen und Mediziners.

Auch Giovanni Boccaccio (1313-1375) stammte aus bürgerlichen Verhältnissen: Sein Vater war Kaufmann und hatte für seinen Sohn dieselbe Karriere vorgesehen. Doch dieser interessierte sich mehr für Literatur, trat in den Staatsdienst ein, um ein festes Einkommen zu haben, und dichtete, forschte und übersetzte, u. a. seit 1360 im Auftrag der Universität von Florenz Homers „Ilias" und „Odyssee" ins Lateinische.

Francesco Petrarca (1304-1374), der Sohn eines Notars, empfing zwar die niederen Weihen und besetzte nacheinander zahlreiche unbedeutende geistliche Ämter, sein Lebensinhalt war neben dem Schreiben jedoch die Suche nach unbekannten Werken antiker Schriftsteller, die ihn durch ganz Italien führte.

Geoffrey Chaucer (ca. 1340-1400), der Sohn eines Londoner Weinhändlers, lebte während seines Jurastudiums als Kammerdiener im Haushalt Johanns von Gent. Später hatte er verschiedene Staatsämter inne.

Diesen und zahlreichen weiteren, weniger bekannten Schriftstellern des Mittelalters, ist neben ihrer bürgerlichen Herkunft gemeinsam, dass sie wohl zur Sicherung ihres Unterhalts in den Dienst von Kirche oder Staat getreten oder andere Tätigkeiten übernommen haben mögen – ihr Lebensinhalt bestand jedoch im Verfassen eigener und Übersetzen fremder Werke. Ihre Themen schöpften sie aus dem städtischen Leben des Spätmittelalters, ihrer unmittelbaren Erfahrung oder ihrer Fantasie – auch darin unterschieden sie sich von den Verfassern der Ritterromane, die sich zumeist auf ältere Überlieferungen beriefen, auch wenn diese zuweilen rein fiktiv waren.

Schreiben um des Schreibens willen, um zu unterhalten und zu erbauen, für ein bürgerliches Publikum, welches das Lesen als „Freizeitbeschäftigung" oder anregenden Zeitvertreib für sich entdeckt hatte, war in der Tat eine gewaltige Neuerung. Alle genannten Schriftsteller wurden bereits zu Lebzeiten als solche berühmt und verehrt, in Italien zählten Petrarcas, in England Chaucers Werke zu den ersten, die mithilfe von Gutenbergs Erfindung gedruckt wurden. Der deutschsprachige Raum hat im Mittelalter keine bürgerlichen Dichter vom Rang eines Dante, Boccaccio oder Chaucer hervorgebracht.

Renaissance und Humanismus

Wissen um des Wissens, Bildung um ihrer selbst willen sind Eckpfeiler der bedeutendsten geistigen Strömung der Renaissance, des Humanismus'.* Dieser entwickelte sich zuerst in Italien, besonders im Umkreis Petrarcas in Florenz, aus einem neu erwachten Interesse am literarischen Erbe der Antike. Die Suche nach verlorenen Werken antiker Schriftsteller führte zu einer breiteren Beschäftigung mit der griechisch-römischen Gedankenwelt und der Adaption antiker Ideen für die eigene, christlich geprägte Zeit.

Der Humanismus hielt nach und nach in den unterschiedlichsten Fachdisziplinen Einzug: Juristen befassten sich mit dem römischen Staatsrecht, Philosophen vorrangig mit antiker Ethik, doch auch in Malerei, Architektur und Musik wurden alte Lehren wiederentdeckt, erforscht und angewandt.

* Der Begriff wurde erst im 19. Jh. eingeführt, allerdings wurden Inhaber geisteswissenschaftlicher Lehrstühle *(„studia humanitatis")* bereits im 15. Jh. als Humanisten bezeichnet (analog zu Juristen, Kanonisten etc.). Freie Gelehrte, die außerhalb der Universitäten praktizierten, bezeichneten sich im 16. Jh. selbst als *humanistae*.

Das geschah zunächst nicht im starren Rahmen der Universitäten, sondern in privaten Freundeskreisen innerhalb des gebildeten Bürgertums. Dort entstanden Werke zur Kunsttheorie, Biographien antiker Herrscher, Künstler und Philosophen, aber auch kritische Auseinandersetzungen mit den Verhältnissen und Strömungen der eigenen Zeit. Hier entstand auch eine neue Kursive, die so genannte Humanistenschrift, später hatten die Humanisten großen Einfluss auf die Gestaltung von Drucktypen nach Vorbild der römischen *capitalis*, Antiqua genannt.

Was im 13. Jh. in Italien seinen Anfang nahm, erreichte Deutschland erst im 15. Jh. Peter oder Petrus Luder (1415-1472) dürfte der Erste gewesen sein, der humanistisches Gedankengut in größerem Maße hier verbreitete. Er stammte aus armen Verhältnissen, hatte sein Studium an der Universität Heidelberg aus Geldmangel abgebrochen und war aus Abenteuerlust nach Italien gegangen, dann weiter nach Makedonien und Griechenland. In Ferrara begann er erneut ein Studium, das er wiederum ohne Abschluss abbrach. Dennoch lehrte er später auf Einladung des Kurfürsten Friedrich zuerst in Erfurt, dann in Leipzig, doch erst 1464 erwarb er nach einem kurzen Medizinstudium in Padua einen anerkannten Abschluss.*

Die geographische und auch geistige Ferne zur antiken Gedankenwelt Griechenlands und Roms verliehen dem deutschen Humanismus eine andere Prägung als seinem italienischen Vorbild. Die Vereinbarkeit von christlicher Ethik und antiker Moralphilosophie war eines der beherrschenden Themen und es ist kein Zufall, dass die meisten deutschen Humanisten, anders als ihre italienischen Vorgänger und Zeitgenossen, theologisch gebildet waren.

Seinen Höhepunkt erreichte der deutsche Humanismus im 16. Jh., im Spannungsfeld der beginnenden Reformation, mit Gelehrten überwiegend bürgerlicher Herkunft wie Philipp Melanchthon, Erasmus von Rotterdam, Johannes Bugenhagen, Ulrich von Hutten und vieler anderer.** Die meisten ihrer Werke wurden schon früh im Druck verbreitet, mit Humanismus und Renaissance endete das Mittelalter und damit die große Zeit der Handschriften.

---

* Sein wohl berühmtester Student war Hartmann Schedel (1440-1514), dessen „Weltchronik" eines der bedeutendsten Werke der frühen Druckkunst darstellt.

** Zu erwähnen wären noch Willibald Pirckheimer (1470-1530), der sich u. a. um die Rezeption römischen Rechts in Deutschland verdient machte, und Johannes Reuchlin (1455-1522), der erste deutsche Nichtjude, der die hebräische Schrift und Sprache erlernte und lehrte.

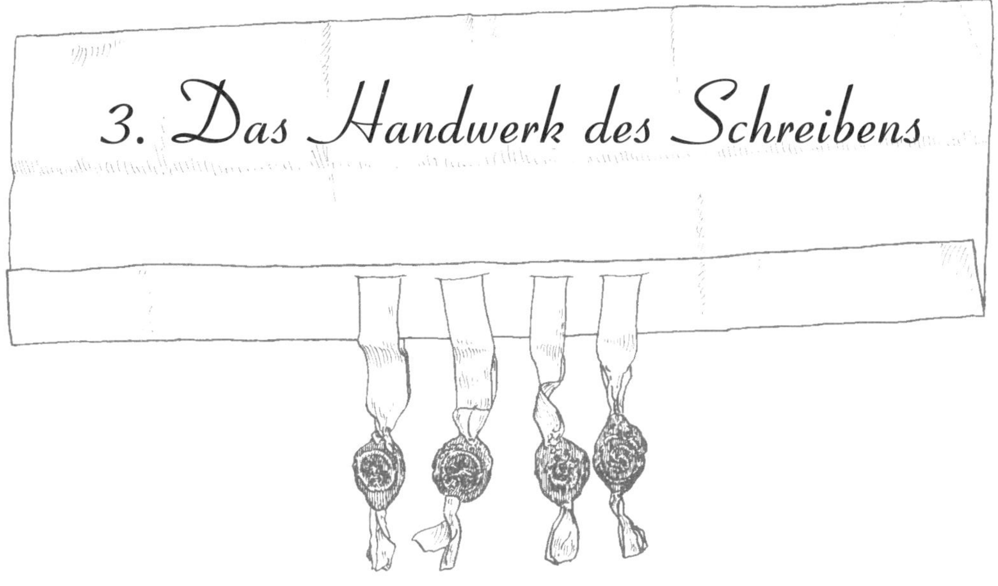

> *„De his que ad scriptorum pertinent.*
> *Omni conveniunt scriptori quattor: anser,*
> *Taurus, ovis, spina, si notet illud homo.*
> *Anser dat pennam, cornu fit de bove, pellem*
> *Fert ovis, incaustum promere spina solet."* *

3.1. Beschreibstoffe

In Verbindung mit dem passenden Schreibgerät und evtl. erforderlicher Farbe bzw. Tinte eignet sich praktisch jedes feste Material als Beschreibstoff. Zur dauerhaften Fixierung längerer und als „bedeutend" angesehener Texte waren jedoch zu verschiedenen Zeiten stets bestimmte Materialien in Gebrauch, aus denen sich eine Entwicklungsgeschichte ablesen lässt.** Typisch für das europäische Mittelalter waren vor allem Pergament, später Papier und anfangs auch noch Papyrus; auf ihnen soll der Schwerpunkt der folgenden Darstellung liegen. Dass Schriftzeichen daneben z.B. auch in Schwertklingen graviert, in Werkzeugschäfte geritzt, auf Ledergürtel oder -taschen punziert oder in Stoffe gestickt wurden – um nur einige Beispiele für die allgegenwärtige Verwendung von Schrift zu nennen –, versteht sich von selbst und soll daher an dieser Stelle nicht näher erörtert werden.

---

* „Vom Bedarf des Schreibers. / Jedem Schreiber ist nötig viererlei, nämlich: Gans, / Stier, Dornstrauch und Schaf, wenn man dies festhalten will. / Gibt die Feder die Gans, das Rind das Schreibhorn und ferner / liefert das Schaf Pergament, so die Tinte der Dorn." Anonymes Epigramm, Berliner Staatsbibliothek, Ms. Phillipps 1694.

** Zum gesamten Kapitel vgl. WATTENBACH, *Schriftwesen*, S. 42-149; CHRISTOPHER DE HAMEL, *Scribes and Illuminators*, Toronto 1992.

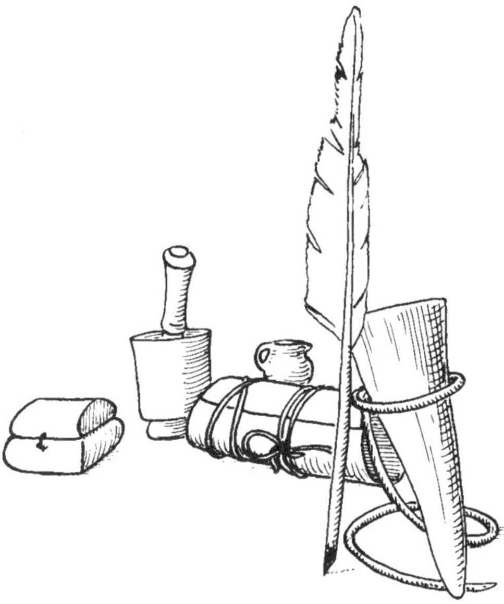

Abb. 15: Der Bedarf des Schreibers – Feder, Horn, Pergament und Tinte.

Die frühesten Zeugnisse

Die ältesten Nachweise menschlichen Kunstschaffens in Europa finden sich in Form von Tierbildern auf den Wänden und Decken eiszeitlicher Höhlen. Die Praxis, Farben auf pflanzlicher, mineralischer und tierischer Basis mit Pinseln auf Stein aufzutragen, wurde auch für frühe Zeugnisse einfacher Schriftsysteme beibehalten. Wie bereits prähistorische Künstler ihre Motive entwarfen, indem sie diese in (weichere) Steine ritzten, wurden im Altertum auch Schriftzeichen in Wände, Säulen etc. gekratzt. Eine Verfeinerung dieser Methode stellt die Verwendung von Hammer und Meißel dar.

Neben dem schwer zu bearbeitenden Stein bot sich Ton als Beschreibstoff an.[*] In heißen Klimaten konnten die beschriebenen Tafeln einfach in der Sonne getrocknet werden, wodurch die darin eingeritzten Zeichen dauerhaft erhalten blieben; andernfalls war ein Brennofen erforderlich. Gelochte Tontäfelchen deuten darauf hin, dass diese auch bereits mit Riemen oder Metallringen zu einer Art „Ringbuch" zusammengebunden wurden (vgl. Kap. 4.2). Die ältesten erhaltenen Tontafeln stammen aus dem sumerischen Kulturkreis aus dem 4. Jt. v. Chr., der sich der Keilschrift bediente.[**] Auch das Schreiben auf bzw. in Ton blieb jahrhundertelang gängige Praxis.

Ein Merkmal der meisten Beschreibstoffe ist ihre Vergänglichkeit, da sie i. d. R. aus pflanzlichen oder tierischen Materialien hergestellt werden.[***] Das Alter eines spezifischen Fundstücks gibt daher nur Auskunft darüber, wann dieser Stoff mit Sicherheit in Gebrauch gewesen, nicht aber, wann er tatsächlich erfunden bzw. entdeckt worden ist. So lässt sich z. B. nur schwer abschätzen, wann zum ersten Mal auf Holz oder Rinde geschrieben wurde; fest steht allerdings, dass es sich auch dabei um eine sehr alte Praxis handelt.[†]

Wachstafeln

Ebenso wenig lässt sich heute noch feststellen, wann die Benutzung von Wachstafeln üblich wurde. Die bislang ältesten Funde stammen wohl aus dem 3. Jh. v. Chr. (Ägypten)[††], literarische Belege reichen noch weiter

[*] Zum Folgenden vgl. z. B. WILHELM SANDERMANN, *Die Kulturgeschichte des Papiers*, Berlin u. a. 1988, S. 6-16.

[**] Vgl. JEAN, *Geschichte*, S. 11-24.

[***] Eine Ausnahme bilden Schriftzeugnisse in Metall, von denen wiederum viele verloren gegangen sind, weil das Material wieder eingeschmolzen oder einer anderen Verwendung zugeführt worden ist.

[†] U. a. auf Leinen, Seide, Leder und Blei wurde im Altertum ebenfalls geschrieben, doch auch darüber lassen sich nur wenige gesicherte Aussagen treffen. Für die weitere Entwicklung waren diese Beschreibstoffe ebenfalls nicht von Bedeutung.

[††] Vgl. REINHARD BÜLL, *Vom Wachs. Hoechster Beiträge zur Kenntnis der Wachse. Bd. I, Beitrag 9: Wachs als Beschreib- und Siegelstoff. Wachsschreibtafeln und ihre Verwendung*, Frankfurt am Main 1968, S. 786.

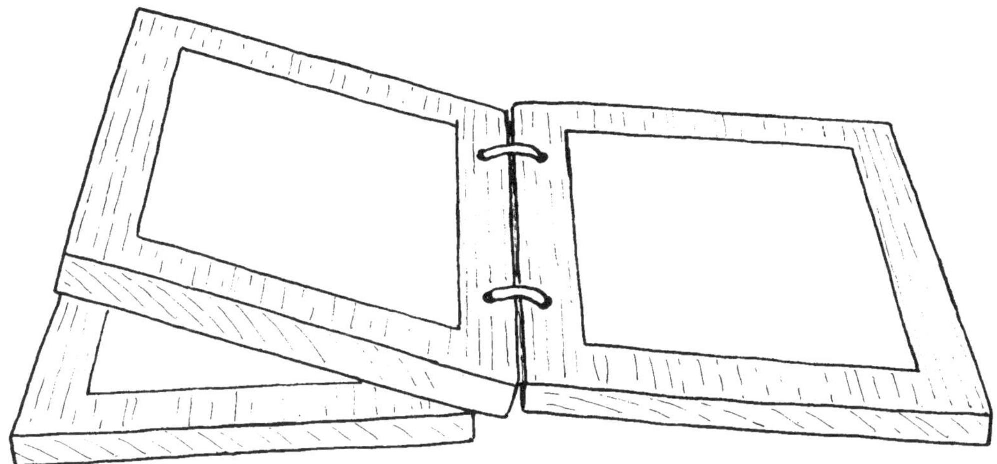

Abb. 16: Ein Wachstafel-Triptychon.

zurück. Erste Hinweise auf ihre Herstellung datieren auf das 5. Jh. v. Chr. Auf bildlichen Darstellungen, Reliefs etc. aus Ägypten, Griechenland und dem römischen Reich sind sie ebenfalls seit dem 5. Jh. v. Chr. in großer Zahl belegt.[*]

Aus dem Mittelalter haben sich neben Abbildungen auch zahlreiche Exemplare erhalten, die in ihrer Herstellung nur wenig von den antiken Vorbildern abgewichen sein dürften.[**] Es handelt sich dabei um Holztafeln, meist in handlichem Format, mit einer rechteckigen Vertiefung, in die eine Mischung aus Wachs, Harz und Farbpigmenten (Ruß) gegossen und glatt gestrichen wurde.[***] In diese Wachsschicht ließen sich mit einem Griffel (lat. *stilus*) aus Knochen, Metall oder Elfenbein Schriftzeichen einritzen und durch Glattstreichen wieder löschen. Somit eigneten sie sich hervorragend für kurze Aufzeichnungen vergänglicher Natur wie Notizen, Konzeptentwürfe oder für Berechnungen. Diese Tafeln (lat. *tabulae, tabulae ceratae*) waren billig, einfach herzustellen, überaus praktisch und wurden daher viele Jahrhunderte lang benutzt. Im Mittelalter besaß jeder Kaufmann mindestens eines dieser „Notizbücher", Sekretäre und Schreiber entwarfen darauf ihre Konzepte und aus dem Schulgebrauch wurden sie erst zu Beginn der Frühen Neuzeit von den Schiefertafeln verdrängt.

Auch aus dem Bereich der Verwaltung ist ihre Verwendung vielfach belegt. Zum Teil kamen hier Klapptafeln zum Einsatz, die aus einer Wachs- und einer Pergamentseite bestanden. Auf letzterer waren z. B. die Namen der Hörigen oder der Steuerpflichtigen verzeichnet, in die Wachsschicht wurden dann Anmerkungen über die erfolgten Abgaben geritzt. Das gleiche Verfahren wurde in mittelalterlichen Kloster- und Universitätsbibliotheken benutzt, um über entliehene Bücher Buch zu führen.

[*] Vgl. BÜLL, *Vom Wachs*, S. 821-853.

[**] Zum Folgenden vgl. HEINRICH KOHLHAUSSEN, *Verziertes Schreibgerät im deutschen Mittelalter*, in: *Gutenberg-Jahrbuch 19/24* (1944/49), S. 9-17 & Tafeln I-IV; GRASSMANN, *Wachstafel* S. 211-218; FRIEDRICH E. LINSCHEID, *Werkzeuge des Geistes. Schrift und Schreibzeuge vom Altertum bis in die Gegenwart*, Klagenfurt 1994, S. 41-43.

[***] Ausführlich zur Wachsmischung inkl. chemischer Analysen vgl. BÜLL, *Vom Wachs*, S. 796-815.

Zur Herstellung der Wachstafeln wurden meist einheimische Harthölzer verwendet (Eiche, Buche etc.), Prachtexemplare konnten aber auch aus Elfenbein gefertigt sein; diese waren schon in der römischen Kaiserzeit beliebte Geschenke.* Neben der einfachen, rechteckigen Form gab es vor allem im 12. und 13. Jh. auch Exemplare mit halbrundem Oberteil in der Form eines romanischen Kirchenfensters. Auch Tragegriffe sind durch Abbildungen und Fundstücke belegt. Meist wurde ein handliches Format bevorzugt, etwa wie ein modernes Taschenbuch, aber auch gewaltige Tafeln von mehr als 30 mal 40 cm sind bekannt.

Um die empfindliche Wachsschicht zu schützen, konnten die Tafeln mit einem Deckel versehen sein. Üblicher war es jedoch, zwei oder drei Holztafeln mit der Wachsseite aufeinander zu legen und an einer der Längsseiten durch Riemen oder Metallringe nach Art eines Ringbuchs zu verbinden (lat.-gr. *diptychon* bzw. *triptychon*). Die Außenseite – gewissermaßen der Buchdeckel – konnte den Namen des Besitzers tragen oder aufwändig verziert, mit Intarsien oder Schnitzereien versehen oder auch mit Gold oder Messing belegt werden. Futterale oder Kassetten, z. B. aus getriebenem Blech, schützten die wertvollen Stücke. Regelrechte Wachs- oder Holztafelbücher, bei denen mehr als drei einzelne *tabulae* zusammengebunden waren (*polyptychon*), sind ebenfalls bereits aus der Antike bekannt. Sie ließen sich versiegeln, wodurch einem Empfänger persönliche Botschaften übermittelt werden konnten, die von diesem gelöscht, beantwortet und auf die gleiche Weise zurückgesandt wurden.

Papyrus

Der Beschreibstoff der Antike schlechthin war Papyrus, der in Ägypten mindestens seit dem 3. Jt. v. Chr. bekannt gewesen ist.** Er wurde aus dem Mark der Papyrusstaude*** *(Cyperus papyrus L.)* hergestellt, einem Gewächs aus der Familie der Riedgräser, das vor allem im Nildelta in ausreichender Menge gedieh. Die bis zu 4 m langen Stängel wurden in Stücke geschnitten und mit einer Nadel geschält, so dass möglichst breite und dünne Streifen von Mark entstanden. Diese wurden im gewünschten Format aneinander gelegt, eine zweite Schicht dann im rechten Winkel darüber. Unter Pressdruck sorgte der austretende Pflanzensaft dafür, dass beide Schichten miteinander verklebten. Um eine Rolle zu erhalten, wurden mehrere dieser Bögen aneinander geleimt; nach Angabe von Plinius bestand eine Rolle üblicherweise aus 20 Blatt.† Die zum Beschreiben ausersehene Seite wurde schließlich mit einer Muschel oder einem (Kalk-)Stein geglättet. Papyrus war in unterschiedlichen Qualitäten erhältlich, die beste stammte aus dem Innersten des Stängels.

In der Antike besaß Ägypten ein Monopol auf die Papyrusherstellung – die Pflanze wuchs zwar auch in anderen Gegenden, doch offenbar nicht in ausreichenden Mengen. Über das Mittelmeer gelangte seine Verwendung zunächst auf die italischen Inseln, über das italienische Festland dann nach Mitteleuropa. Die übliche Form seiner Benutzung war und blieb die Rolle, doch auch in Buchform wurde Papyrus verarbeitet (näheres hierzu vgl. Kap. 4.2). Das Material barg allerdings einige Nachteile: Es ließ sich nicht knicken, ohne zu brechen, und die Ränder neigten zum Ausfransen. Die mit Deckfarben aufgetragene

* Zum Folgenden vgl. BÜLL, *Vom Wachs*, S. 789-795 u. 836-853.
** Zum Folgenden vgl. auch SANDERMANN, *Kulturgeschichte*, S. 17-20.
*** Die Pflanze wurde wohl nach dem aus ihr gewonnenen Stoff benannt, nicht umgekehrt; woher der Ausdruck *Papyrus* stammt, ist ungeklärt.
† Vgl. PLINIUS D. Ä., *Nat. hist.* XIII, 74-82.

Bemalung konnte unter dem Auf- und Abrollen leiden. Außerdem ist Papyrus empfindlich gegenüber Feuchtigkeit, was in Ägypten kein großes Problem darstellte, in europäischen Gefilden aber sehr wohl.

Von allen Beschreibstoffen der Geschichte war Papyrus dennoch am längsten in Gebrauch. Augustinus entschuldigte sich im 5. Jh. in einem Brief dafür, dass er auf Pergament schriebe, da ihm Papyrus vorübergehend nicht zur Verfügung stehe.* Besonders aus Italien sind Privaturkunden auf Papyrus noch aus dem 11. und 12. Jh. bekannt. In der päpstlichen Kanzlei wurden Urkunden und Briefe bis ins 10. Jh. ausschließlich auf Papyrus verfasst, der endgültige Übergang zum Pergament erfolgte erst Ende des 11. Jahrhunderts, gleichermaßen in Byzanz. Um diese Zeit scheint die Produktion in Ägypten ganz eingestellt und stattdessen Papier verwendet worden zu sein.

Nördlich der Alpen fand Papyrus stets nur in geringem Maße Verwendung. Als sich nach Untergang des römischen Weltreichs allmählich wieder eine Schriftkultur entwickelte, war Pergament bereits der übliche Beschreibstoff. Dennoch haben sich auch hier Dokumente auf Papyrus erhalten, die allerdings später vielfach dazu genutzt wurden, auf ihrer Rückseite Aufzeichnungen festzuhalten. Einige Papyri dienten im Mittelalter außerdem als Einbände oder Vorsatzblätter für Pergament-Codices.

Pergament

Wie Papyrus im Altertum war Pergament der typische und prägende Beschreibstoff im europäischen Mittelalter.** Zwar war seine Herstellung bereits in der Antike bekannt – das älteste Fundstück stammt aus der Wende vom 3. zum 2. Jh. v. Chr. –, doch erst im 4. Jh. n. Chr. konnte es sich gegenüber dem Papyrus weiträumig durchsetzen. Dies geschah parallel zum Übergang von der Rollen- zur neuen Buchform („*codex*", vgl. Kap. 4.2), für die es sich entschieden besser eignete. Der Siegeszug des Christentums als einer Buchreligion mit enormem Bedarf an Schreibmaterial dürfte dabei eine wichtige Rolle gespielt haben. Gegenüber Papyrus hatte Pergament einige Vorteile: Es ließ sich problemlos falzen, von beiden Seiten beschreiben und war unempfindlicher gegen Feuchtigkeit. Vor allen Dingen ließ es sich aber nahezu überall herstellen, man war also nicht länger auf Importe aus Ägypten angewiesen.

Die Bezeichnung „Pergament" leitet sich von der antiken Stadt Pergamon ab, wo seine Herstellung entweder erfunden, verbessert oder in großen Stil betrieben worden sein soll. Nach Angaben von Plinius soll es dort im 2. Jh. v. Chr. von König Eumenes II. erdacht worden sein, der eine große Bibliothek anlegen wollte, aber mit einem Papyrusboykott belegt war.*** Tatsächlich war die Herstellung von Pergament zu dieser Zeit aber schon länger bekannt. In lateinischen Quellen wird es als *pergamena* oder *membrana* bezeichnet, mitunter auch als *vellum*. Es handelt sich dabei um ungegerbte Tierhaut, die auf bestimmte Weise zubereitet werden musste.†

Bis ins 10. Jh. stammten die Häute überwiegend von Ziegen, im 11. und 12. Jh. vermehrt von Schafen und zunehmend auch

---

* AUGUSTINUS, *Epistolae* XV, 1.

** Ausführlich zu allen Aspekten des Pergaments vgl. die Beiträge in PETER RÜCK (HG.), *Pergament. Geschichte, Struktur, Restaurierung und Herstellung heute*, Sigmaringen 1991.

*** Vgl. PLINIUS, *Nat. hist.* XIII, 70.

† Zum Folgenden vgl. ERIKA EISENLOHR, *Die Kunst, Pergament zu machen*, in: UTA LINDGREN (HG.), *Europäische Technik im Mittelalter: 800 bis 1200. Tradition und Innovation. Ein Handbuch*, Berlin 1996, S. 429-434; SANDERMANN, *Kulturgeschichte*, S. 71-78; HEINRICH HUSSMANN, *Über das Buch*, Wiesbaden o. J. (1968), S. 16f.; MICHAEL L. RYDER, *The History and Biology of Parchment*, in: RÜCK (HG.), *Pergament*, S. 25-33; MANFRED UND EDITH WILDBRETT, *Hautpergament – Ein Naturprodukt von erlesener Schönheit*, in: RÜCK (HG.), *Pergament*, S. 359-363.

von Kälbern, welche ein besonders feines Pergament ergaben, da ihre Poren kaum zu erkennen sind. Das so genannte „Jungfernpergament“ des Spätmittelalters von besonders feiner Qualität wurde wohl nicht aus den Häuten ungeborener Tiere gewonnen, wie vielfach behauptet wird, sondern von totgeborenen oder sehr jungen Lämmern und Kälbern. Die Haut älterer Rinder ergibt ein sehr dickes, festes und grobes Pergament, das sich nur für Einbandarbeiten eignet; Schweinspergament ist auch dafür zu dick und zu hart.

Zunächst wurde die Rohhaut einige Tage bis Wochen in einer starken Kalklauge gebeizt. Dadurch ließ sich die ausschließlich verwendbare Lederhaut *(Dermis)* leichter von der obersten Schicht *(Narbenmembran)* sowie von Oberhaut *(Epidermis)* mitsamt den Haaren und dem unten liegenden Bindegewebe trennen. Dies geschah mit einem halbrunden Schabeisen (lat. *rasoria*, *novacula* oder *lunellarium*) auf dem Schabebaum. Die so entstandene *Blöße* wurde nun wiederum in Wasser eingelegt und evtl. mit Fett lösenden Zutaten wie Kalk oder Asche behandelt. Dann wurde sie in einem Holzrahmen aufgespannt und erneut geschabt, um die letzten Fleischreste zu entfernen und eine gleichmäßige Stärke des Materials zu erreichen. Aufgespannt an der Luft getrocknet verhornte die Tierhaut schließlich zu Rohpergament.

Pergament aus Ziegenhaut ist leicht durchscheinend gelblich, sehr weich und geschmeidig. Schafspergament ist dagegen weißer, nicht durchscheinend und glatt. Wenn die Rohhaut nicht von geschlachteten, sondern von verendeten Tieren genommen wurde, die also nicht gründlich ausbluten konnten, weist das Pergament einen stärkeren Braunton mit Äderungen auf.[*]

Die folgende Weiterbehandlung unterschied sich nach Region, Zeit und der gewünschten Qualität. In England und besonders in Irland war es üblich, das Pergament, das dort überwiegend aus Kalbshäuten gewonnen wurde, mit Bimsstein aufzurauen. So wurde es undurchsichtiger, was zum Aufbringen der Illustrationen wesentlich war. Bei den so bearbeiteten Bögen waren Fleisch- und Haarseite nicht mehr oder zumindest kaum noch zu unterscheiden. Auch einige Skriptorien auf dem Kontinent machten von diesem „insularen Pergament“ Gebrauch; in den Quellen wird es meist als *vellum* bezeichnet.[**]

Während es nördlich der Alpen üblich war, das Material auf beiden Seiten zu glätten, wurde es in Italien nur auf der Fleischseite geschliffen. Daher unterscheidet man auch zwischen nördlichem und südlichem bzw. deutschem und italienischem Pergament. Bei der Zusammenstellung der Lagen für einen Codex wurde i. d. R. darauf geachtet, dass jeweils Fleisch- auf Fleischseite und Haar- auf Haarseite zu liegen kamen; den Anfang machte für gewöhnlich eine Haarseite. Diese ist meistens daran zu erkennen, dass sie noch eine leichte Porenmusterung aufweist, etwas dunkler, glatter und konkav gewölbt ist. Entsprechend ist die Fleischseite heller, rauer (wie Samt) und konvex.

Für besonders aufwändige und kostbare Prachthandschriften konnte das Pergament eingefärbt werden. Codices aus purpurfarbenem Pergament, die mit Gold- und Silbertinten beschrieben wurden, sind bereits aus der Spätantike bekannt. Ab etwa dem 11. Jh. wurden die Bögen nicht mehr durchgefärbt, sondern nur noch auf der Oberfläche koloriert, um äußerlich denselben Effekt zu erzielen.

[*] Zu Eigenschaften und Beschaffenheit der verschiedenen Pergamente vgl. GERHARD MOOG, *Häute und Felle zur Pergamentherstellung. Eine Betrachtung histologischer Merkmale als Hilfe bei der Zuordnung von Pergamenten zum Ausgangsmaterial*, in: RÜCK (HG.), *Pergament*, S. 171-181.

[**] Die Verwendung des Begriffs ist allerdings weder einheitlich noch eindeutig: Mitunter wird mit *vellum* auch geleimtes Pergament bezeichnet, einige Autoren benutzen es synonym zu Pergament.

Im Frühen Mittelalter, als die Buchproduktion noch ausschließlich in den Skriptorien der Klöster stattfand, wurden die dafür benötigten Pergamente von den Mönchen vor Ort hergestellt. Darstellungen der einzelnen Arbeitsvorgänge haben sich in Miniaturen und ausgemalten Initialen erhalten.* Lange Zeit blieben die Klöster die einzigen Produzenten des Beschreibstoffs, den sie auch an andere Nutzer vertrieben. Erst im Übergang zum Spätmittelalter sind in einigen, meist größeren Städten bürgerliche Pergamenthersteller belegt.** Sie wurden als *pergamentarii*, Pergamenter, Pirmenter oder Buchfeller bezeichnet und scheinen sich von den Gerbern abgesondert zu haben, mit denen sie aber oft eine gemeinsame Zunft bildeten.*** Die Rohhäute bezogen sie direkt von den Metzgern oder Schlachtern, aus den Resten wie Hufen oder Klauen und der Unterhaut kochten sie Leim.

Die Pergamenter verkauften ihr Produkt in unterschiedlichen Qualitäten, auch als Rohpergament, im ganzen Stück oder auf Format geschnitten. Der Handel nahm innerhalb recht kurzer Zeit ein beträchtliches Ausmaß an und führte nicht selten auch über Grenzen hinweg. Neben Schreib- und Einbandpergamenten wurden auch solche zur Bespannung von Trommeln und Pauken hergestellt, was heute den Haupterwerb der wenigen noch verbliebenen Pergamenthersteller bildet. Das Handwerk profitierte von der zunehmenden Schriftlichkeit und der massiven Ausbreitung des Urkundenwesens sowie der Bürokratie im Spätmittelalter, erlebte aber nur eine recht kurze Blüte, denn bereits im 14. Jh. erwuchs ihm massive Konkurrenz durch die neu aufkommende Papierproduktion.

Papier …

Das Papier wurde vermutlich im 2. Jh. v. Chr. in China erfunden.† Als die Ausdehnung des islamischen Herrschaftsbereichs im 7. Jh. die Grenzen Chinas erreichte, dürften die Araber zum ersten Mal mit dem (für sie) neuartigen Beschreibstoff in Berührung gekommen sein. Im Jahr 751 sollen bei einer Schlacht am Fluss Talas (Kurdistan) chinesische Papiermacher in arabische Kriegsgefangenschaft geraten sein, wo sie ihre Kunst dann an die Eroberer weitergaben. Allerdings unterhielten die Araber bereits seit längerer Zeit Handelsbeziehungen zu China und auch Papier wurde wohl bereits seit dem frühen 7. Jh. eingeführt. Gegen Ende des 8. Jahrhunderts wurde das Material auch im arabischen Herrschaftsbereich selbst hergestellt, spätestens im 10. Jh. auch in Ägypten, wo es um 1100 den Papyrus endgültig ablöste.

Über die Mauren in Südspanien gelangte Papier wohl zuerst auf den europäischen Kontinent;†† in Xativa bei Valencia soll um die Mitte des 11. Jahrhunderts bereits ein

* Am bekanntesten sind wohl die mit der Feder gezeichneten Medaillons einer Bamberger Ambrosius-Handschrift aus dem 12. Jh. (Staatsbibliothek Bamberg, Msc. Patr. 5, fol 1r). Ausgemalte Initialen finden sich z. B. in einer Hamburger Bibelhandschrift von 1255 (Königliche Bibliothek Kopenhagen, Ms. 4, 2°); vgl. VERA TROST, *Skriptorium. Die Buchherstellung im Mittelalter*, Stuttgart 1991, S. 13-19. Umfassender Überblick: STEFAN JANZEN, *Pergament: Herstellung, Bearbeitung und Handel in Bildern des 10. bis 18. Jahrhunderts*, in: RÜCK (HG.), *Pergament*, S. 391-414.

** In einer D-Initiale der erwähnten Hamburger Handschrift von 1255 (Anm. *) ist ein weltlicher Pergamenthersteller zu sehen, der offenbar einem Mönch Pergament verkauft; vgl. TROST, *Skriptorium*, S. 11.

*** Vgl. EIKE PIES, *Zünftige und andere alte Berufe*, Wuppertal [3]2005, S. 111f.; REINHOLD REITH, *Gerber*, in: DERS. (HG.), *Lexikon des alten Handwerks. Vom Späten Mittelalter bis ins 20. Jh.*, München [2]1991, S. 84-91 (hier S. 88); JOST AMMAN UND HANS SACHS, *Eygentliche Beschreibung aller Stände auff Erden …*, Frankfurt 1568, Nr. 93.

† Die gängige Zuschreibung der Erfindung durch den Hofbeamten Tsai Lun im Jahr 105 n. Chr. ist durch ältere Befunde widerlegt. Zum Folgenden vgl. GÜNTER BAYERL UND KARL PICHOL, *Papier. Produkt aus Lumpen, Holz und Wasser*, Reinbek bei Hamburg 1986, bes. S. 38-98; SANDERMANN, *Kulturgeschichte*, bes. S. 43-70 u. 79-103.

†† Zur Entwicklung der westlichen Papierproduktion vgl. ROBERT I. BURNS, *Paper comes to the West. 800-1400*, in: LINDGREN (HG.), *Europäische Technik*, S. 413-422.

Zentrum der Papierherstellung existiert haben, das seine Produkte auch in andere Länder ausführte. Roger II. von Sizilien erteilte 1102 das erste Privileg zur Papierherstellung. Um 1210 soll die erste Papiermühle in der Nähe von Genua in Betrieb gegangen sein, der erste Beleg für eine solche in Frankreich stammt von 1276. Die erste Papiermühle im deutschsprachigen Raum wurde erst 1390 von Ulman Stromer in Nürnberg gegründet, bis zur Mitte des 15. Jh. kamen im Altreich etwa zehn weitere hinzu, z. B. in Ravensburg (1393), Lübeck (1420), Straßburg und Augsburg (beide 1445). Nicht zufällig handelte es sich dabei um Zentren, in denen der (Fern-) Handel eine erhebliche Rolle spielte.

Bis dahin wurde Papier in Deutschland vorwiegend aus Spanien, Frankreich und Burgund eingeführt, in geringerem Maße auch aus Italien bzw. Sizilien. Doch auch ohne den Gebrauch von Papiermühlen ließ sich dieser Beschreibstoff zumindest in kleineren Mengen von Hand herstellen. Ab wann und in welchem Ausmaß diese manuelle Papierproduktion betrieben wurde, ist heute kaum noch feststellbar.

Auf ihrem Weg von China nach Europa unterlag die Papierherstellung einigen Veränderungen und erlebte zahlreiche Innovationen.* Während im Ursprungsland vor allem Bambusfasern den Rohstoff bildeten, griffen die Araber auf Textilabfälle zurück: Lumpen, Leinenreste und auch Hanfstricke. Sie verbesserten außerdem die traditionellen Produktionsmethoden, bedienten sich aber weiterhin eines umständlichen Schöpfverfahrens, bei dem die Bögen zum Trocknen auf dem Sieb verblieben – ein langwieriger Prozess, der die Massenproduktion behinderte.**

... seine Herstellung ...

Der Prozess der Papierproduktion in Europa blieb über Jahrhunderte weitgehend gleich, lediglich die einzelnen Arbeitsgänge wurden mechanisiert und rationalisiert.*** Zuerst wurden die Lumpen gesammelt, sortiert und von Knöpfen und dergleichen befreit. Eine Grobreinigung erfolgte mit dem Schabeisen, wenn nötig wurden sie auch gewaschen. Dann wurden die *Hadern* genannten Stoffstücke durch Zerreißen zerkleinert, in heißem Wasser gekocht, angefault und schließlich in Wasser, dem Kreide oder Kalk zum Bleichen zugegeben werden konnte, gestampft – das geschah ursprünglich und in der Kleinstproduktion von Hand im Mörser, in den Papiermühlen im Stampfwerk, bei dem große Hämmer mittels einer Nockenwelle durch Wasserkraft angetrieben wurden.

Das so entstandene *Zeug* wurde zunächst gelagert. Zur Weiterverarbeitung musste es mit Wasser gemischt und kräftig verrührt werden. Die Mischung kam in die *Bütte* (daher „Büttenpapier"), einen hölzernen Trog, aus dem sie mit einem Siebrahmen geschöpft wurde. Dieser Schöpfrahmen aus Holz hatte das gewünschte Format des Endprodukts und war mit einem Sieb aus Bronzedraht bespannt, durch welches das überschüssige Wasser ablaufen konnte. Durch Schwenken des Schöpfsiebs verteilte sich der Faserbrei zu einer einheitlichen Stärke und die Fasern verfilzten gleichmäßig.

Die feuchten Bogen wurden durch Stürzen des Rahmens zwischen Schichten aus Wollfilz abgelegt („gegautscht"). Waren 181

---

* Vg. hierzu z. B. PETER F. TSCHUDIN, *Werkzeug und Handwerkstechnik in der mittelalterlichen Papierherstellung*, in: LINDGREN (HG.), *Europäische Technik*, S. 423-428.

** Vgl. BAYERL/PICHOL, *Papier*, S. 35-37.

*** Zum Folgenden vgl. BAYERL/PICHOL, *Papier*, S. 46f. und Tabelle S. 52; LINSCHEID, *Werkzeuge*, S. 48-51; PIES, *Berufe*, S. 108-110; GÜNTER BAYERL, *Papiermacher*, in: REITH (HG.); *Lexikon*, S. 181-188; AMMAN/SACHS, *Eygentliche Beschreibung*, Nr. 18.

Bogen (= 1 *Pauscht*) zusammen, kamen sie mitsamt der Filze in eine große handbetriebene Spindelpresse, die das restliche Wasser herausdrückte. Nach dem *Legen*, dem Auseinandersortieren von Papier und Filz, wurden die Bogen auf Leinen zum Trocknen aufgehängt. Schreibpapier konnte zusätzlich geleimt werden, indem es in eine Lösung aus Wasser und Haut- oder Knochenleim getaucht und danach erneut getrocknet wurde – das verhinderte beim Beschreiben das Verlaufen der Tinte. Schließlich wurden die Bogen geglättet, sortiert, ggf. beschnitten und verpackt. Die gängige Einheit des Mittelalters war ein *Ries* = 480 Bogen oder 20 *Buch*. Ein *Buch* umfasste entsprechend 24 Bogen. Die größte Einheit war der *Ballen* zu 10 *Ries*. Mangelhafte, aussortierte Bogen wurden unter die Hadern des nächsten Durchgangs gemischt – ein frühes Beispiel für Recycling.

In den Papiermühlen wurden die einzelnen Arbeitsschritte von verschiedenen Fach- und Hilfskräften übernommen. Die Vorbereitung der Hadern lag meist in den Händen von Frauen und Kindern, die Arbeiten an der Bütte übernahmen Schöpfer, Gautscher und Leger. Ersterer hatte immer zwei Schöpfrahmen zur Hand, so dass er bereits den nächsten Bogen schöpfen konnte, während der erste gegautscht wurde. An den Saalarbeiten, dem Sortieren, Glätten etc., waren wiederum Frauen und Kinder beteiligt. Je nach Größe der Mühle kamen noch Büttknechte, Lehrlinge und weitere Hilfskräfte oder Tagelöhner hinzu. Die Schöpfrahmen wurden vom Formenmacher nach genauen Maßvorgaben hergestellt und ggf. mit Wasserzeichen versehen. Überwacht wurden alle Tätigkeiten durch den Meister, der meist Inhaber oder Pächter der Mühle war und auch für den Vertrieb sorgte. Durch den Umgang mit nassen, fauligen Lumpen waren Milzbrand und rheumatische Beschwerden typische Berufskrankheiten der Papierhersteller.

Lumpensammler, die für den Nachschub an Rohstoffen sorgten, indem sie mit einem Handkarren durch die Straßen und Gassen zogen, konnten selbständig oder fest an einer Mühle angestellt sein. Aus dem 15. Jh. sind Privilegien zum Sammeln von Lumpen bekannt, ein erstes Verbot der Ausfuhr dieses wertvollen Rohstoffs wurde 1366 in Genua erlassen.

Die mittelalterliche Papierherstellung war ein sehr kapital-, arbeits- und platzintensives Gewerbe. Die Papiermacher (Papierer, Papiermüller) waren nicht in Zünften organisiert, arbeiteten aber nach einem strengen Verhaltenskodex, der an mittelalterliche Zunftordnungen erinnert. Die meisten Mühlen produzierten unterschiedliche Qualitäten in verschiedenen Preiskategorien. Zur Kennzeichnung ihrer Herkunft wurden die Bogen zumindest der besseren Schreibpapiere schon ab dem späten 13. Jh. mit Wasserzeichen versehen. Dabei handelte es sich um Formen aus Bronzedraht, die auf das Sieb des Schöpfrahmens genäht wurden. Dort war der Papierbrei dann dünner, das Papier wurde an diesen Stellen leicht durchscheinend.[*] Auch Markennamen für einzelne Papiersorten sind bereits aus dem Späten Mittelalter bekannt.

An die Buchdruckereien des späten 15. Jahrhunderts wurden die Bogen unbeschnitten in Ballen oder Ries geliefert. Viele Mühlen übernahmen den Groß- und Fernhandel selbst, andere gehörten Kaufleuten, die mit Papier als einer Ware von vielen handelten. Über Kleinhandel, Straßenverkauf etc. stehen einschlägige Forschungsarbeiten leider noch

[*] Zuerst wohl in der Papiermetropole Fabriano/Italien, um 1270. Beispiele für Wasserzeichen z. B. in BAYERL/PICHOL, *Papier*, S. 46 u. HUSSMANN, *Buch*, S. 27.

aus. Nicht zuletzt umherziehende und stationäre Krämer werden Papier wohl blattweise verkauft oder auch je nach Kundenwunsch die Bogen auf Format geschnitten haben.

… und Nutzung

Das Verhältnis von Breite zu Höhe eines Bogens betrug drei zu vier. Durch Falzen ergaben sich folgende Formate:

Bezeichnung	Abk.	gefalzt	Blätter	Seiten	Maßverhältnis
Bogen	–	–	1	2	3 zu 4
Folio	2°	1 mal	2	4	2 zu 3
Quart	4°	2 mal	4	8	3 zu 4
Oktav	8°	3 mal	8	16	2 zu 3
Sedez	16°	4 mal	16	32	3 zu 4

Folio und Oktav waren also schmal, Quart und Sedez sowie der Originalbogen breit im Format. Quart und Oktav wurden auch im Querformat benutzt.[*] Die tatsächliche Größe von Bogen bzw. Blättern und Seiten war noch nicht genormt und konnte erheblich variieren.

Trotz des hohen Arbeitsaufwands ließ sich Papier deutlich billiger produzieren als Pergament. Es kam daher vor allen Dingen dort zur Anwendung, wo Beschreibstoffe in großen Mengen benötigt wurden, Äußerlichkeiten jedoch eine geringe Rolle spielten, also z. B. in Verwaltung, Buchführung etc. Zwar wurde die erste Papstbulle auf Papier schon 849 verfasst, doch blieb sie lange Zeit eine Ausnahme. Konzepte und Abschriften werden aber wohl durchaus in größerem Maße auf Papier geschrieben worden sein.

Die Vorbehalte gegen den neuartigen Beschreibstoff waren zunächst groß: Abt Petrus von Cluny berichtet in der ersten Hälfte des 12. Jahrhunderts, er habe im damals maurischen Toledo Bücher „aus abgenutzter Leinwand oder womöglich noch schlechterem Stoff" gesehen.[**] König Roger II. von Sizilien befahl 1145, die Papierurkunden seiner Vorgänger auf Pergament abzuschreiben, da er der Haltbarkeit des neuen künstlichen Materials (zu Recht) nicht traute. Kaiser Friedrich II. untersagte im Jahr 1231 die Verwendung von Papier für rechtsgültige Urkunden, und tatsächlich blieb in den kaiserlichen und königlichen Kanzleien bis etwa zum Ende des 14. Jahrhunderts das Pergament üblich. In der päpstlichen Kurie hielt es sich sogar noch länger, doch im privaten Urkundenwesen wurden auch rechtsgültige Dokumente ab dem 13. Jahrhundert vermehrt auf Papier abgefasst. Den endgültigen Durchbruch verschaffte ihm allerdings erst der Buchdruck seit Mitte des 15. Jahrhunderts, denn hier konnte das Kunstprodukt seine Vorteile gegenüber der Tierhaut voll ausspielen: Es war relativ billig, schnell und in großen Mengen in fast beliebigen Formaten und unterschiedlichen Qualitäten herzustellen. Damit eignete es sich vorzüglich für den Massenmarkt, doch ein Stück optischen Genusses und erfassbarer Sinnlichkeit ging mit dem allmählichen Verschwinden des Pergaments seit dem 13. Jh. verloren.

[*] Vgl. HUSSMANN, *Buch*, S. 28 & 32-33. Relevant waren diese Formate in erster Linie für die Buchproduktion, insbesondere im Druckverfahren; Urkunden, Briefe, Einblattdrucke etc. konnten natürlich auch auf Blättern anderen Zuschnitts verfasst werden.

[**] Zitiert nach SANDERMANN, *Kulturgeschichte*, S. 79.

3.2. Schreibwerkzeuge

Wie eingangs dieses Kapitels erwähnt, bedienten sich bereits die Illustratoren eiszeitlicher Höhlen des Pinsels, um ihre Farben auf Steinwände aufzutragen.* An seiner Herstellung hat sich bis heute nicht viel geändert: Tierhaare oder -borsten werden durch Wicklung und/oder Verklebung an einem meist hölzernen Schaft befestigt. Unterschiedlich starke Pinsel sorgen für unterschiedlich breite Striche; für besonders feine Linien lassen sich auch einzelne Grannen einer Vogelfeder verwenden.

Die sumerische Keilschrift erhielt ihr charakteristisches Aussehen und ihren Namen von den keilförmig zugespitzten Griffeln, mit denen sie in weichen Ton gedrückt oder in Stein geschlagen wurde. Je nach Beschreibstoff waren diese Griffel aus Holz, Knochen oder Elfenbein geschnitzt oder aus Metall gegossen. Platten aus Silber, Bronze oder Blei wurden mit einem so genannten „Stichel" von gleicher Form beschrieben.** Daraus entwickelte sich der Meißel, der zusammen mit dem Hammer seit ägyptischer Zeit dazu dient, Zeichen in Stein zu schlagen. Seine flache, breite Spitze erzeugte die typischen Serifen der römischen Capitalis (vgl. Kap. 1.2).

Der Griffel – *stilus*

Zum Beschreiben von Wachstafeln wurde ebenfalls ein Griffel benutzt.*** Mit einem solchen versuchte Caesar, sich im Senat gegen seine Mörder zu verteidigen. Er wurde im Lateinischen als *graphium* bezeichnet, im Mittelalter mitunter auch als *graphius*; häufiger war allerdings der Ausdruck *stilus*, von dem sich der Schreib-Stil ableitet. Griffel waren meistens aus Knochen oder Elfenbein geschnitzt und manchmal mit einer Metallspitze versehen. Hochwertige Exemplare konnten auch ganz aus (Edel-)Metall wie z.B. Bronze oder Silber gegossen oder geschmiedet sein, seit dem 12. Jh. zunehmend aus weicheren Metallen wie Blei oder Zinn. Im einfachsten Fall ließ er sich aber auch schnell aus einem Ast anfertigen. Charakteristisch war das breite hintere Ende, das

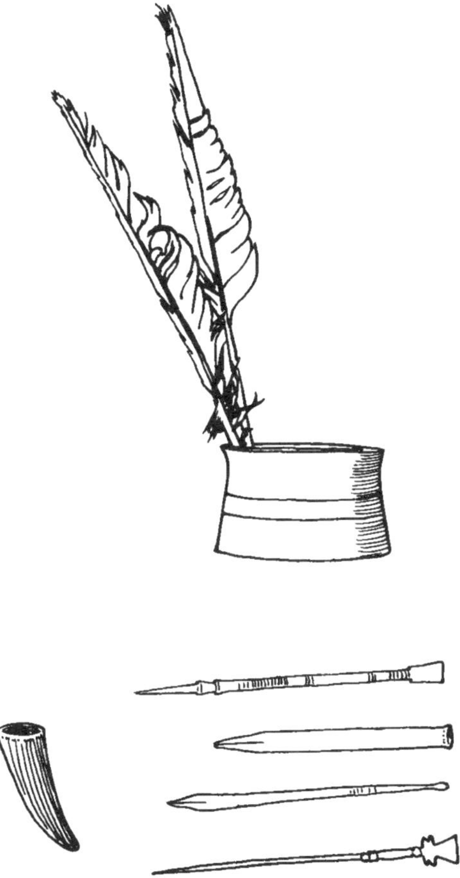

Abb. 17: Mittelalterliche Schreibgeräte – Federkiele und verschiedene Griffel.

* Zum Folgenden vgl. LINSCHEID, *Werkzeuge*, S. 41-46.

** Vgl. JEAN, *Geschichte* S. 15 & 23.

*** Zum Folgenden vgl. z.B. WATTENBACH, *Schriftwesen*, S. 219-232; KOHLHAUSSEN, *Verziertes Schreibgerät*, S. 14-17 & Tafel IV; GRASSMANN, *Wachstafel*, S. 211f. & 217. Zahlreiche Abb. z.B. in BÜLL, *Vom Wachs*, S. 854-857

zum Löschen der Zeichen diente. Im Mittelalter wurde der Griffel entweder in einem Etui aufbewahrt oder mit einem Band an der Wachstafel bzw. am Gürtel befestigt; mitunter ließ er sich auch in die Scharniere oder Riemen eines Di- oder Triptychons stecken. Reich verzierte Griffelkästchen (lat. *graphiarium, -i*) aus Holz oder Elfenbein, meist mit Dreh- oder Schiebedeckel, haben sich ebenfalls erhalten.

Zum Schreiben auf Papyrus bedienten sich die Ägypter und andere antike Völker angespitzter Stücke von Schilfrohr, die in Tinte getaucht wurden. Von Künstlern wurden diese mitunter noch im 20. Jh. verwendet, z. B. für Tuschzeichnungen. In Deutschland scheinen Schreibrohre im Frühmittelalter vornehmlich aus Italien importiert worden zu sein, da sich die hier wachsenden Schilfrohre offenbar nicht zum Schreiben eigneten. Die lateinische Bezeichnung *calamus* wurde allerdings auch übertragen für die Schreibfeder benutzt, so dass manche Quellen nicht eindeutig zu interpretieren sind.

Der Federkiel

Der Federkiel war weit über das Mittelalter hinaus das gängige Werkzeug zum Schreiben auf Pergament und Papier. Von der lateinischen Bezeichnung *penna* leiten sich z. B. die englischen Begriffe *pen* und *pencil* ab. Zum Schreiben am besten geeignet waren die Schwungfedern von Gänsen, doch auch Schwanenfedern werden in mittelalterlichen Quellen erwähnt.* Da sich jede Feder mit ausreichend dickem und steifem Kiel eignet, kamen aber vermutlich auch solche von Fasanen, Rebhühnern, Pfauen etc. zur Anwendung – der Bedarf war immerhin groß.

Für Rechtshänder wurden stets Federn des linken Flügels genommen.** Frische Exemplare waren jedoch zu weich und mussten erst gehärtet werden, entweder durch einige Monate Trocknung oder indem man sie zuerst in Wasser einweichte und dann für einige Zeit in heißen Sand steckte. Nun ließ sich die dünne Haut abschaben und das Mark aus dem Kiel herauskratzen. Dann musste das dicke untere Ende mit einem scharfen Messer in bestimmter Weise kunstvoll angespitzt werden, wozu ein so genanntes Federmesser benutzt wurde (siehe Kap. 3.4). Das Material war jedoch noch immer sehr weich und gab dem Druck der Hand schnell nach, so dass immer wieder nachgeschnitten werden musste – in der Regel nach einigen Seiten, bisweilen jedoch auch alle paar Zeilen oder sogar Worte. Für einen vollständigen mittelalterlichen Codex verbrauchte der Schreiber in jedem Fall etliche Federn, von denen er daher wenn möglich einen ganzen Vorrat zur Hand hatte. Ein Gelehrter aus dem Umfeld des Thomas Beckett schildert im 12. Jh., dass ein Sekretär, um einem Diktat ohne Unterbrechungen folgen zu können, 60 bis 100 fertig vorbereitete Federkiele parat liegen hatte.***

Aufbewahrt wurden sie zum Schutz der empfindlichen Spitzen meist in einem Kästchen aus Holz, Elfenbein oder Edelmetall, dem *Pennal*.† Lohnschreiber trugen ein solches am Gürtel, oft zusammen mit einem Tintenbehälter. Alternativ wurden Lederetuis verwendet, die manchmal auch Platz für das Federmesser boten. Schreibpulte verfügten gelegentlich über eine spezielle Rinne, in der benutzte Federn abgelegt werden konnten. Niemals wurden sie aufrecht in den Tintenbehälter gestellt, wie es z. B. in Filmen oft

* Vgl. z. B. WATTENBACH, *Schriftwesen*, S. 119.
** Zum Folgenden vgl. DE HAMEL, *Scribes*, S. 29.
*** Vgl. DE HAMEL, *Scribes*, S. 29; LINSCHEID, *Werkzeuge*, S. 43-45.
† Daher die umgangssprachlichen deutschen Ausdrücke „Penne“ für Schule und „Pennäler“ für Schüler.

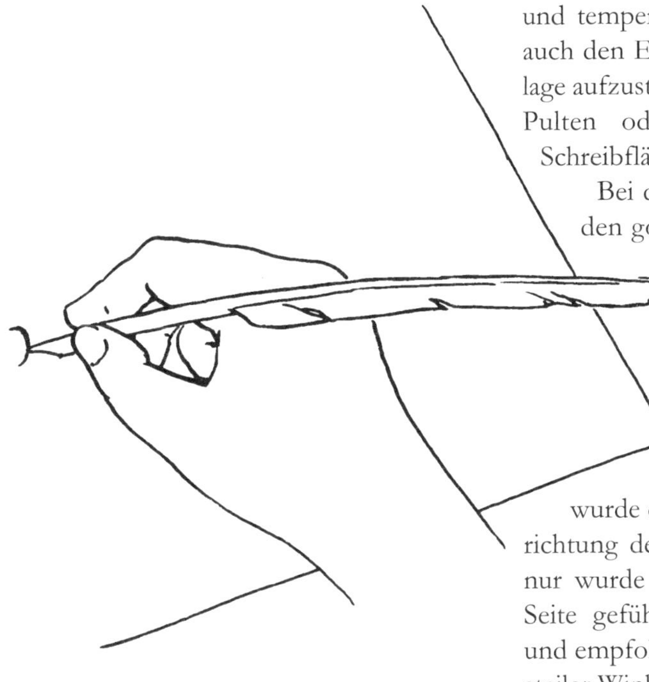

Abb. 18: Die korrekte Haltung der Hand beim Schreiben mit der Feder.

zu sehen ist, da hierbei die Spitze verbogen und damit unbrauchbar geworden wäre!

Vor der Benutzung wurden die Federn in der Regel ganz oder teilweise von den Grannen befreit, die beim Schreiben nur gestört hätten. Auf mittelalterlichen Abbildungen ist zu sehen, dass die Feder mit dem Daumen und den ersten beiden Fingern der rechten Hand geführt wurde, nur der kleine Finger berührte den Beschreibstoff. Daher der Stoßseufzer eines Schreibers aus dem 8. Jh.: *„Tria digita scribunt, totus corpus laborat."* * Der seinerzeit sehr berühmte Schreibmeister Johann Neudörffer d. Ä. (1497-1563), der u. a. die Texte zu Albrecht Dürers Apostelbildern kalligrafierte, verfasste 1544 ein schmales Bändchen im Quartformat mit dem Titel: „Anweisung und eigentlicher Bericht, wie man einen jeden Kiel zum Schreiben erwählen, bereiten, teilen, schneiden und temperieren soll". Darin empfiehlt er, auch den Ellenbogen auf der Schreibunterlage aufzustützen, was sich allerdings nur bei Pulten oder Tischen mit waagrechter Schreibfläche realisieren ließe.

Bei der karolingischen Minuskel und den gotischen Buchschriften lässt sich die Führung der Feder sehr gut nachvollziehen. Die massiven Schäfte der Buchstaben entstanden dadurch, dass die gesamte Breite der Federspitze die Tinte auftrug. Bei den Haarlinien wurde die Feder quer geführt. Die Ausrichtung der Spitze blieb also stets gleich, nur wurde sie entweder abwärts oder zur Seite geführt. Aufgrund der dargestellten und empfohlenen Handhaltung ist ein recht steiler Winkel der Feder zum Beschreibstoff anzunehmen.

Es gab drei Formen des Zuschnitts: Eine symmetrische Spitze ergab ein Schriftbild mit starken Senkrechten, mittelstarken Schrägen und feinen Waagrechten; war die Spitze nach Rechts geschrägt, waren die Striche gleichmäßig stark; bei einer Schräge nach links waren sie dagegen regelmäßig abwechselnd stark und fein (jeweils bei Rechtshändern).

Darstellungen schreibender Mönche und später auch Laien mit Federkiel sind aus dem gesamten Mittelalter in großer Zahl überliefert, dessen Benutzung daher sehr gut dokumentiert. Weit weniger klar ist, wie mittelalterliche Schreiber ihre Schreibgeräte erworben haben. Da zumindest größere Klöster neben einem Skriptorium auch über Geflügelhaltung verfügten, dürften hier wohl die Federn direkt aus der Küche in die Schreibstuben transferiert worden sein. Ob weltliche Schreiber die Kiele einzeln, z. B. bei Krämern kaufen konnten oder dem Geflügelhändler ganze

* „Drei Finger schreiben, der ganze Körper leidet." Notiz des Schreibers eines westgotischen Rechtsbuchs, Mon. Germ. Leg. III (1863), S. 589.

Flügel abnehmen mussten, lässt sich leider schwer nachvollziehen. Die Aufbereitung übernahm jedenfalls jeder Schreiber selbst, da mancher eine schmale, der andere eine breitere Spitze bevorzugte.

Da die Schreibfeder nicht, wie moderne Füllfederhalter, über ein internes Reservoir verfügte, musste sie recht häufig in ein Tintenbehältnis getaucht werden. Überschüssige Tinte ließ man abtropfen, bevor mit dem Schreiben fortgefahren werden konnte. War die Arbeit beendet, wurde der Kiel abgewischt, damit die Reste nicht eintrockneten.

3.3. Tinten

Der Ausdruck „Tinte“ ist vom lateinischen *tincta* abgeleitet (*tinctilis* = „flüssig“), woher auch der Begriff „Tinktur“ abstammt. Allerdings taucht *tincta* nur sehr selten in einigen mittellateinischen Quellen auf; der seit der Antike gebräuchliche Ausdruck war *incaustum*.

Die Tinte des Mittelalters bestand überwiegend aus pflanzlichen, tierischen oder auch mineralischen Substanzen.[*] Die älteste und einfachste schwarze Schreibflüssigkeit bestand aus einer Mischung von Ruß und Gummi, die bereits seit etwa 3000 v. Chr. bekannt war.[**] Sie bleichte nicht aus, war aber empfindlich gegenüber Feuchtigkeit. In römischen Quellen wird diese Tinte meist als *atramentum librarium* („Buchschwärze“) bezeichnet, um sie von der Schusterschwärze *(„atramentum sutorium“)* zu unterscheiden. Sie eignete sich zum Beschreiben von Papyrus, aber nicht für Pergament, auf dem sie nicht haften blieb.

Am Mittelmeer war im Altertum auch noch die eher bräunliche Körperflüssigkeit des Tintenfischs (lat. *sepia*) gebräuchlich, was im nordalpinen Raum mangels Verfügbarkeit der Tiere nicht möglich war.

Dornentinte

Ebenfalls von bräunlicher Färbung war die Tinte aus Dornen, für die ein Mönch namens Theophilus um 1100 in seinem Werk *„De diversibus artibus“* („Von verschiedenen Künsten“) ein Rezept lieferte.[***] Zusammengefasst lautet die umständliche lateinische Anweisung zur Zubereitung etwa so: Kurz vor dem Ausschlagen im April oder Mai sollen Dornenzweige von Schlehenbüschen geschnitten und einige Tage getrocknet werden. Dann wird mit einem Holzhammer die Rinde abgeklopft und acht Tage lang in Wasser eingelegt. Wenn es rotbraun verfärbt ist, kann das Wasser abgegossen, aufgekocht und erneut mit der Rinde versetzt werden. Diese Prozedur wiederholt man, bis die Rinde keine Farbe mehr abgibt. Auf ein Drittel der Menge eingekocht kann die Tinte schließlich in einem Pergamentsäckchen unter Sonneneinstrahlung getrocknet werden. Um sie zu benutzen, muss sie mit Weißwein versetzt werden. Einen dunkleren Farbton erhält man durch Erhitzen und Zugabe von etwas

---

[*] Streng genommen müsste zwischen Tinte als wässriger Lösung und Tusche als pigmenthaltiger Suspension unterschieden werden. Es ist jedoch gängige Praxis, für beide Flüssigkeiten den Oberbegriff „Tinte“ zu benutzen. Zum Folgenden vgl. z. B. DE HAMEL, *Scribes*, S. 29-33. Grundlegend zur Zusammensetzung mittelalterlicher Farben: ROBERT FUCHS U. DORIS OLTROGGE, *Farbenherstellung*, in: LINDGREN (HG.), *Europäische Technik*, S. 435-450.

[**] Vgl. PLINIUS, *Nat. hist.* XXXV, 41-43.

[***] THEOPHILUS PRESBYTER (ROGER VON HELMARSHAUSEN?), *De diversibus artibus* I, 37. Zum Folgenden vgl. HEINZ ROOSEN-RUNGE, *Die Tinte des Theophilus*, in: JOSEPH A. SCHMOLL (HG.): *Festschrift Luitpold Dussler. 28 Studien zur Archäologie und Kunstgeschichte*, München u. a. 1972, S. 87-112. Vgl. auch TROST, *Skriptorium*, S. 21f.

atramentum, womit in diesem Fall vermutlich Ruß oder Kupfervitriol gemeint ist.*

Diese Dornentinte war im Mittelalter offenbar recht weit verbreitet. Heinz Roosen-Runge hat ihre Verwendung in verschiedenen Manuskripten nachgewiesen, u. a. im berühmten Utrecht-Psalter**, der zwischen 816 und 835 in Reims geschrieben wurde. Die Zubereitung war also schon lange vor der Niederschrift der Rezeptur durch Theophilus bekannt. Roosen-Runge hat auch Versuche unternommen, die Tinte selbst herzustellen. Bei seinen Experimenten entstand durch die Trocknung eine „lackartige, harte Masse, von der sich Stücke abbrechen ließen."*** Nach der Lösung in Weißwein ließ sie sich offenbar gut verwenden, trocknete aber auf dem Pergament erneut zu einer lackartigen Konsistenz. Ein Nachteil dieser Tinte dürfte gewesen sein, dass sie sich nur zu einer bestimmten Jahreszeit herstellen ließ. Ihre lange Haltbarkeit in getrocknetem Zustand machte diesen Makel aber vermutlich wieder wett. Dornentinte ist leicht transparent, aber beständig gegenüber Licht und Feuchtigkeit.

Eisen-Gallus-Tinte

Neben verschiedenen Varianten der stets leicht bräunlichen Dornentinte waren auch tiefschwarze *incausti* in Gebrauch, deren Hauptbestandteile meistens Galläpfel und Vitriol waren. Erstere, auch Eichäpfel genannt, sind bis zu 2 cm große Wucherungen an den neuen Trieben von Eichen, die durch Einwirkung bestimmter Tiere (Milben, Läuse, Mücken, Wespen etc.) oder Pilze entstehen. Als Vitriol wurden früher die Sulfate (Salze der Schwefelsäure) von Kupfer, Eisen und Zink bezeichnet. Für derartige Tinten sind unterschiedliche Rezepte in großer Zahl überliefert, bei denen mitunter sogar einer der beiden Hauptbestandteile fehlen konnte.

Die gebräuchlichste und am längsten verwendete Form, die so genannte Eisen-Gallus-Tinte, war wohl schon seit dem 3. Jh. v. Chr. in Gebrauch. Sie bestand in erster Linie aus metallischen Salzen, also Sulfaten von Eisen oder Kupfer, Gerbstoffen, die meist aus Galläpfeln gewonnen wurden, Bindemitteln (meistens Gummi, aber auch z. B. Honig) und Lösungsmitteln (überwiegend Essig oder Wein, aber auch Bier und Wasser). Daneben konnten verschiedene Zusätze verwendet werden, die Einfluss auf Farbe, Konsistenz oder Haltbarkeit haben sollten, deren Wirkung aber mitunter zweifelhaft ist.

Typische Rezepte des 14. und 15. Jahrhunderts lauten z. B. folgendermaßen:

„Ad faciendum bonum atramentum.
Vitrioli quarta, mediata sit uncia gumme.
Integra sit galle, super addas octo falerni"

„Tres sint vitrioli, vix una sit uncia gummi,
Gallarum quinque, sed aceto mersa relinque,
Quattuor aut calidas addat cerevisia libras.
Vino emendabis ardente situmque fugabis." †

Gemeinsam ist allen Varianten der Eisen-Gallus-Tinte, dass sie beim Schreiben zunächst blass erscheinen und sich erst durch

* Vollständige Wiedergabe des Rezepts in Original und deutscher Übersetzung bei Roosen-Runge, *Tinte des Theophilus*, S. 87f.

** Universitätsbibliothek Utrecht, Ms. 32.

*** Roosen-Runge, *Tinte des Theophilus*, S. 89. Dort auch ausführliche Beschreibungen seiner Versuche.

† „Um gute Tinte zu machen. Man nehme eine viertel Unze Vitriol, eine halbe Gummi, eine ganze Galläpfel und füge acht Unzen Falernerwein hinzu."; „Man nehme drei Unzen Vitriol und eine knappe Unze Gummi, fünf Unzen Galläpfel, lasse dann das in Essig Eingetauchte stehen. Außerdem soll noch vier Pfund warmes Bier hinzukommen. Mit heißem Wein wirst du es verbessern und den Bodensatz vertreiben." Zitiert nach Roosen-Runge, *Tinte des Theophilus*, S. 112 (Anm. 34). Vgl. auch Wattenbach, *Schriftwesen*, S. 238-240.

die Oxidation beim Trocknen schwarz verfärben, was etwa eine Stunde dauern kann. Sie neigen allerdings zum Ausbleichen und können aufgrund des hohen Säuregehalts den Beschreibstoff angreifen.* Das gilt in besonderem Maße für das weniger beständige Papier, weswegen in spätmittelalterlichen Rezepten der Essig oft durch Wasser oder Bier ersetzt wurde, was aber wohl auch nicht viel half.**

Die komplizierter herzustellenden Eisen-Gallus-Tinten hatten die einfacheren Mischungen aus Ruß und Gummi abgelöst, da diese sich nicht auf Pergament verwenden ließen. Auf Papier blieben sie jedoch haften und so kamen sie im Hoch- und Spätmittelalter zu neuen Ehren. Statt Gummi wurden verschiedentlich Leime oder Öle verwendet. Diese Tinten ließen sich auch als Pulver produzieren, welches dann vor Gebrauch in einer Flüssigkeit – meist Wasser oder Wein – gelöst, mitunter auch aufgekocht werden musste.

Rote Tinten

Rote Tinten wurden schon im antiken Ägypten zum Schreiben der Götternamen verwendet. Im Mittelalter kamen sie vor allem zur Hervorhebung von Initialen, Überschriften, Kolumnentiteln oder besonders wichtigen Wörtern zur Anwendung – diese wurden „rubriziert“ (lat. *ruber*, *rubens* = „rot“). In der nachklassischen Römerzeit wurden Gesetze auch als *„rubricae“* bezeichnet, da ihre Titel in Rot geschrieben waren; daher der Ausdruck „Rubrik“. In größeren und bedeutenderen Skriptorien, in denen illuminierte Manuskripte von Spezialisten in Arbeitsteilung angefertigt wurden, oblag das Rubrizieren meist einem *rubricator*.

Überwiegend wurden diese roten Auszeichnungstinten aus Mennige (Bleirot) hergestellt, einer anorganischen Bleiverbindung, die durch Oxidation von Blei bei 400-500°C entsteht. Von dessen lateinischer Bezeichnung *minium* ist der Begriff „Miniatur“ abgeleitet. Hinzu kam ein Bindemittel wie z. B. Leinöl.

Ein anderer Grundstoff für eine tiefrote Tinte war Zinnober (lat. *cenobrium*, Quecksilbersulfit), der mitunter auch in der Natur vorkommt. Ein mittelalterliches Rezept beschreibt seine künstliche Herstellung durch Vermischen und Erhitzen von Quecksilber und Schwefel im Verhältnis 2:1 – auch hier waren noch Binde- und Lösungsmittel erforderlich.***

Purpurfarbene Auszeichnungstinten wurden meist aus Karmin hergestellt, da sich der echte Farbstoff der Purpurschnecke nur zum Färben, nicht aber zum Schreiben eignete. Karmin wurde durch Trocknen und Auskochen der weiblichen Kermesschildlaus gewonnen, wobei die so gewonnene Lösung meistens noch mit Alaun oder Kalk versetzt wurde.† Zumindest in Byzanz war Purpurtinte den Kaisern vorbehalten.††

Gold- und Silbertinten

Auf den seltenen Purpurpergamenten kamen die ebenso seltenen Gold- und Silbertinten zur Anwendung. Das vermutlich bekannteste ausschließlich mit Goldtinte geschriebene Werk ist der so genannte „Goldene Kodex von Echternach“ *(„Codex Aureus Epternacensis“)*, ein Evangeliar, das um

* „Tintenfraß“; Beispiel vgl. TROST, *Skriptorium*, S. 23.
** Vgl. WATTENBACH. *Schriftwesen*, S. 240.
*** Vgl. TROST, *Skriptorium*, S. 38.
† Vgl. TROST, *Skriptorium*, S. 42.
†† Vgl. WATTENBACH, *Schriftwesen*, S. 248.

1045 in der Benediktinerabtei Echternach geschaffen wurde.* Dort entstanden im 11. Jh. noch andere Arbeiten mit goldener Schreibflüssigkeit, weitere Werke wurden im 9. und 10. Jh. z.B. in Canterbury oder St. Gallen hergestellt.

Der entsprechende Farbton konnte auf drei Weisen erreicht werden: Entweder bediente man sich echter, reiner Pigmente von Gold oder Silber oder man versetzte diese mit metallischen oder nichtmetallischen Füllstoffen oder man bediente sich anderer metallischer, pflanzlicher, tierischer oder mineralischer Stoffe, die nur den Anschein von Gold bzw. Silber erweckten.** Echte Goldtinte wurde wohl nach dem 11. Jh. nicht mehr benutzt. Seit dem 13. Jh. wurde dagegen auch Blattgold bzw. -silber auf die Buchseiten gerieben, allerdings seltener in der Schrift als bei den Miniaturen.

Außerdem wurde nahezu jeder Farbton, in dem sich eine Tinte erzeugen ließ, früher oder später zur Auszeichnung verwendet, z.B. Malachit- oder Berggrün, Lazur (Lapislazuli), Indigo (aus Färberwaid), Spanischgrün (Grünspan), Bleiweiß etc. Die Farbenvielfalt in der Buchmalerei war noch weitaus größer und desgleichen die Rezepturen zur Herstellung. Mittelalterliche Schreiber und Illustratoren experimentierten mit allen erdenklichen pflanzlichen, tierischen, mineralischen und metallischen Grundstoffen und ebenso mit zahlreichen Binde- und Lösungsmitteln, von Gummi über Eiweiß bis zu Fisch- oder Hautleim.*** Die Varianten und Möglichkeiten sind zu zahlreich, um sie hier auch nur ansatzweise aufzuführen. Es sei auf die weiterführende Literatur und den Mut zum Experiment verwiesen!

Herstellung und Handel

Die Schreibermönche des Frühen Mittelalters waren darauf angewiesen, ihre Tinten selbst herzustellen. Viele ihrer Rezepturen finden sich z.B. auf den sonst leeren Seiten am Ende eines Codex', wo sie wohl in erster Linie als Gedächtnisstütze niedergeschrieben wurden. Schon seit karolingischer Zeit sind aber auch Lehr- oder Werkstattbücher überliefert, die ausführlich auf die Bereitung und Anwendung verschiedener Farbtöne, vornehmlich für die Buchmalerei, eingehen. Zu den bekanntesten zählen neben dem erwähnten Traktat *„De diversibus artibus"* des Theophilus aus dem frühen 12. Jh., der in verschiedenen Abschriften erhalten ist, z.B. die *„Mappae clavicula"* aus dem 10. Jh. und die *„Libri Eraclii de coloribus et artibus Romanorum"* aus dem 11. Jh.†

Zu Beginn des Spätmittelalters, als die Kunst der Buchmalerei auch vermehrt von bürgerlichen Künstlern ausgeübt wurde, wurden Werkstatt- und Musterbücher auch zunehmend in den Volkssprachen verfasst. Neben Rezepten für Farben, Binde- und Lösungsmittel sowie die Zurichtung verschiedener Beschreibstoffe enthielten diese oft

* Germanisches Nationalmuseum Nürnberg, Hs. 156 142. Vgl. ANJA GREBE, *Codex Aureus. Das Goldene Evangelienbuch von Echternach*, Darmstadt 2007.

** Vgl. TROST, *Skriptorium*, S. 25; WATTENBACH, *Schriftwesen*, S. 251-261. Vgl. auch VERA TROST, *Gold- und Silbertinten. Technologische Untersuchungen zur abendländischen Chrysographie und Argyrographie von der Spätantike bis zum Hohen Mittelalter*, Wiesbaden 1991 (zugl. phil. Diss. Würzburg 1983).

*** TROST, *Skriptorium*, S. 34-47 gibt einen Einblick in die Vielfalt der Farben und Rezepturen. Zahlreiche Rezepte für Farben in der Buchmalerei bei THEOPHILUS, *De diversibus artibus*; vgl. HEINZ ROOSEN-RUNGE, *Die Buchmalereirezepte des Theophilus*, in: *Münchner Jahrbuch der bildenden Kunst*, 3. Folge III/IV (1952/53), S. 159-171. Zu den mittelalterlichen Bezeichnungen der Farbtöne vgl. STEFAN WAETZOLD, *Systematisches Verzeichnis der Farbnamen*, in: *ebd.*, S. 150-158.

† Vgl. HEINZ ROOSEN-RUNGE, *Farbgebung und Technik frühmittelalterlicher Buchmalerei. Studien zu den Traktaten „Mappae Clavicula" und „Heraklius"*, München 1967.

Abb. 19: Der Schreiber Hildebertus und sein Schüler Everwinus. Gut zu erkennen sind die Löcher im Schreibpult zur Aufnahme von Tintenhörnern und Schreibfedern. (Nach einer Buchillustration des 12. Jahrhunderts.)

auch Vorlagen für Zierelemente wie Initialen, Ranken, Ornamente etc. Von einzigartigem Wert ist das so genannte „Göttinger Musterbuch“ aus dem 15. Jh., das auch in einer Berliner Parallelhandschrift überliefert ist. Nach den darin enthaltenen Beispielen erfolgte offenbar die Ausgestaltung einer in Göttingen erhaltenen 42-zeiligen Gutenberg-Bibel.*

Auf den frühen Handel mit Tinten verweisen bereits Zollordnungen aus dem 10. Jh. Wie so oft scheint die Qualität der käuflichen Produkte aber nicht immer an die individuell hergestellten Erzeugnisse herangereicht zu haben. Die Eigenproduktion blieb daher während des gesamten Mittelalters üblich, insbesondere in den Skriptorien der Klöster, wo entweder die Schreiber selbst oder der *librarius* dafür zuständig waren. In etlichen Klosterrechnungen sind Rohstoffe für die Tintenbereitung aufgeführt. In manchen Statuten haben sich Vorschriften zur Zubereitung von Tinten in festgelegten Mengen erhalten, so auch bei den Brüdern vom Gemeinsamen Leben, die aufgrund ihrer regen Schreibtätigkeit einen besonders hohen Tintenverbrauch hatten.**

Auch in den Rechnungsbüchern zahlreicher Städte finden sich Einträge über den Kauf von Rohstoffen zur Tintenherstellung. Leider geht daraus nicht hervor, ob sich die städtischen Schreiber ihre *incausti* damit selbst zubereiteten oder ob eine zentrale Stelle die Produktion und Distribution an die verschiedenen Schreibstuben übernahm, was sicherlich effizienter gewesen wäre und vermutlich eher für gleich bleibende Qualität gesorgt hätte. Zumindest im ausgehenden Mittelalter sind Fälle bekannt, in denen die ratseigene Apotheke den Stadtrat mit Tinte, Papier, Bindfaden und Siegelwachs versorgte, so z.B. in Braunschweig. Apotheker dürften sich aber schon früher mit der Produktion und dem Verkauf von Tinten beschäftigt haben – wann genau ist nur schwer abzuschätzen. Da das Gewerbe aus dem der Gewürzkrämer hervorgegangen ist, mag Tinte auch schon zu dessen gängigen Waren gezählt haben. Einen eigenständigen Beruf des „Tintenmachers“ hat es jedenfalls im europäischen Mittelalter nicht gegeben.

* Staats- und Universitätsbibliothek Göttingen, 2° Bibl. I, 5955 Inc. Rara. Vgl. TROST, *Skriptorium*, S. 32f.
** Vgl. z. B. WATTENBACH, *Schriftwesen*, S. 241f.

3.4. Sonstige Schreibutensilien und Hilfsmittel

Gemäß dem einleitenden Zitat dieses Kapitels hatte ein mittelalterlicher Schreiber nur vier Dinge nötig: Gänsefeder, Rinderhorn (als Tintenbehälter), Pergament und Tinte. Selbstverständlich ließ sich mit dieser „Minimalausstattung" arbeiten, doch in der Regel waren zumindest Skriptorien und professionelle weltliche Schreiber besser ausgestattet. So verfügte jeder Kartäusermönch gemäß den Statuten seines Ordens über „ein Behältnis für das Schreibzeug, Federn, Kreide, zwei Bimssteine, zwei Tintenhörner, ein Schreib- oder Federmesser; zum Einrichten der Seite einen Zirkel, eine Ahle, ein Blei und ein Lineal, dazu Wachstafeln und Griffel." [*]

Schreib- und Lesepulte

Zunächst einmal lässt sich der Beschreibstoff beim Beschreiben schlecht in der Hand halten. Als Unterlage ist zwar praktisch jede ebene Fläche geeignet, doch schon Illustrationen aus dem Frühmittelalter zeigen Mönche an besonderen Schreibpulten. Wurde ein bereits existierendes Werk abgeschrieben, so war es erforderlich, dieses ebenso im Blick zu haben wie die gerade entstehende Kopie. Dieses Problem konnte auf verschiedene Arten gelöst werden: etwa durch ein separates Lesepult oder durch einen besonderen Aufsatz für das Schreibpult oder durch Möbelstücke, die beide Funktionen vereinten. Damit die Bücher an der richtigen Stelle aufgeschlagen blieben, waren an der Rückseite mancher Pulte zwei Schnüre befestigt, an denen je ein Gewicht hing, das auf die offenen Seiten gelegt werden konnte.

Die bauliche und gestalterische Vielfalt mittelalterlicher Schreibpulte ist nahezu unüberschaubar, unterlag im Lauf der Zeit verschiedenen Moden und unterschied sich zudem von Region zu Region. [**] In den Skriptorien handelte es sich meist um massive Möbelstücke, die mitunter fest installiert waren. In der Zeit der Romanik scheinen achteckige Füße oder Säulen beliebt gewesen zu sein, gotische Exemplare zeigen die typischen spitzen Bögen, Durchbrüche, Rosetten etc. Auf einigen Darstellungen ruht die Schreibfläche dagegen auf geschnitzten Löwen oder Adlern; der Evangelist Johannes legt sein Manuskript in manchen Illustrationen direkt auf den Schwingen des Vogels ab.

In der Regel durften die schreibenden und illuminierenden Mönche sitzen, aber auch Stehpulte sind in mittelalterlichen Illuminationen dargestellt. Die Vielfalt der verwendeten Hocker, Sitzbänke, Schemel, Lehn-, Scheren-, Falt- und Klappstühle übertrifft die der Schreibpulte noch um ein Vielfaches. Professionelle weltliche und „private" Schreiber des Spätmittelalters bevorzugten als Arbeitsfläche offenbar leichtere, mobile Lösungen, die nur bei Bedarf hervorgeholt werden konnten, z. B. in Form von Tischaufsätzen oder Schoßpulten. Auch existierten zu dieser Zeit bereits Exemplare, die gleichzeitig als Bücherregal dienen konnten, z. B. für Musterbücher, Nachschlagewerke u. ä. Manche spätmittelalterlichen Pulte verfügten auch über einen speziellen Halter für Vorlagen, der auf einem Arm schwenkbar gelagert sein konnte.

Gemeinsam ist nahezu allen in mittelalterlichen Illustrationen dargestellten Formen, dass sie über eine Schreibfläche verfügten, die in einem Winkel zwischen ca. 30 und 60 Grad

---

[*] STEFAN JANZEN, *Über das Rasorium. Die Zurichtung von Beschreibstoffen durch mittelalterliche Schreiber*, in: PETER RÜCK (HG.), *Mabillons Spur. Zweiundzwanzig Miszellen aus dem Fachgebiet Historische Hilfswissenschaften der Philipps-Universität Marburg. Zum 80. Geburtstag von Walter Heinemeyer*, Marburg 1992, S. 193-210.

[**] Zahlreiche Abbildungen z.B. in DE HAMEL, *Scribes*; TROST, *Skriptorium*. Vgl. auch LINSCHEID, *Werkzeuge*, S. 139f.

schräg gestellt war.* Darin befanden sich in der Regel zwei oder drei Löcher, in welche die Tintenbehälter gesteckt wurden. Dabei handelte es sich um Hörner vom Rind, die meist ein wenig gekürzt und oftmals verziert wurden. Eines diente zur Aufnahme der schwarzen oder braunen Schreibtinte, das zweite für die rote Auszeichnungstinte. Ein drittes konnte entweder eine weitere Auszeichnungsfarbe enthalten oder einen zusätzlichen Vorrat an Schwarz. Tintenbehälter aus anderen Materialien wie Ton oder Glas werden im Spätmittelalter dargestellt, waren aber auch hier recht selten. Das billige und einfach zu beschaffende Horn (lat. *cornu*) scheint jederzeit erste Wahl geblieben zu sein. Reich mit Gold und Silber verzierte Tintenbehälter (lat. *atramentarium* oder *incausterium*) werden in einigen Quellen gelegentlich als Geschenke erwähnt, doch ist fraglich, ob es sich dabei um ganz aus dem Edelmetall hergestellte Stücke oder um beschlagene und dekorierte Hörnchen gehandelt hat.**

Auf manchen Darstellungen sind in der Schreibfläche weitere, kleinere Löcher zu sehen, die zur Aufnahme von Federkielen dienten (vgl. Abb. 19).*** Für jede Farbe musste ein eigener Kiel verwendet werden, um die Tinten nicht zu vermischen und so ihre Farbtöne zu verfälschen. Außerdem mussten die Federn häufig nachgeschärft oder gewechselt werden, so dass man lieber einen ganzen Vorrat davon zur Hand hatte.

Messer

Zum Herrichten und Nachschneiden der Kiele wurde ein scharfes Messer verwendet, das dementsprechend als Federmesser (lat. *scalpellum*) bezeichnet wird. Auf den zeitgenössischen Darstellungen sind zahlreiche unterschiedliche Formen zu erkennen, die meist über eine recht kurze und steife, gekrümmte Klinge verfügen. Die Griffe dürften überwiegend aus Holz, seltener aus Knochen oder Elfenbein gewesen sein, sofern nicht Handhabe und Klinge aus einem Stück geschmiedet waren.†

Abb. 20: Typische Haltung beim Schreiben – Feder in der rechten, Radiermesser in der linken Hand.

Da sich Schreibfehler vom Pergament nicht einfach abwischen, löschen oder ausradieren ließen, wurde ein Messer (lat. *rasorium*) zum Abkratzen der Tinte verwendet.†† Dabei konnte es sich um das Federmesser oder ein eigenständiges Werkzeug handeln. Zahlreiche Abbildungen zeigen Schreiber in der typischen Haltung mit Feder in der rechten, Messer in der linken Hand (vgl. Abb. 20). Außerhalb der Arbeitszeiten konnte es in einer ledernen Scheide oder einem anderen Futteral vom Gürtel herabhängen.

* Die oben (Kap. 3.3) erwähnte Schreibhaltung mit aufgestütztem Ellenbogen wäre darauf also kaum möglich gewesen.

** Einige prunkvolle Exemplare der Renaissance in LINSCHEID, *Werkzeuge*, S. 53-56.

*** So z. B. auf der bereits erwähnten Darstellung des Schreibers Hildebertus, Kapitelbibliothek Prag, Ms. Kap. A XXI, fol. 133r; vgl. TROST, *Skriptorium*, S. 27. Siehe auch DE HAMEL, *Scribes*, Titelbild.

† Vgl. z. B. Abb. in DE HAMEL, *Scribes*, S. 1, 4, 28, 30, 36 & Titelbild; Abb. in TROST, *Skriptorium*, S. 15-17 & S. 27.

†† Vgl. JANZEN, *Rasorium*, S. 193-196. Zum Ausradieren ganzer Texte und Wiederverwendung des Pergaments („Palimpsest") vgl. Kap. 4.2.

Weitere Hilfsmittel

Weitere Gerätschaften und Hilfsmittel kamen vor allem in der klösterlichen Buchproduktion zur Anwendung. Um ein gleichmäßiges, einheitliches Schriftbild zu erreichen, wurden die Seiten vor dem Beschreiben liniert.* Die dazu verwendeten Lineale waren aus Holz oder Elfenbein geschnitzt oder aus Blei gegossen und an der Oberseite oftmals mit Inschriften, Ornamenten oder Schnörkeln verziert. Die Bezeichnungen in den mittellateinischen Quellen variieren zwischen *canon*, *norma*, *regula*, *linearium*, *linula* und *linial* – unklar ist, ob damit auch Unterschiede in Größe, Form oder Verwendung impliziert wurden.

Der Abstand der Linien wurde zuvor mit einem Zirkel (lat. *circinus*, auch *punctorium*) festgelegt. Seit Ende des 14. Jahrhunderts wurden diese Präzisionsinstrumente von Zeug- oder Zirkelschmieden hergestellt,** zuvor waren sie wohl vornehmlich aus Holz geschnitzt worden.

Die Linien selbst (lat. *lineae, rigae*) wurden entweder mit einem Griffel ins Material gedrückt oder mit Blei gezogen. Ab dem 11. Jh. und vermehrt im 12. Jh. scheint der Bleistift üblich gewesen zu sein.*** Oftmals wurden diese Markierungen dann später wieder ausradiert. Sie konnten aber auch als Zierelemente fungieren und mit (farbiger) Tinte gezogen werden, wie es z. B. im 15. Jh. öfters in Rot und Violett der Fall war.

In größeren Skriptorien, in denen eine gewisse Arbeitsteilung herrschte, übernahm ein *lineator* die Festlegung des Schriftspiegels. Möglicherweise handelte es sich dabei um eine Aufgabe für den Nachwuchs.

Der Bimsstein wurde als „Universalmittel" zur Bearbeitung des Pergaments bezeichnet: „Mit ihm ließen sich etwaige Fleisch- und Haarreste abschaben, kleine Unebenheiten ausgleichen, Kreide oder auch Kalk in die Oberfläche einreiben, die Fasern des Pergaments aufrauhen, aber auch die Oberfläche glätten." † Kreide oder Kalk sollten die Haftung der Tinten und Farben auf dem Beschreibstoff verbessern. Streusand zur Beschleunigung der Trocknung der Tinten wurde nach Ausweis der literarischen und bildlichen Quellen dagegen im Mittelalter noch nicht verwendet.

Sehhilfen

Angemessene Beleuchtung stellte während des gesamten Mittelalters in vielen Bereichen ein Problem dar, so auch beim Schreiben und Lesen. Wachskerzen waren teuer und fast ausschließlich dem Kirchenraum und dem Einsatz an besonderen Feiertagen vorbehalten. Talgkerzen, Öllampen und Kienspäne rußten dagegen sehr und ihre Lichtleistung war reichlich bescheiden. Die meisten Schreiber vertrauten daher auf das Tageslicht. In den Skriptorien wurden die Schreibpulte im Idealfall so aufgestellt, dass durch Fenster Licht von links auf die Arbeitsplatte fallen konnte, wie es im Klosterplan von St. Gallen zu sehen ist. Auch auf spätmittelalterlichen Darstellungen weltlicher Schreiber und Illuministen ist links vom Arbeitsplatz oft ein Fenster zu sehen.††

---

* Vgl. Abb. in DE HAMEL, *Scribes*, S. 22f. und TROST, *Skriptorium*, S. 16.

** Vgl. PIES, *Berufe*, S. 144 und AMMAN/SACHS, *Eygentliche Beschreibung*, Nr. 62.

*** Vgl. WATTENBACH, *Schriftwesen*, S. 216; LINSCHEID, *Werkzeuge*, S. 150-153.

† JANZEN, *Rasorium*, S. 196. Vgl. auch WATTENBACH, *Schriftwesen*, S. 203-214; MICHAEL GULLICK, *From Parchmenter to Scribe: Some Observations on the Manufacture and Preparation of Medieval Parchment based upon a Review of the Literary Evidence*, in: RÜCK (HG.), *Pergament*, S. 145-157, bes. S. 148-149.

†† Vgl. z. B. das Selbstporträt des Schreibers Simon Bening von 1558 in DE HAMEL, *Scribes*, S. 65. Allgemein zur Einrichtung bürgerlicher Studierzimmer vgl. CHIARA FRUGONI, *Das Mittelalter auf der Nase. Brillen, Bücher, Bankgeschäfte und andere Erfindungen des Mittelalters*, München 2003, S. 32-41.

Auf diese Weise warf die Schreibhand keinen Schatten auf die Seiten.

Der Mangel an effizienten Leuchtmitteln führte zwangsläufig dazu, dass mittelalterliche Schreiber häufig und viel bei unzureichender Beleuchtung arbeiten mussten, was wiederum Beeinträchtigungen der Sehfähigkeit zur Folge hatte. Seit dem 13. Jh. wurden daher geschliffene Berylle und Quarze als Vergrößerungsgläser in Form von „Lesesteinen" benutzt. Ende des 13. Jahrhunderts wurde wohl in Venedig die erste Brille erfunden, deren Bezeichnung sich von dem verwendeten Material Beryll ableitet.* Zeitgenössische Bezeichnungen waren *berillus*, *ocularia*, *speculis*, Augengläser oder auch Augenspiegel.** Sie bestand aus zwei Eingläsern („Monokularen", „Monokeln"), die mit einem Niet verbunden und vor die Augen gehalten wurden. Der Rahmen war aus Horn oder Holz gefertigt und mittels der Niete verstellbar. Im 15. Jh. wurden Brillen zur Korrektur von Alters- und Kurzsichtigkeit entwickelt, deren konkave Gläser in gusseiserne Gestelle eingefasst waren. Manche von ihnen konnten auf die Nase geklemmt werden, so dass beide Hände für die Arbeit frei blieben. Ein nicht verstellbares, offenbar von selbst an Ort und Stelle bleibendes Exemplar trägt der Büchernarr auf einem Albrecht Dürer zugeschriebenen Holzschnitt in Sebastian Brants „Narrenschiff" von 1494.*** Die Ohrenbügel wurden erst im 18. Jh. erfunden.

---

* Geschichte der Brille und zahlr. Abb. in FRUGONI, *Mittelalter*, S. 9-31.

** Vgl. WATTENBACH, *Schriftwesen*, S. 288f.

*** Vgl. SEBASTIAN BRANT, D*as Narrenschiff. Studienausgabe. Mit allen 114 Holzschnitten des Drucks Basel 1494*, ed. JOACHIM KNAPE, Stuttgart 2005.

4. Formen des Schriftguts

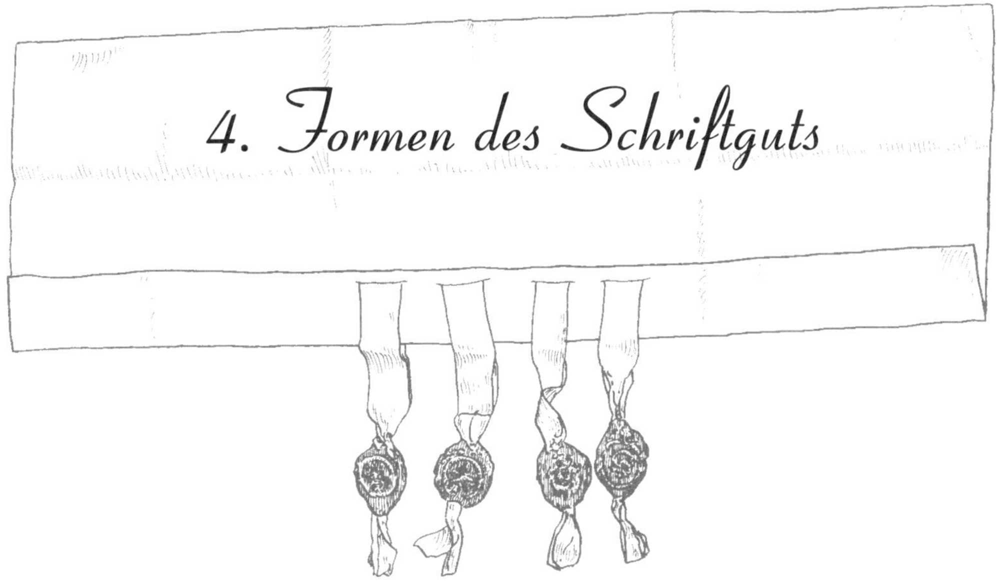

> *„Item welcher Hande buecher man gerne hat, groß oder klein, geistlich oder weltlich, hübsch gemolt, die findet man alle bey dibolt louber, schriber in der burge zu hagenow."* [*]

4.1. Urkunden, Verträge und andere offizielle Dokumente

Mittelalterliche Urkunden zählen zu den wichtigsten Schriftzeugnissen der Epoche. Mit ihnen befasst sich einer der ältesten und umfangreichsten Zweige der historischen Hilfswissenschaften, die *Diplomatik*. Formale, gestalterische und inhaltliche Vielfalt dieser Schriftstücke lassen sich im Rahmen des vorliegenden Buches nicht einmal ansatzweise vollständig darstellen.[**] Stattdessen sollen in diesem Abschnitt bestimmte Kategorien und Unterscheidungsmerkmale dargelegt sowie typische Bestandteile einer mittelalterlichen Urkunde erläutert werden.

Was ist eine Urkunde?

Die Diplomatik versteht unter einer Urkunde „ein unter Beobachtung bestimmter Formen ausgefertigtes und beglaubigtes Schriftstück

---

[*] Anzeigentext des berühmten Schreibers und Handschriftenhändlers Diebold Lauber (vor 1427-nach 1471) aus Hagenau, zitiert nach HELMUT PRESSER, *Das Buch vom Buch. 5000 Jahre Buchgeschichte,* Hannover 1978, S. 18.

[**] Vgl. stattdessen die einschlägige Fachliteratur, v. a.: AHASVER VON BRANDT, *Werkzeug des Historikers. Eine Einführung in die Historischen Hilfswissenschaften*, Stuttgart u. a. ^{17}2007, insb. S. 81-118; JOSEF HARTMANN, *Urkunden*, in: FRIEDRICH BECK UND ECKART HENNING (HGG.), *Die archivalischen Quellen. Mit einer Einführung in die Historischen Hilfswissenschaften*, Köln u. a. ^{4}2004, insb. S. 9-39. Siehe auch WATTENBACH, *Schriftwesen*, insb. S. 187-203.

über Vorgänge von rechtserheblicher Natur." * Aus dieser recht schwammigen und weit reichenden Definition geht immerhin hervor, dass es sich dabei um ein juristisches Dokument handelt, mit dem eine (vorangegangene) Rechtshandlung aufgezeichnet und von offizieller Stelle beglaubigt wird. Je nachdem, um wen es sich bei dieser offiziellen Stelle handelt, unterscheidet man sehr grob zwischen Kaiser- bzw. Königs-, Papst- und Privaturkunden. Werden die drei erstgenannten auch unter dem Begriff Herrscherurkunden zusammengefasst, so versteht man unter privaten Ausstellern alle Personen und Gruppen, die nicht in diese Kategorie fallen. Die Bandbreite reicht von Fürsten und Landesherrn über Bischöfe, Klöster und Konvente sowie Städte, Zünfte, Gilden und Bruderschaften bis hin zu Privatpersonen praktisch jeden Standes. Aus der Vielzahl möglicher Aussteller lässt sich bereits eine Vorstellung von Umfang und Vielgestalt des mittelalterlichen Urkundenwesens gewinnen. Dabei gilt zu beachten, dass der Ausdruck „Urkunde" im Mittelalter noch nicht gebräuchlich war, die Dokumente stattdessen je nach ihrer Form und Funktion als Diplome, Privilegien, Mandate, Breven etc. bezeichnet wurden.

In ihrer frühesten Form hatte die Urkunde der Antike vornehmlich den Zweck, eine vorangegangene, mündliche oder symbolische Rechtshandlung schriftlich zu dokumentieren.** Zu diesem Zweck wurden der Vorgang sowie die Namen der Beteiligten und Zeugen aufgezeichnet, so dass letztere in Streitfällen jederzeit wieder zur Beglaubigung des Rechtsakts herangezogen werden konnten. Eine solche *notitia* (Notiz) wird daher auch als Zeugenurkunde bezeichnet.

Indem es üblich wurde, dass Beteiligte und Zeugen den in der Urkunde beschriebenen Rechtsakt mit eigenhändiger Unterschrift bestätigten, entwickelte die Zeugenurkunde eine eigenständige Beweiskraft: Es war nun nicht mehr notwendig, die Zeugen erneut herbeizurufen, die Vorlage der Urkunde und die eindeutige Identifikation der Handschriften genügten als Nachweis der Rechtmäßigkeit aus. War diese Beweiskraft der schriftlichen Niederlegung eines Rechtsakts in Form der Beweisurkunde oder „deklaratorischen Urkunde" erst einmal juristisch und gesellschaftlich akzeptiert, konnte die vorangehende, mündliche oder symbolische Rechtshandlung auch wegfallen. Die beteiligten Parteien setzten einfach ein entsprechendes Schriftstück auf, beglaubigten es mit ihrer Unterschrift und ließen es von Zeugen ebenfalls signieren. Damit bewies die Urkunde nicht mehr Recht, sondern sie schuf es, weswegen sie heute auch konstitutive Urkunde genannt wird.

Am Ende der Kaiserzeit war das römische Urkundenwesen ziemlich weit fortgeschritten. Es gab öffentliche Notare (auch *tabelliones* oder *scriniarii* genannt), denen schließlich für das gesamte weströmische Reich das Monopol zur Ausstellung und Beglaubigung öffentlicher Urkunden erteilt wurde. Die Beweiskraft der von ihnen verfassten Dokumente lag in der persönlichen Handschrift des Ausstellers, weswegen diese Urkunden auch als *chirographum* (gr. *chiro* = Hand, *graphein* = Schreiben) bezeichnet werden.

Mit dem Untergang des weströmischen Imperiums fand auch das Notariatswesen fast überall sein Ende. Für die schriftlosen Germanenstämme galt allein die symbolische Handlung bzw. der vor Zeugen geleistete Schwur als verbindlicher Rechtsakt. Nur im Bereich der Kirche, wo ohnehin die Schriftlichkeit in jeglicher Form erhalten blieb, konnte auch das Urkundenwesen

---

* V. BRANDT, *Werkzeug*, S. 82.

** Zum Folgenden vgl. V. BRANDT, *Werkzeug*, S. 84 f.

weitgehend überdauern. Wohl durch die Tatsache, dass ein großer Teil der Verwaltung in den frühmittelalterlichen Reichen in Händen des Klerus lag, machte auch das Königtum von der schriftlichen Fixierung rechtsverbindlicher Vorgänge Gebrauch.

Durch den Verfall der Schriftlichkeit war das Instrument der eigenhändigen Unterschrift jedoch unbrauchbar geworden und man bediente sich zunehmend eines anderen Mittels, um offizielle Dokumente zu beglaubigen, nämlich des Siegels. Als sich seit dem 12. Jh. das Urkundenwesen erneut zu verbreiten begann, nahm auch die Zahl Siegel führender Institutionen und Personen zu.*

War im Frühmittelalter der symbolische und oft feierliche Akt der Urkundenübergabe entscheidend, das Schriftstück selbst also wiederum nur deklaratorischer Natur, stand am Ende der Entwicklung im 13./14. Jh. erneut die konstitutive Urkunde mit Recht schaffender Kraft und Funktion. Das wird nicht zuletzt darin deutlich, dass im Gegensatz zu früheren Zeugnissen der Text nun meistens im Präsens statt im Perfekt gehalten ist. Während des gesamten Mittelalters existierten allerdings deklaratorische und konstitutive Urkunden ebenso wie in geringerem Maße Zeugenurkunden nebeneinander.

Eine weitere Möglichkeit der Unterscheidung verschiedener Urkundentypen, die bereits im Mittelalter geläufig war, bezieht sich auf die Dauerhaftigkeit und Qualität ihres Rechtsinhalts. Privilegien aller Art, Urkunden über Belehnung oder Schenkung, Herrschaftsabkommen und ähnliche Dokumente mit besonders weit reichenden, dauerhaften und oft feierlichen Inhalten, die vor allem von Päpsten, Kaisern, Königen oder anderen Herrschern ausgestellt wurden, werden als Diplome bezeichnet. Ihre äußere Gestaltung ist meist der Bedeutung ihres Inhalts angemessen, d.h. es handelt sich um besonders sorgfältig abgefasste und niedergeschriebene, oftmals reich verzierte Schriftstücke, meist auf Pergament und in der Regel mit einem oder mehreren Siegeln versehen. Bei den Mandaten handelte es sich dagegen mehr oder weniger um Geschäftsurkunden überwiegend privater Aussteller, die einen einmaligen bzw. vorübergehenden Rechtsakt in unmittelbarer zeitlicher Nähe zum Inhalt haben. Sie sind entsprechend schlichter gehalten, selten verziert und oftmals, da sie meist von öffentlichen Notaren aufgesetzt wurden, nicht gesiegelt, sondern mit Notariatssignet beglaubigt. Ihrem kurzlebigen Charakter gemäß konnten sie im Späten Mittelalter auch auf dem weniger dauerhaften, billigeren Papier ausgestellt werden.

Innere Form der Urkunden

Diplom und Mandat unterscheiden sich nicht nur in ihrer äußeren Gestalt, sondern auch in ihrem Aufbau, dem *Formular*, sowie im Sprachgebrauch. Natürlich gibt es auch hier Unterschiede und Abweichungen je nach Zeit, Ort, Kanzleibrauch, der Verwendung von Vorlagen und Formelsammlungen, speziellen Wünschen von Aussteller oder Empfänger etc., aber gewisse Muster in Aufbau und Struktur, die sich etwa im 11. Jh. herauszubilden begannen, verleihen den Urkunden des Hohen und Späten Mittelalters eine gewisse Einheitlichkeit und vor allen Dingen Glaubwürdigkeit: „Wie rechtssymbolische Handlungen an bestimmte Formen gebunden waren, verleiht die Formgebundenheit dem schriftlich vollzogenen Rechtsgeschäft die notwendige Verbindlichkeit:

* Die Siegelkunde *(Sphragistik)* ist ein weiterer eigenständiger Bereich der historischen Hilfswissenschaften. Vgl. hierzu v. BRANDT, *Werkzeug*, S. 132-148; TONI DIETRICH, *Siegel und andere Beglaubigungsmittel*, in: BECK/HENNING (HGG.), *Die archivalischen Quellen*, S. 291-306.

Bestimmte Formeln sind nötig, um die Rechtskraft der Urkunde zu erzeugen und ihren Rechtsinhalt vor Beugung zu schützen." * Typischerweise bestehen feierliche Diplome (Privilegien etc.) aus folgenden, Formular genannten Bestandteilen:**

1. Protokoll oder Eingangsprotokoll
a) *Invocatio:* Anrufung Gottes, entweder verbal (z. B. *„In nomine sancte et individue trinitatis"* = „Im Namen der heiligen und unteilbaren Dreifaltigkeit"; „Im Namen Gottes" etc.), symbolisch in Form eines Kreuzes oder eines verschnörkelten C als Initiale *(Chrismon)* oder beides.
b) *Intitulatio:* Name und Titel des Ausstellers; bei Kaisern und Königen mit Devotionsformel (z. B. *„dei gratia"*, „von Gottes Gnaden").
c) *Inscriptio:* Angabe des Empfängers, meist mit Grußformel (*salutatio:* z. B. *„fidelibus nostris burgensibus"* = „Unseren getreuen Bürgern").
d) *Arenga:* Allgemein gehaltene Begründung für die Ausstellung der Urkunde, Überleitung zum eigentlichen Inhalt.
2. Text oder Kontext
a) *Promulgatio* oder *publicatio:* Verkündungsformel.
b) *Narratio:* Erzählung der Umstände (tatsächliche oder vorgebliche), die Ursache für die Ausfertigung Urkunde gewesen sind.
c) *Dispositio:* Ausdruck der Willenserklärung des Ausstellers und Darlegung des Rechts- und Sachinhalts der Urkunde; meist freier formuliert als die übrigen Bestandteile.
d) *Pertinenzformel:* In Schenkungsurkunden die Aufzählung der einzelnen Bestandteile der Schenkung.
e) *Sanctio:* Auch Poenformel genannt, die Androhung von Strafen bei Zuwiderhandlungen.
f) *Corroboratio:* Nennung des/der Beglaubigungsmittel/s und der Zeugen (geistliche zuerst, dann nach Rang).
3. Eschatokoll oder Schlussprotokoll
a) *Subscriptiones:* Eigenhändige oder nicht eigenhändige Unterschriften des Ausstellers, evtl. vorhandener Zeugen, des Kanzlers, Schreibers etc.
b) *Monogramm:* Als Ersatz für die Unterschrift, der Aussteller beglaubigt die Urkunde durch einen Vollziehungsstrich.
c) *Datierung:* Angabe von Ort und Tag; *datum* („gegeben") bezeichnet den Tag der Ausstellung, *actum* („geschehen") das Inkrafttreten.
d) *Apprecatio:* Vor allem bei geistlichen Ausstellern ein formelhafter Segenswunsch.

Gegenüber diesem komplexen, oft weit schweifenden und formelhaften Aufbau des feierlichen Diploms ist das Mandat deutlich einfacher gehalten. Es bedient sich der Form eines Briefes, weswegen es auch oft einfach *litera* oder Breve genannt wird. Von den oben aufgeführten Bestandteilen des Formulars werden nur die unerlässliche *dispositio* und daneben meistens *intitulatio*, *inscriptio* und *corroboratio* übernommen, außerdem die Datierung, die bei Notariatsinstrumenten auch Teil des Protokolls sein kann. Die Formulierungen sind dabei freier und i. d. R. so kurz wie möglich gehalten. Für die Zeit ab dem 12. Jh., als das Urkundenwesen massiv an Umfang gewann, setzte sich diese schlichtere und knappere Form der Urkunde immer mehr durch, bis sie gegen Ende der Entwicklung sogar für dauerhafte Verbriefungen, also Privilegien, Schenkungen etc., verwendet werden konnte.

Urkunden, die sich nicht eines feststehenden und kaum veränderlichen Inhalts bedienten – wie Bestätigungen oder Legitimationen – wurden meist zunächst als Konzept verfasst. Diese schlicht gehaltenen Entwürfe wurden in der Kanzlei archiviert und dienten als Vorbilder späterer Dokumente gleichen Typs. Sie

* Hartmann, *Urkunden*, S. 30.
** Zum Folgenden vgl. v. Brandt, *Werkzeug*, S. 90f.; Hartmann, *Urkunden*, S. 30-32. Zahlreiche Beispiele auch in Beck/Beck, *Lateinische Schrift*, bes. S. 150-163 & 188-207.

etablierten damit den so genannten Kanzleibrauch und bildeten die Grundlage der ab dem 13. Jh. verstärkt auftretenden Muster- oder Formelbücher. Die endgültige Fassung, die beim Empfänger und als Kopie meistens auch beim Aussteller verblieb, wird als Ausfertigung bezeichnet. Daneben wurden von vielen Urkunden Abschriften angefertigt. Besonders bei geistlichen Empfängern war es üblich, Abschriften in Buch- oder Rollenform, so genannten *Copialen* oder *Copiaren*, anzufertigen. Die Städte legten zu diesem Zweck Urkundenregister an. Abschriften konnten aber auch dazu dienen, einen Rechtsinhalt beglaubigen oder bestätigen zu lassen. Dazu wurden Original und Abschrift meistens einer unabhängigen Stelle vorgelegt, die durch Siegel, Signet und/oder Unterschrift (manchmal auch von weiteren Zeugen) die Authentizität bestätigten. Da sie die Dokumente mit eigenen Augen gesehen hatten, wurden solche beglaubigten Abschriften als *„Vidimus"* bezeichnet.

Das päpstliche Urkundenwesen

Die päpstliche Kurie griff in ihren Anfängen zunächst auf das öffentliche römische Notariatssystem zurück. Entsprechend ähnelten auch ihre Urkunden anfangs in Form und Stil den offiziellen Schriftstücken der weltlichen Verwaltung des römischen Reiches, d. h. sie waren in Briefform gehalten und nach römischer Art datiert. Doch im Laufe der Zeit, verstärkt nach dem Ende des weströmischen Reiches, entwickelte sich in der päpstlichen Kanzlei ein eigenständiges, streng reglementiertes, hierarchisches Notariatswesen, das auch Spezialisten für die Datierung sowie für Abkürzungen (Abbreviatoren) umfasste.

Papsturkunden sind in Originalen seit 788, aus früheren Zeiten in Kopien überliefert.* Man unterscheidet zunächst zwischen Privilegien und *literae*, auch Papstbriefe genannt. Letztere bilden ab dem 13. Jh. die am häufigsten verwendete Form der Papsturkunden und bestehen aus *intitulatio*, Nennung des Adressaten und Grußformel (*„salutem et apostolicam benedictionem"* = „Gruß und apostolischer Segen"), dann dem eigentlichen Text und der Datierung (eingeleitet mit *dat* = *„datum"* oder *„data"*) mit Ortsangabe, römischem Tagesdatum und Pontifikatsjahr.**

Bei den *literae de gratia* (Gnadenbriefe) handelt es sich um die förmliche Vergabe von Rechten. Diese sind daher feierlich ausgestattet und tragen die päpstliche Bleibulle an (meist rot-gelben) Seidenfäden. Die *literae de justitia* entsprechen dagegen eher dem weltlichen Mandat, sind schlichter gehalten und tragen das Siegel an Hanffäden.

Bei den Privilegien unterscheidet man ab dem 11. Jh. eine feierliche und eine einfache Form. Die feierlichen Privilegien entsprechen in ihrem Aufbau am ehesten dem oben dargelegten Idealschema. Die erste Zeile, meist in verlängerter Schrift (*„Elongata"*), endet mit der Formel *„in perpetuum"* („auf ewig") bzw. abgekürzt IPPM. Die einzelnen Abschnitte des Formulars werden durch Majuskeln kenntlich gemacht. Am Ende des Kontexts findet sich manchmal eine so genannte Skriptumsformel mit Angabe des Schreibers und einfacher Datierung, manchmal auch nur ein dreifaches Amen. Das Schlussprotokoll enthält *Rota**** (links), Monogramm (rechts) sowie

* Zum Folgenden vgl. THOMAS FRENZ, *Papsturkunden des Mittelalters und der Neuzeit*, Stuttgart 1986; DERS., *Papsturkunden*, in: LexMA, Bd. 6, Sp. 1688-1691.

** Zur Datierung im Mittelalter vgl. HERMANN GROTEFEND, *Taschenbuch der Zeitrechnung des deutschen Mittelalters und der Neuzeit*, Hannover [14]2007; V. BRANDT, *Werkzeug*, S. 29-38; JOSEF HARTMANN, *Datierung*, in: BECK/HENNING (HGG.), *Die archivalischen Quellen*, S. 245-250.

*** Zwei konzentrische Kreise, die durch ein Kreuz in vier Quadranten geteilt werden, in denen die Namen der Apostelfürsten *(sanctus Petrus, sanctus Paulus)*, der Name des Papstes und seine Ordnungszahl stehen. Im umgebenden Ring steht die persönliche Devise des jeweiligen Papstes. Vgl. JOACHIM DAHLHAUS, *Aufkommen*

die Unterschriften von Papst und Kardinälen. Den Abschluss des Eschatokolls bildet die Datierung mit Ortsangabe, römischer Tagesangabe sowie Indiktion*, Pontifikats- und Inkarnationsjahr.

Einfache Privilegien verfügen über eine vereinfachte Grußformal am Anfang und ein stark gekürztes Eschatokoll, meist mit einfacher Datierung. Eine Zwischenform zwischen Privilegien und *literae* bilden ab Mitte des 13. Jahrhunderts die Bullen (lat. *bullae*). Ihr Protokoll besteht aus *intitulatio* und der Formel *„ad perpetuam rei memoriam"*, im übrigen ähneln sie den *literae*. Als Konsistorialbullen** verfügen sie ab dem 15. Jh. zusätzlich über Rota sowie die Unterschriften von Papst und Kardinälen (jeweils mit einem individuell gestalteten Kreuz vor dem Namen).

Als Beschreibstoff der Papsturkunden blieb bis in die erste Hälfte des 11. Jahrhunderts hinein Papyrus gebräuchlich, danach wurde nur noch Pergament verwendet. Die ältesten Exemplare sind in der so genannten römischen Kuriale geschrieben, die auf der jüngeren römischen Kursive basiert. Erst im 11. Jh. wurde diese veraltete Schrift durch die kuriale Minuskel ersetzt, die ihrer Form nach der diplomatischen Minuskel, also der karolingischen Urkundenschrift entspricht. Ab dem 13. Jh. kam die gotische Minuskel zur Anwendung, ein weiteres Jahrhundert später die Bastarda.

Als Auszeichnungsschrift wurden im 11. Jh. die Capitalis, später auch gotische Majuskeln verwendet. Dies betraf die erste Zeile der Privilegien und Bullen bzw. das gesamte Protokoll sowie den Namen des Papstes. Bei den *literae* kamen i. d. R. keine Auszeichnungen oder Verzierungen zur Anwendung.
Bis heute werden päpstliche Urkunden und Schreiben grundsätzlich auf Latein verfasst. Die Formulierungen folgen dabei strengen Richtlinien, die in verschiedenen Handbüchern und Formelsammlungen niedergelegt sind (sog. *stilus curiae*).***

Kaiser- und Königsurkunden

Die ältesten erhaltenen Königsurkunden† stammen aus der Zeit der Merowinger und tragen die Unterschriften des Königs sowie des Referendars, dem die Ausfertigung und Beglaubigung oblag. Sie weisen bereits den typischen Aufbau von Protokoll, Kontext und Eschatokoll auf, allerdings noch nicht so formelhaft wie in späteren Zeiten.

Ihre endgültige Gestalt, die sich im Wesentlichen bis ins 12. Jh. hinein nicht mehr änderte, erhielten die Urkunden der deutschen Könige und Kaiser durch die Kanzleien der Karolinger. Zu dieser Zeit war die eigenhändige Unterschrift bereits nicht mehr üblich, der Herrscher beschränkte sich auf den Vollziehungsstrich seines Monogramms. Erst aus dem 14. Jh., seit der Herrschaft Karls IV. (reg. 1346-1378), sind wieder Kaiser- und Königsurkunden mit eigenhändiger Unterschrift überliefert.

Man unterscheidet je nach Rechtsinhalt und äußerer Form Diplome, Mandate und

und Bedeutung der Rota in der Papsturkunde, in: PETER RÜCK (HG.), *Graphische Symbole in mittelalterlichen Urkunden. Beiträge zur diplomatischen Semiotik*, Sigmaringen 1996, S. 407-423.

* *Indictio* = Röm. Steuerjahr, auch Kaiserliche Zahl, Römerzinszahl od. Gedingzeichen genannt. Ein Zyklus von 15 Jahren, beginnend 3 Jahre vor Christi Geburt. Meist wird nicht die Anzahl der vergangenen Zyklen angegeben, sondern nur die Zahl des Jahres innerhalb des Zyklus'; vgl. GROTEFEND, *Zeitrechnung*, S. 8 u. Tafel VIII, S. 140.

** So genannt, weil sie vom Konsistorium, bestehend aus Papst und Kardinälen, beschlossen und von diesen unterzeichnet wurden.

*** Vgl. hierzu FRENZ, *Papsturkunden*, S. 35-41.

† Zum Folgenden vgl. WILHELM ERBEN, *Die Kaiser- und Königsurkunden des Mittelalters in Deutschland, Frankreich und Italien*, München u. a. 1907 (ND München 1971).

Briefe (ohne eigentliche Rechtskraft). Unter dem Einfluss der normannisch-sizilianischen Kanzlei entwickelten sich seit der Herrschaft der Staufer die Diplome in eine einfache und eine feierliche Form weiter, außerdem entstand das Spezialmandat, das im Gegensatz zum allgemeinen Mandat (*litera patens*, Patent) nur für einen bestimmten Empfänger gedacht und daher verschlossen und versiegelt war (*litera clausa* = geschlossener Brief).

Als vorrangiges Beglaubigungsmittel der Diplome, die den größten Teil der Königsurkunden ausmachen, diente seit Karl dem Großen das Siegel, später dann die Einheit aus Siegel und Unterschrift. Größe, Form, Aussehen und Anbringung der Siegel weisen dabei große Unterschiede auf, wobei für feierliche Privilegien wie Belehnung oder Schenkung die so genannten Majestätssiegel mit dem Abbild der thronenden *maiestas* dominieren.*

Bis Ende des 7. Jahrhunderts wurden auch Kaiser- und Königsurkunden generell auf Papyrus geschrieben, danach fast ausschließlich auf Pergament. Eine Besonderheit bilden feierliche Diplome auf purpurfarbenem Pergament. Seit der Herrschaft Friedrichs II. (reg. 1215-1250) wurde auch Papier als Beschreibstoff verwendet, in größerem Maße jedoch erst unter Karl IV. Überwiegend kamen schwarze, für Auszeichnungen und dergleichen auch rote Tinten zum Einsatz, auf Purpur gefärbtem Pergament mitunter auch Silber und Gold.

Bis zur Reform durch die Kanzlei Karls des Großen war die auf der jüngeren römischen Kursive basierende Urkundenschrift gebräuchlich, dann die diplomatische Minuskel.** Ab der Mitte des 12. Jahrhunderts setzten sich allmählich die gotischen Schriftformen durch, wahrscheinlich unter Einfluss der päpstlichen Kanzlei. Je nach Umständen der Ausstellung, Kanzleibrauch und Inhalt der Urkunden konnte ihre Ausgestaltung und Verzierung ganz unterschiedlich ausfallen, von nüchtern und schlicht bis äußerst prunkvoll.

Die Sprache der Kaiser- und Königsurkunden war bis zur Mitte des 13. Jahrhunderts ausschließlich Mittellatein. Eigennamen, geographische Bezeichnungen und feststehende Begriffe konnten allerdings auch in Volkssprache eingefügt werden, meistens mit dem Hinweis *„vulgariter dicitur"*. Von der zweiten Hälfte des 13. Jahrhunderts an wurden die Urkunden verstärkt auch auf Deutsch verfasst, wobei sich eine relativ einheitliche Kanzlei- oder Geschäftssprache entwickelte. Daneben blieben aber auch lateinische Urkunden im Gebrauch, insbesondere für geistliche Empfänger.

Die Urkunden der Könige und Kaiser galten als „unscheltbar", d.h. der in ihnen dargelegte rechtliche Sachverhalt konnte durch keine Instanz der Welt angefochten werden. Diese Eigenschaft besaßen nicht einmal Papsturkunden!

Privaturkunden

Die ältesten mittelalterlichen Privaturkunden*** sind zwar aus dem 5. Jh. überliefert, z.T. auf Holz- oder Schiefertafeln, ihre Blütezeit erlebten sie jedoch im Hochmittelalter. Ihre Zahl, aber auch ihre Formenvielfalt, übertrifft die der Herrscherurkunden um ein Vielfaches, was sich schon aus der Vielzahl möglicher Aussteller ablesen lässt. Beim Folgenden kann es sich daher nur um einen mehr oder weniger groben Überblick handeln – zu groß ist die Bandbreite in Gestaltung und Inhalt der Dokumente, zu sehr

* Vgl. v. BRANDT, *Werkzeug*, S. 142-148.

** Vgl. Beispiele in BECK/BECK, *Lateinische Schrift*, S. 150-163.

*** Zum Folgenden vgl. OSWALD REDLICH, *Die Privaturkunden des Mittelalters*, München u.a. 1911 (ND München 1969).

unterscheiden sich die Verträge eines einfachen Kaufmanns von den Breven oder Diplomen eines Bischofs.

Eine der ältesten Formen von Urkunden privater Aussteller ist das so genannte *Chirographum*, nicht zu verwechseln mit dem spätrömischen Chirograph (= eigenhändige Unterschrift). Hierbei wurde der Urkundentext in zwei identischen Fassungen auf ein Blatt geschrieben, in der Mitte durch ein bestimmtes Wort (meist „Chirographum", daher der Name) voneinander getrennt. Mitten durch dieses Kennwort wurde das Schriftstück dann in zwei Teile geschnitten, von denen jede beteiligte Partei einen erhielt. In Zweifelsfällen konnten die beiden Hälften wieder zusammengefügt werden, um so die Authentizität zu überprüfen.

Unter den frühen Privaturkunden (bis etwa zu Beginn des 13. Jahrhunderts) begegnen uns außerdem viele so genannte Empfängerausfertigungen, die von der älteren Forschung vielfach irrtümlich für Fälschungen gehalten wurden.* Da die eigentlichen Aussteller schreibunkundige Privatleute waren, ließen sie die Urkunden von deren Empfängern ausfertigen, die überwiegend dem geistlichen Stand angehörten und daher nicht nur schriftkundig, sondern auch mit den Formalien des Urkundenwesens vertraut waren.

Beim Gros der mittelalterlichen, insbesondere der bürgerlichen bzw. laikalen Privaturkunden handelt es sich um Dokumente, die eine bestimmte Form der Vermögens- und/oder Güterübertragung regelten: Testamente, Schenkungen, Pacht-, Kauf- oder Darlehensverträge etc. Geistliche Aussteller sowie Landesherren und andere Angehörige der Nobilität, die über eine eigene Kanzlei** verfügten, bedienten sich mitunter eines Formulars, das dem der Herrscherurkunden ähnelte. Der größte Teil der Urkunden ist jedoch in einer schlichteren, rein zweckdienlichen Form und Sprache gehalten. Öffentliche Notare, die für unterschiedlichste Aussteller Dokumente in großer Zahl verfassten, bedienten sich eines Standardrepertoires von Formulierungen, die vielfach den Musterbüchern entnommen wurden, welche etwa ab dem 13. Jh. in zunehmend großer Zahl zur Verfügung standen.

Die Beglaubigung erfolgte bei Fürsten, Bischöfen, Klöstern, Städten oder siegelberechtigten Amtsträgern durch das jeweilige Siegel. Diese konnten nicht nur in eigener, sondern auch in fremder Sache siegeln, d. h. von anderer Stelle ausgefertigte Urkunden durch ihr Siegel beglaubigen.*** Hierfür wurden besonders häufig geistliche Institutionen herangezogen, die sich diesen Dienst gerne bezahlen ließen. Von öffentlichen Notaren ausgestellte Urkunden wurden mit dem bereits erwähnten Notariatssignet† versehen, mitunter auch zusätzlich gesiegelt.

Auch Privaturkunden wurden bis ins 13. Jh. im Mittellateinischen verfasst. Das städtische Bürgertum, des Lateinischen ohnehin nur selten mächtig, ging jedoch früh dazu über, seine Rechtsgeschäfte und dessen schriftliche Zeugnisse auf Deutsch abzuwickeln. Der weltliche Adel schloss sich dieser Entwicklung an, bei geistlichen Ausstellern blieb Latein bis zuletzt vorherrschend. Die verwendeten Schriftformen folgten der allgemeinen Entwicklung, wobei sich bischöfliche Kanzleien eher am kurialen Schreibduktus orientierten. Auch in der Datierung wurde der Stil

* Vgl. Hartmann, *Urkunden*, S. 23f.

** Dabei konnte es sich auch nur um eine einzelne Person handeln, den Hofgeistlichen etwa oder einen persönlichen Sekretär.

*** Vgl. hierzu v. Brandt, *Werkzeug*, S. 137f.

† Vgl. hierzu Peter-Johannes Schuler, *Genese und Symbolik des nordeuropäischen Notarszeichens*, in: Rück (Hg.), *Graphische Symbole*, S. 669-688; Harald Lönnecker, *Zur „Heraldik" der Notariatssignete*, in: *ebd.*, S. 821-832.

der päpstlichen Kanzlei übernommen, weltliche Aussteller begnügten sich dagegen meist mit einfachen Datums- und Ortsangaben.

Während Geschäftsurkunden des städtischen Bürgertums für gewöhnlich keine Verzierungen aufwiesen, konnten in Dokumenten, die von bischöflichen Kanzleien, Klöstern oder Adeligen ausgestellt wurden, die üblichen Auszeichnungsschriften, Ornamentierungen etc. zur Anwendung kommen. Auch hier gilt, wie bei den Herrscherurkunden, dass die äußere Form der Urkunde ihrem Inhalt angemessen gewählt wurde, d. h. je bedeutender das Schriftstück und je länger seine Gültigkeit, desto aufwändiger seine Gestaltung.

Pergament war bis zur Erfindung des Papiers der fast ausschließliche Beschreibstoff privater Urkunden. Bürgerliche Aussteller machten als erste von dem deutlich billigeren (aber auch weniger haltbaren) Material Gebrauch, gefolgt von Städten und weltlichem Adel. Geistliche Aussteller hielten am längsten am Pergament fest, wenngleich im Spätmittelalter einfache Mandate und Breven sogar in Klöstern auch auf Papier geschrieben werden konnten. Abschriften, die zur Bestätigung oder Beglaubigung angefertigt wurden, mithin also die Dauerhaftigkeit des Rechtsinhalts verbriefen sollten, bedienten sich häufig weiterhin des Pergaments.

Das Kassieren und Ergänzen von Urkunden

Um einmal ausgestellte Urkunden später für ungültig zu erklären (zu „kassieren"), wurden entweder die Siegel abgeschnitten oder Schnitte im Schriftträger angebracht.* In der Regel mussten dabei Aussteller und Empfänger bzw. deren Vertreter anwesend sein oder zumindest ihr Einverständnis erklärt haben, es sei denn, es hatte sich von vornherein um eine zeitlich befristete Abmachung gehandelt.

Sollte dagegen eine Urkunde erweitert werden, z. B. um zusätzliche Bedingungen oder weil eine weitere Partei an dem Rechtsgeschäft teilhaben sollte, wurde ein entsprechendes Dokument als so genanntes *Transfix* durch Siegel oder vergleichbare Beglaubigungsmittel fest mit ihr verbunden. Diese Anhänge wurden auch als *schedula* oder *cedula*, davon abgeleitet „Zettel", bezeichnet.** Auch hier war das Einverständnis der betroffenen Parteien erforderlich.

Andere rechtsgültige Dokumente

Einige Sonderformen mittelalterlicher Privaturkunden sollen abschließend noch kurz angesprochen werden. So wurden von Gerichtsverhandlungen – insbesondere an geistlichen Gerichten – bereits in früher Zeit Protokolle angefertigt, der Ausgang eines Verfahrens auch in Form von Urkunden festgehalten. Dies galt besonders dann, wenn sich durch den Prozess ein Rechtszustand änderte oder aber bestätigt wurde, also z. B. bei den recht häufig belegten Streitigkeiten um Land- oder andere Besitzansprüche. Die Unterlagen der verschiedenen Gerichtsbarkeiten wurden in Gerichtsbüchern gesammelt, denen eigene Beweiskraft zukam – sie galten als Bücher öffentlichen Glaubens.

Dasselbe gilt auch für andere Formen der so genannten Amtsbücher***, wie z. B. Grundbücher oder Urkundenregister. Als Stadtbücher bezeichnet man Sammlungen von rechtskräftigen Dokumenten verschiedener

---

* Vgl. WATTENBACH, *Schriftwesen*, S. 199.

** Vgl. WATTENBACH, *Schriftwesen*, S. 198.

*** Vgl. hierzu JOSEF HARTMANN UND JÜRGEN KLOOSTERHUIS, *Amtsbücher*, in: BECK/HENNING (HGG.), *Die archivalischen Quellen*, S. 40-73.

städtischer Verwaltungsorgane wie dem Rat (Ratsprotokolle etc.), der Steuerbehörde, der Gerichte etc. Zu den Amtsbüchern zählen außerdem gesammelte Aufzeichnungen über geleistete oder zu leistende Abgaben und Dienste in Urbaren, Lehnbüchern, Zins- und Steuerregistern sowie Erbbüchern, die vor allem von Landes- und Grundherren angelegt wurden. Auch Inventare können in diese Rubrik fallen, wenn sie z. B. anlässlich einer Güterübertragung angelegt und zu diesem Zweck beglaubigt wurden.

Das Zunftwesen führte seit seinem Aufkommen im 12. Jh. zu einer starken Zunahme des Schriftverkehrs. Namen, Abstammung und Herkunft der Lehrlinge, Gesellen und Meister wurden in je eigenen Büchern verzeichnet, daneben wurde über Zunftbeiträge, sonstige Einnahmen sowie Ausgaben genauso gewissenhaft Buch geführt wie über Verstöße gegen die Zunftordnung, den Tod von Mitgliedern oder die Entwicklung der Preise. Die Sitzungen („Morgensprachen“) wurden ebenso protokolliert wie Verhandlungen oder Auseinandersetzungen mit dem Rat, anderen Zünften oder Zunftgenossen andernorts. Auch diese Aufzeichnungen konnten durch die Unterschriften der Zunftmeister oder ihre Bestätigung durch eine hinreichende Zahl von Meistern als beweiskräftig gelten. Ähnliches gilt für die Protokolle, Register und Aufzeichnungen anderer Institutionen wie der Laienbruderschaften, der Gesellenverbände oder der Kaufmannsgilden.

4.2. Bücher

Das Wort „Buch“ (ahd. *buoh*, mhd. *buoch*) leitet sich von der Bezeichnung der Buche her, die den Germanen als heilig galt und in deren Rinde Aufzeichnungen insbesondere magischer Natur eingeritzt wurden. Der lateinische *(liber)* und der griechische Ausdruck *(biblos* od. *biblios)* waren im Mittelalter ebenfalls gebräuchlich* und haben Spuren im deutschen Sprachgebrauch hinterlassen (z. B. „Bibliothek“).

Das Buch des Mittelalters: Der *Codex*

Die Form des Buches, wie wir es heute kennen, als Ansammlung einzelner Seiten zwischen zwei festen Deckeln, entstand in der Zeit um Christi Geburt.** Zuvor war die Rolle (lat. *volumen* von *volvere* = rollen; mittellat. *rotulus*) die gängige Methode gewesen, längere Schriftstücke abzufassen und aufzubewahren. Papyrus ließ sich nicht falten und war zudem nur von einer Seite beschreibbar, so dass die Rollenform für Lagerung und Transport geradezu ideal schien. Als sich zunehmend das Pergament als Beschreibstoff durchsetzte, wurde die gewohnte Praxis des Einrollens zunächst beibehalten. Für längere Schriftstücke oder um mehrere Einzeltexte zusammenzufügen, wurden mehrere Häute zusammengenäht.

Die Herstellung von Papyrus war aufwändig, Pergament dagegen verhältnismäßig teuer. Für kürzere Aufzeichnungen vergänglicher Natur waren daher jahrhundertelang

* Beide Ausdrücke wurden bereits im Altertum verwendet und bezeichneten wohl ursprünglich einen längeren, zusammenhängenden Text, der durchaus aus mehreren Rollen bestehen konnte. Umgekehrt konnte ein *volumen* auch in mehrere *libri* gegliedert sein, wie sich z. B. auch die Bibel aus mehreren „Büchern“ zusammensetzt.

** Zum folgenden vgl. Jakobi-Mirwald, *Das mittelalterliche Buch,* S. 111-163; Presser, *Buch vom Buch*, insb. S. 1-57; Svend Dahl, *Geschichte des Buches*, Leipzig [2]1941, insb. S. 1-73; Wattenbach, *Schriftwesen*, S. 174-187. Fachbegriffe erklärt in Ursula Rautenberg (Hg.), *Reclams Sachlexikon des Buches*, Stuttgart 2003.

Wachstafeln in Gebrauch (vgl. Kap 3.1). Waren zwei, drei oder mehrere von ihnen zusammen gebunden *(Di-, Tri-, Polyptychon)*, wurde das Gebilde auch als *Codex* bezeichnet (von lat. *caudex* = Baumstamm, Holzklotz), ein Begriff, der im Mittelalter für die gängige Form der in Holzdeckel eingebundenen Lagen von Pergamentblättern – Bücher im modernen Sinne – üblich wurde. Diese kombinierten den bekannten und ausgiebig genutzten Beschreibstoff Pergament mit dem Prinzip des Blätterns, das die Holztafelbücher boten. Dadurch war es z. B. viel einfacher als bei einer Rolle, eine bestimmte Textstelle wieder zu finden; auch waren diese durch das ständige Auf- und Einrollen einem erheblichen Verschleiß ausgesetzt. Anders als Wachstafeln (oder Papyrus) ließ sich Pergament zudem von beiden Seiten beschreiben, so dass die doppelte Menge Text auf einer Seite untergebracht werden konnte – das sparte Platz und somit Material.

Die ältesten erhaltenen Pergament-*Codices* stammen aus dem 2. Jh. n. Chr., bis zum 4. Jh. hatte sich die neue Form vollständig durchgesetzt.* In den mittelalterlichen Klöstern, für lange Zeit die vorrangigen, wenn nicht einzigen, Produktionsstätten gebundener Bücher, erfolgte die Herstellung eines solchen Codex' in Arbeitsteilung durch mehr oder weniger spezialisierte Handwerker. Grundlage waren natürlich die von *scriptores* beschrifteten und gegebenenfalls von *illuminatores* bemalten Pergamentseiten, die zunächst in der richtigen Reihenfolge zu Lagen zusammengefasst werden mussten. Vier gefaltete Bogen ergaben ein Heft (lat. *quaternio* oder *quaternus*) von acht Blatt, also 16 Seiten – die gängigste Form der Lagenbildung.** Bei der Zusammenstellung der Lagen wurde darauf geachtet, dass stets Haar- auf Haarseite und Fleisch- auf Fleischseite zu liegen kam. Auf dem europäischen Kontinent wurde meist mit einer Haarseite begonnen, die glatter war und daher bevorzugt für Illuminationen genutzt wurde.

Der Übergang vom Pergament zum billigeren Papier erfolgte in Europa allmählich ab dem späten 12. Jh. (vgl. Kap. 3.1). Das künstliche Material bot den Vorteil, in nahezu jedem beliebigen Format produzierbar zu sein, während der Nutzen der Haut stets von der Größe des Tieres abhängig war. So konnten die Bogen nicht mehr nur einmal, sondern auch zwei- bis viermal gefalzt werden, um unterschiedlich große Bücher zu erhalten (vgl. Tabelle, Kap. 3.1). So entstanden Lagen von bis zu 16 Blatt, also 32 Seiten.***

Die Paginierung, d. h. die Zählung der einzelnen Seiten (von lat. *pagina* = Seite), wurde erst in der Neuzeit üblich. Um die einzelnen Lagen in der richtigen Reihenfolge zum Buchblock zusammenfassen zu können, wurden diese mitunter mit Ziffern oder Buchstaben am oberen oder unteren Rand bezeichnet (Kustoden, von lat. *custos* = Wächter), gelegentlich mit einem vorangestellten „Q“ für *quaternus*.† In Handschriften seltener, bei frühen Druckwerken dagegen häufig findet sich am Ende einer Lage oder Seite das erste Wort der folgenden Seite vorweggenommen, um die Sortierung zu erleichtern (Reklamanten, von lat. *reclamare* = zurufen oder widerhallen).††

Heute werden Quellenangaben unpaginierter Handschriften und Drucke nach Blättern (lat. *folii*, Sg. *folium*) vorgenommen, wobei man Vorder- (lat. *recto*) und Rückseite

* Vgl. PRESSER, *Buch vom Buch*, S. 7.

** Entsprechend werden drei Bögen (= 12 Seiten) als *ternio*, fünf Bögen (= 20 Seiten) als *quinternio* bezeichnet etc.; vgl. JAKOBI-MIRWALD, *Das mittelalterliche Buch*, S. 121.

*** Zur Falzung der einzelnen Formate vgl. HUSSMANN, *Buch*, S. 32f.

† Vgl. WATTENBACH, *Schriftwesen*, S. 179f.; DAHL, *Geschichte*, S. 22.

†† Vgl. WATTENBACH, *Schriftwesen*, S. 180; JAKOBI-MIRWALD, *Das mittelalterliche Buch*, S. 123f.

Abb. 21: Ein Schreibermönch legt mit einem Lineal den Schriftspiegel fest.

(lat. *verso*) unterscheidet. Die Angabe „fol. 13v" bedeutet also „Folio 13, Rückseite" und entspräche Seite 26, „f. 7r" ergibt „Folio 7, Vorderseite", dementsprechend Seite 13. Mitunter findet sich eine Foliierung (ohne die Angaben „recto" und „verso") auch bereits im Original.

Gestaltung der Seiten

Der Schriftspiegel mittelalterlicher Codices ist fast immer mehrspaltig;* Ausnahmen bilden vor allem Kleinformate, deren Seitenbreite nicht mehr als eine Spalte zuließ. Zwei Kolumnen (von lat. *columna* = Säule) waren die Regel, drei und mehr finden sich meist nur in besonders großen oder breiten Folianten, da die Zeilenlänge sonst zu kurz geworden wäre. Recht früh scheinen sich die Schreiber darum bemüht zu haben, Zeilen von gleicher Länge zu erzeugen, wie es dem heutigen Blocksatz entspricht. Neben Variationen im Buchstaben- und Wortabstand dienten dazu vor allen Dingen die zahlreichen Abbreviaturen (vgl. Kap. 1.6).

Der Schriftspiegel wurde vor dem Schreiben festgelegt, indem mit Hilfe von Zirkel *(circinus, punctorium)*, Lineal *(regula, linearium)* und Griffel *(stilus)* oder Blei *(plumum)* Linien für Spaltenränder sowie den Zeilenabstand gezogen wurden (vgl. Kap. 3.4). Dabei wurden auch Position und Größe der Miniaturen oder Ornamente festgelegt. Neue Abschnitte konnten durch Überschriften (Kolumnentitel) eingeleitet werden, die entweder in einer Auszeichnungsschrift mit oder ohne Initiale oder in einer andersfarbigen Tinte (meistens rot) ausgeführt waren.

Bei illuminierten Handschriften und Drucken ist auffällig, dass der Schriftspiegel fast immer von sehr breiten Seitenrändern eingefasst wird, die oftmals mit Verzierungen aus Ranken oder Ornamenten gefüllt wurden. In der Regel ist der innere Rand (Bundsteg) der schmalste, der obere (Kopfsteg) und äußere (Schnittsteg) sind ungefähr gleich breit, der untere (Fuß- oder Schwanzsteg) ist der breiteste; das Verhältnis beträgt ungefähr 3:5:5:8.** In Büchern des alltäglichen oder nur persönlichen Gebrauchs wurde der zur Verfügung stehende Platz meist ausschließlich für Text genutzt, die Ränder blieben entsprechend schmaler. Hier wurde auch der Schriftspiegel nicht immer vorher festgelegt und weniger auf gleichmäßige

* Zum Folgenden vgl. JAKOBI-MIRWALD, *Das mittelalterliche Buch*, S. 164-171. Zahlreiche Beispiele z. B. in INGO F. WALTHER UND NORBERT WOLF, *Meisterwerke der Buchmalerei. Die schönsten Handschriften der Welt von 400 bis 1600*, Köln 2005 (Aufbau einer illuminierten Doppelseite S. 15).

** Vgl. JAKOBI-MIRWALD, *Das mittelalterliche Buch*, S. 167.

Zeilenlänge geachtet; auch ist die einspaltige Schreibweise häufiger. Die Seiten von Rechnungsbüchern, Inventaren u. ä. wurden meist als Tabellen angelegt.

Der Einband

In einer Buchbinderlade oder Heftlade wurden die Lagen kollationiert, d. h. in der richtigen Reihenfolge und Ausrichtung übereinander gestapelt.* Mit dem Falz stießen sie an die Bünde, meist zwei bis fünf im rechten Winkel zu den Lagen stehende Streifen aus Pergament, Stoff oder Schnur. Mit Nadel und Faden wurden die Lagen dann zusammengeheftet, so dass sie fest mit diesen Bünden verbunden waren. Das fertige Produkt dieses Arbeitsgangs bildete den Buchblock oder -kern. In einer Handpresse wurde auf seinen Rücken zur Verstärkung Papier, Pergament oder Stoff aufgeleimt, die überstehenden Teile der Bünde dann fest mit vorderem und hinterem Buchdeckel verbunden. Die Bünde erscheinen bei derart handgebundenen Büchern meist als Wülste auf dem Buchrücken. Vor der Benutzung des Buches mussten die Falze der Bogen noch aufgeschnitten werden, was bei kommerziellen Massenproduktionen in der Regel den Käufern selbst überlassen blieb. Die Schnittkanten konnten durch das Aufreiben von Blattgold (seltener Silber) verziert werden (Goldschnitt).

Die ältesten Einbände des Mittelalters bestanden aus Holzplatten, die mit Elfenbeinreliefs, Silber- und Goldarbeiten sowie eingefassten Edelsteinen oder Perlen verziert sein konnten.** Sie werden heute als Kleinodieneinbände bezeichnet; nicht selten wurden dafür offenbar die prachtvollen Außenseiten römischer Wachstafelbücher verwendet. Bücher waren im Frühmittelalter noch ausgesprochen selten, derartig wertvolle Einbände umso mehr, und sie dienten nahezu ausschließlich liturgischen Zwecken. Da sie meist auf dem Altar zu Liegen kamen, waren die Rückseiten in der Regel schlichter gestaltet. Bis zum 14. Jh. wurden die aufwändigen Kleinodieneinbände zunehmend rarer.

Bereits in vorkarolingischer Zeit wurde stattdessen der Ledereinband üblich. Die überstehenden Bünde des Buchblocks wurden auf dünne Holzplatten (meist Buche, Ahorn oder Eiche) geleimt, diese dann in Leder eingeschlagen, das mit so genannten Blindstempeln verziert sein konnte. Meistens handelte es sich dabei um einfache, sich wiederholende geometrische Ornamente, die in den Stempel eingraviert waren und in das Leder gepresst wurden.*** Zum Schutz der Ecken wurden dort mitunter Beschläge, meist aus Messing, angebracht, meist auch Buckel („Schonerknöpfe"), da Bücher bis ins 17. Jh. überwiegend liegend gelagert wurden. Die Verzierung beschränkte sich auch hier meistens auf den Vorderdeckel.

Einbände mit Lederschnitt sind vor allem aus dem 14. und 15. Jh. bekannt. Hierbei wurde mit einem stumpfen Messer ein Muster oder eine Figurenszene in das angefeuchtete Leder geschnitten und das umgebende Material dann ausgepunzt, so dass ein Relief übrig blieb. Die Technik erforderte allerdings deutlich mehr Kunstfertigkeit und handwerkliches Geschick als die Blindprägung und war entsprechend seltener (und teurer).

Zunehmend seit dem Hochmittelalter sind Buchschließen oder richtige Schlösser bekannt. Auch an Vorder- und Hinterdeckel

---

* Zum Folgenden vgl. – aus moderner Sicht – HUSSMANN, *Buch*, S. 35-40.

** Hierzu und zum Folgenden vgl. JAKOBI-MIRWALD, *Das mittelalterliche Buch*, S. 139-147; DAHL, *Geschichte*, S. 52-55; DE HAMEL, *Scribes*, S. 65-70.

*** Vgl. z. B. das Exemplar in DE HAMEL, *Scribes*, S. 68 (Abb. 59).

angebrachte Bänder, die miteinander verknotet wurden, dienten zum Verschließen von Büchern. So genannte Kettenbücher (lat. *libri catenati*) verfügten über eine an der Ober- oder Unterkante des hinteren Buchdeckels befestigte Kette, mit der sie am Lesepult oder Bücherfach angeschlossen wurden. Das war besonders in den Bibliotheken der Universitäten üblich, um Diebstähle der wertvollen Werke zu verhindern.* Nützlich waren die Ketten aber auch, da sie die Bücher vor dem Herunterfallen und somit möglichen Beschädigungen bewahrten.

Im 14. Jh. wurde zum Transport einzelner Werke der Buchbeutel üblich. Meist bestand er aus einem ledernen Tuch, welches das darin eingeschlagene Buch an allen Seiten überlappte, so dass die überhängenden Ränder zusammengerafft und mit einem Haken oder einer Schlaufe am Gürtel befestigt werden konnten.** Sie waren mitunter reich verziert und mit Schließen oder Schlössern versehen. Exemplare aus Leinen, Wollstoff oder anderen Tuchen, die es wohl auch gegeben hat, sind nicht erhalten. Bei den so genannten Beutelbüchern war dagegen der Bezug des Einbands an den unteren Rändern trichterförmig verlängert, so dass er z. B. um den Gürtel geschlungen und verknotet werden konnte.***

Statt mit Leder konnten die Buchdeckel auch mit Samt oder Pergament bezogen sein; Verzierungen bestanden dann i. d. R. aus Messing-, Silber- oder Goldbeschlägen. Auch gewebte oder bestickte Einbände aus Stoff scheinen lange Zeit recht verbreitet gewesen zu sein, doch haben sich aufgrund der Empfindlichkeit des Materials nur rare Einzelexemplare erhalten.†

Ein großer Teil mittelalterlicher Bücher wurde allerdings überhaupt nicht gebunden. In den Kloster- und Kathedralbibliotheken wurden alltägliche Werke, die nicht liturgischen Zwecken im Kirchenraum dienten, oftmals nur mit einer beschrifteten Hülle aus Pergament versehen;†† die Inventare bezeichnen sie meist als *a quaterniones*, also „in Lagen“. Als mit dem Aufkommen des Buchdrucks die Buchproduktion enorm an Umfang gewann, wurde es üblich, die ungebundenen Buchblöcke zum Verkauf anzubieten. Der Käufer konnte bzw. musste dann über Aufwand und Gestaltung des Einbands selbst entscheiden.

Aus der Zeit um die Wende vom 14. zum 15. Jh. sind die ersten bürgerlichen Buchbinder in Deutschland belegt.††† Sie arbeiteten als „freie Künstler“ oder bildeten zusammen mit anderen kleineren Handwerken so genannte Mischzünfte, so z.B. 1434 mit den Krämern in Basel oder 1502 in Straßburg gemeinsam mit Bognern, Glasern, Goldschlägern, Goldschmieden und Malern. Nachdem die Buchdruckerkunst um die Mitte des 16. Jahrhunderts zu einem ernstzunehmenden Wirtschaftszweig geworden war, bildeten sich auch eigenständige Buchbinderzünfte heraus, z.B. in Augsburg (1533), Wittenberg (1534) oder Ulm (1549). Auffallend ist, dass die Zentren des Buchbinderhandwerks nicht mit jenen des frühen Buchdrucks nach Gutenberg identisch waren.

---

* Vgl. JAKOBI-MIRWALD, *Das mittelalterliche Buch*, S. 144 u. Abb. S. 143. Die besterhaltene mittelalterliche Kettenbibliothek befindet sich in der Kathedrale von Hereford/GB (Abb. in DE HAMEL, *Scribes*, S. 70). Angekettete Standardwerke finden sich noch heute in manchen Institutsbibliotheken, vor allem der juristischen und theologischen Fakultäten.

** Vgl. OTTO BORST, *Alltagsleben im Mittelalter*, Frankfurt u. a. 1983, S. 525f.

*** Vgl. JAKOBI-MIRWALD, *Das mittelalterliche Buch*, S. 142.

† Beispiel in DE HAMEL, *Scribes*, S. 69 (Abb. 60).

†† Vgl. RONALD REED, *Some Thoughts on Parchment for Bookbinding*, in: RÜCK (HG.), *Pergament*, S. 217-220.

††† Zum Folgenden vgl. RAINER S. ELKAR, *Buchbinder und Futteralmacher*, in: REITH (HG.), *Lexikon*, S. 42-46; PIES, *Berufe*, S. 40.

Mittelalterliche Buchtypen

Dem ästhetischen Gestaltungsreichtum mittelalterlicher Bücher entsprach ihre inhaltliche Vielfalt, auf die bereits hingewiesen wurde (vgl. Kap. 2). Einen auch nur annähernden Überblick zu liefern, würde den Rahmen dieses Buches bei weitem sprengen. Vom Geistlichen und Philosophischen über Profanes, Unterhaltendes und Alltägliches bis hin zum Unanständigen und Obszönen gab es ausgangs des Mittelalters praktisch nichts, das sich nicht in handschriftlicher oder gedruckter Form zwischen zwei Buchdeckeln wieder fand.[*] Waren es nach dem Untergang des römischen Weltreichs fast ausschließlich Mönche und Nonnen, die Bücher abschrieben und schließlich auch selbst verfassten, so war es eintausend Jahre später vor allem das Bürgertum, das sich in schriftlicher Form seiner Existenz vergewisserte, seine Welt beschrieb, beurteilte sowie zu verändern trachtete und seiner Nachwelt Zeugnisse seines Denkens und Handelns vermachte.

Es wird geschätzt, dass bis zu 98% des mittelalterlichen Buchbestands verloren gegangen sind. Das betrifft naturgemäß vor allem die schlichteren Werke des alltäglichen Gebrauchs, aber auch prachtvolle Codices wurden vernichtet, entwendet, zerlegt oder fielen der Mode zum Opfer, weil ihre Ausstattung oder ihr Inhalt als nicht mehr zeitgemäß erachtet wurde. Das Bild, das sich heutigen Betrachtern der überlieferten Zeugnisse mittelalterlicher Buchkultur bietet, ist daher nicht unwesentlich verzerrt. Ausstellungen und populäre Bildbände, aber auch wissenschaftliche Abhandlungen konzentrieren sich – von lobenswerten Ausnahmen abgesehen – auf relativ wenige illuminierte Meisterwerke, die ihre Erhaltung ihrem künstlerischen und materiellen Wert verdanken, allerdings nur einen vergleichsweise winzigen Ausschnitt des ursprünglichen Bestands repräsentieren. Dabei handelt es sich um eine recht geringe Anzahl immer wiederkehrender, charakteristischer Buchtypen überwiegend theologischer bzw. liturgischer Natur wie Bibeln, Psalter, Evangeliare oder Stundenbücher. Einen ebenfalls hohen Stellenwert erlangten im Spätmittelalter rechts- und naturwissenschaftliche sowie medizinische Traktate. Je weiter man in der Zeit zurückblickt, desto geringer ist der Bestand der erhaltenen Werke, was einerseits auf die allgemeine Zunahme der Buchproduktion im Verlauf des Mittelalters, andererseits auf höheren Verlust zurückzuführen ist.[**]

Die Bibel

Die Bibel als offenbarte Worte Gottes und damit schriftliche Grundlage des christlichen Glaubens war das zentrale und am meisten verbreitete Buch des Mittelalters, das nicht nur in jeder kirchlichen Institution vorhanden sein musste, sondern sich wohl in jedem adeligen und, zumindest ab dem Hochmittelalter, auch bürgerlichen Haushalt fand.[***] Ihre Bestandteile und deren Reihenfolge wichen allerdings z. T. erheblich vom heutigen Kanon ab.

Die ursprüngliche Sprache des Alten Testaments war Hebräisch (und z. T. Aramäisch), die des Neuen Testaments das Griechische. Die Bezeichnung *Septuaginta* (gr. Siebzig) für die griechische Fassung des Alten Testaments rührt von der Zahl der Übersetzer her, die von ca. 300 bis 130 v. Chr. an

[*] Zur Typologie mittelalterlicher Bücher vgl. auch WALTHER/WOLF, *Meisterwerke*, S. 22-28.

[**] Zu Buchproduktion und Verlust vgl. JAKOBI-MIRWALD, *Das mittelalterliche Buch*, S. 162f. und UWE NEDDERMEYER, *Von der Handschrift zum gedruckten Buch. Schriftlichkeit und Leseinteresse im Mittelalter und der frühen Neuzeit. Quantitative und qualitative Aspekte*, Wiesbaden 1998.

[***] Zum Folgenden vgl. JAKOBI-MIRWALD, *Das mittelalterliche Buch*, S. 67-88.

seiner Übertragung gearbeitet haben sollen. Lateinische Bibelfassungen existierten etwa ab dem 2. Jh. und werden als *Vetus Latina* (lat. „die alte Lateinische") bezeichnet. Die für das gesamte Mittelalter maßgebliche lateinische Übersetzung, die *Vulgata*, wurde 382-420 vom Kirchenvater Hieronymus im Auftrag des Papstes verfasst. Deutsche oder zweisprachige Ausgaben sind seit dem 11. Jh. bekannt, die wohl berühmteste ist die so genannte „Wenzelsbibel" (um 1389-1400).*

Bis zur Zeit der Karolinger stellten einbändige Bibeln eher die Ausnahme dar, typischer war die Aufteilung in mehrere Bücher. Besonders für liturgische Zwecke oder auch das Stundengebet der privaten Andacht waren die voluminösen und schweren Vollbibeln unpraktisch, wenn doch nur ein Teil des Textes benötigt wurde. So entwickelten sich die typisch mittelalterlichen Buchtypen Psalter, Evangeliar oder Perikopenbuch, Epistolar etc. Die kleinen und handlichen Taschenbibeln, „in winziger Schrift (Perlschrift) auf hauchdünnem Pergament in zwei Spalten geschrieben",** entstanden in großen Mengen ab dem 13. Jh. zunächst im Umfeld der Universität von Paris. Bereits etwas früher, im 12. Jh., waren ebenfalls im universitären Rahmen kommentierte (glossierte) Ausgaben der Bibel oder einzelner ihrer Teile gebräuchlich geworden. Die von Anselm von Laon zusammengestellte und von Gilbert de la Porrée und Petrus Lombardus bearbeitete *Glossa ordinaria*, eine Art „kanonisch" gewordene Sammlung biblischer Kommentare, umfasste allerdings eine ganze Reihe großformatiger und dennoch eng beschriebener Bände.

Zuerst in Frankreich entstanden ab etwa 1220 die so genannten *Bibles moralisées*, die meist sehr prächtig ausgestattet waren. Sie bedienten sich typologischer Bildzyklen, d. h. jeweils einer Szene des Alten Testaments wurde eine des Neuen Testaments gegenübergestellt (auch als Präfiguration bezeichnet). Alternativ konnte es sich auch um Darstellungen aus Mythologie, Geschichte oder anderen Bereichen handeln, die christologisch (bzw. eschatologisch) gedeutet wurden.*** Ebenfalls umfassend bebildert und typologisch aufgebaut war die *Biblia pauperum*, was mit „Armenbibel" zwar wörtlich, aber etwas irreführend übersetzt wird. Gemeint waren nämlich nicht die materiell, sondern die geistig Armen, also die Schriftunkundigen – was freilich oft genug auf dasselbe hinauslief. Dieser Buchtyp entstand in der ersten Hälfte des 13. Jahrhunderts wohl zuerst im süddeutschen Raum. Auch hier wurden Szenen aus dem Leben Jesu entsprechenden Darstellungen aus dem Alten Testament gegenübergestellt.†

Außer den für Messfeiern und Stundengebete zentralen Texten der Psalmen und Evangelien wurden auch andere biblische Bücher gewissermaßen als Einzelausgaben produziert. Die beliebtesten waren offenbar Genesis, Apokalypse und das Buch Hiob, letzteres auch als interpretierende Fassung (*„Moralia in Iob"*) – möglicherweise, weil sich diese besonders zur Illustration eigneten.

Liturgische Bücher: Psalter, Evangeliar etc.

Der Psalter umfasste die König David zugeschriebenen 150 Gebete und Gesänge der Psalmen. Er diente Geistlichen wie Laien gleichermaßen als Andachtsbuch und wurde im Laufe einer Woche in den Stundengebeten einmal komplett gelesen bzw. gesungen. Außerdem wurde er im Schulunterricht zum

* Vgl. Walther/Wolf, *Meisterwerke*, S. 242-247.

** Jakobi-Mirwald, *Das mittelalterliche Buch*, S. 72.

*** Vgl. Beispiel in Walther/Wolf, *Meisterwerke*, S. 156-159 & 258f.

† Vgl. Beispiele in Walther/Wolf, *Meisterwerke*, S. 250f.

Lesen- und Auswendiglernen verwendet. Ergänzt wurde er mitunter durch weitere Gebete wie das Vaterunser oder Mariengebete, das Glaubensbekenntnis, außerdem um Vorreden oder ein Kalendarium. Neben der Bibel dürfte der Psalter das am weitesten verbreitete Buch des Mittelalters gewesen sein, bis seine Funktion als Andachtsbuch für Laien im 13. Jh. durch das Stundenbuch ersetzt wurde. Psalter existierten in allen erdenklichen Formen, von handlich-kleinen Büchlein ohne Verzierung bis hin zu großformatigen, illustrierten und verschwenderisch ausgestatteten Prachtexemplaren, deren Gebrauchswert gegen Null tendierte.

Dasselbe gilt für eine weitere Sammlung wichtiger Bibeltexte, das Evangeliar. Es enthält die vier Evangelien des Matthäus, Markus, Lukas und Johannes in ihrer biblischen Reihenfolge und unterscheidet sich darin vom Perikopenbuch* oder Evangelistar, das sie gemäß ihrer Abfolge im Kirchenjahr anordnet. In der katholischen Messfeier kam dem Evangeliar eine zentrale Bedeutung zu, doch das allein kann nicht erklären, warum es sich bei einem Großteil der erhaltenen Prachtcodices aus der Zeit vor dem 12. Jh. um diesen Buchtyp handelt.

Eingeleitet wird das Evangeliar i. d. R. durch die so genannten Kanontafeln, in welchen die gemeinsamen oder nur bei einzelnen Evangelisten vorkommenden Episoden aufgeführt werden.** Außerdem finden sich fast immer Darstellungen der vier Evangelisten, meistens zu Beginn ihrer Texte.

Gegenüber Psalter und Evangeliar spielten andere liturgische Bücher eine eher untergeordnete Rolle und wurden teilweise schon recht früh von Zusammenstellungen wie dem *Missale* (Messbuch) oder dem Brevier absorbiert. *Sakramentare* enthielten alle Texte, die der Priester während der Messfeier zu sprechen hatte und sind aus der Zeit der Karolinger und der Romanik überliefert. Die Texte der Epistellesungen fanden sich im *Epistolar*, der auch mit dem Evangelistar als *Lektionar* zusammengefasst wurde. Das Leben und Sterben der Märtyrer war im *Passionale* verzeichnet, das der übrigen Heiligen (Bekenner) im *Legendar*. Alle Lesungs- und Gebetstexte eines bestimmten Heiligen waren im *Libellus* (lat. Büchlein) vereint.

Als Bücher des liturgischen Gesangs, die oft mit Notenschriften versehen waren, seien erwähnt: das *Graduale* oder *Antiphonarium missae* mit allen Gesängen der Messe, das *Antiphonar* oder *Antiphonarium officii* mit den Gesängen des Stundengebets, das *Hymnar* (Hymnen) und das *Prozessionale* mit den Gesängen der Prozessionen. Die Weihtexte für Bischöfe waren im *Pontificale*, die für Priester im *Rituale* und für allgemeine Weihen im *Benedictionale* gesammelt.

Nicht zu den liturgischen Büchern zählen die zahlreichen und beliebten *Viten*, die Lebensbeschreibungen der Heiligen, die als Einzel- oder auch Sammelausgaben z. T. üppig und anschaulich bebildert waren.

Stundenbücher

Stundenbücher dienten eigentlich dem täglichen Gebrauch in der privaten Andacht, doch die meisten der erhaltenen großformatigen, üppig illustrierten und verschwenderisch ausgestatteten Exemplare kamen wohl nie zum Einsatz, da sie hierfür viel zu groß, zu schwer und zu wertvoll waren.*** Es handelte sich um Statussymbole reicher Auftraggeber aus Adel und gehobenem Bürgertum

---

* Als Perikopen werden die zur Lesung vorgeschriebenen Abschnitte der Evangelien bezeichnet; vgl. Beispiele in WALTHER/WOLF, *Meisterwerke*, S. 122-127.

** Vgl. das Beispiel in WALTHER/WOLF, *Meisterwerke*, S. 14f.

*** Zum Folgenden vgl. JOHN HARTHAN, *Stundenbücher und ihre Eigentümer*, Freiburg [3]1989; JAKOBI-MIRWALD, *Das mittelalterliche Buch*, S. 102-110. Mehrere Beispiele in WALTHER/WOLF, *Meisterwerke*.

und um Sammelobjekte – Jean de Berry (1340-1416) soll mindestens 15 Stundenbücher besessen haben.

Seit dem 13. Jh. in zunehmend großer Zahl hergestellt, erlebten die Stundenbücher ihren gestalterischen Höhepunkt im 15. Jh. In ihrer Funktion als Andachtsbuch für Laien lösten sie den Psalter ab, und wie bei diesem Buchtyp existierten auch bei den Stundenbüchern neben den Prachtcodices handliche, schlichte Ausgaben für den tatsächlichen Gebrauch. Diese wurden z.T. in Massenproduktion hergestellt und buchstäblich aufgebraucht, weswegen sich nur wenige Beispiele erhalten haben.

In ihrem Inhalt konnten sich Stundenbücher z.T. erheblich voneinander unterscheiden, doch einige Texte waren feste Bestandteile aller unterschiedlichen Ausgaben. Dazu zählen das so genannte Kleine Marienoffizium, bestehend aus Hymnen, Psalmen, Gebeten und Gesängen, das jeweils zu den acht Gebetsstunden Matutin (Mette), Laudes, Prim, Terz, Sext, Non, Vesper und Komplet gebetet wurde. Hinzu kommen ein Kalendar, das meist am Anfang steht, die Bußpsalmen, die Litanei, das Totenoffizium sowie die Heiligensuffragien.

Meistens finden sich außerdem Texte aus den vier Evangelien, die Johannespassion, Mariengebete und weitere Offizien, mitunter auch weitere Psalmen und Gebete.

Typisch für die reich illustrierten Prachtausgaben sind Darstellungen bäuerlicher Arbeiten im Verlauf des Jahres und das zugehörige Sternbild. Die Perikopen sind meist mit Abbildungen der Evangelisten versehen, das Marienoffizium mit einem Bildzyklus zum Leben Marias. Ferner dürfen eine Kreuzigung und eine Auferstehungsszene nicht fehlen, mitunter findet sich auch ein ganzer Passionszyklus. Bei den Psalmen und dem Totenoffizium werden typische Szenen dargestellt, die z.T. erheblich voneinander abweichen können, Gebete an bestimmte Heilige sind oft mit dessen Darstellung oder einer Szene aus Leben (z.B. Wirken von Wundern) bzw. Martyrium versehen.

Werke der Wissenschaft

Gegenstand der Wissenschaft waren im Mittelalter zunächst die aus der Antike übernommenen Sieben Freien Künste Grammatik, Rhetorik und Dialektik, Arithmetik, Geometrie, Astronomie und Musik (Harmonielehre), die als Grundlagen der Philosophie galten. Naturwissenschaft, Philosophie und Theologie waren noch nicht streng voneinander getrennt, eine Differenzierung setzte sich erst im Hochmittelalter mit Aufkommen der Scholastik und der Universitäten durch, mit der nur scheinbar banalen Erkenntnis, dass jede Wissenschaft durch ihren Gegenstand bestimmt sei. Entsprechend nahm seit dieser Zeit die Zahl wissenschaftlicher Abhandlungen zu einzelnen Themengebieten erheblich zu.[*] Ein typischer Buchtyp der Scholastik war die so genannte *Summa*, die es sich zur Aufgabe machte, den gesamten Wissensbestand zu einem Themengebiet zusammenzufassen. Der wohl bekannteste Vertreter ist die *„Summa theologiae"* des Thomas von Aquin aus der 2. Hälfte des 13. Jahrhunderts.

Entstehung und wachsende Bedeutung der juristischen und medizinischen Fakultäten hatten eine gesteigerte Buchproduktion zur Folge. Im Bereich des Staatsrechts wurde im 11. Jh. die Gesetzessammlung des römischen Kaisers Justinian aus dem 6. Jh. wiederentdeckt, unter dem Titel *„Corpus iuris civilis"* oder *„Codex iuris Iustiniani"* neu herausgegeben, abgeschrieben und kommentiert. Bestrebungen, das Kirchenrecht zu systematisieren, führten zu Sammlungen

[*] Zum Folgenden vgl. JAKOBI-MIRWALD, *Das mittelalterliche Buch*, S. 88-95.

päpstlicher Erlasse und Konzilbeschlüsse (Dekretensammlungen). In seiner *Concordantia discordantium canonum* (besser bekannt als *Codex* oder *Decretum Gratiani*, um 1140) versuchte der Kirchenrechtler Gratian, die z.T. widersprüchlichen Entscheidungen früherer Dekrete zu harmonisieren. Volksrechte wurden bereits seit der Zeit Karls des Großen aufgezeichnet, zunehmend jedoch ab dem 12./13. Jh. Eine der am weitesten verbreiteten Handschriften war und ist der „Sachsenspiegel" des Eike von Repgow (ca. 1220-1230).

Abb. 22: Beispiele für verschiedene Initialen.

Die Medizin profitierte vor allem im Hochmittelalter von Kontakten mit dem islamischen Kulturraum. Ein seinerzeit weit verbreitetes Zeugnis hierfür ist z.B. der *„Tacuinum sanitatis in Medicina"*, der zuerst im 13. Jh. übersetzt und im 14. Jh. in Oberitalien anschaulich illustriert wurde.* Ein weiteres einflussreiches und weit verbreitetes Werk war *„De materia medica"* des Dioskurides über Nutzen und Anwendung von Heilpflanzen.** Daneben existierten zahlreiche *Herbarien* anonymer oder weniger bedeutender Autoren. Analog zu diesen beschrieben die *Bestiarien* in Text und Bildern sowohl die bekannte als auch die der Fantasie entsprungene Fauna der Welt.***

Ebenfalls zur Naturkunde zählten die zahlreichen astronomisch-astrologischen Werke, die eng mit der Lehre von den Jahreszeiten, den Kalendarien und der diffizilen Berechnung des Ostertermins (Komputistik) verbunden waren. Eine Zusammenstellung des geistlichen Wissens seiner Zeit war der berühmte *„Hortus deliciarum"* der Äbtissin Herrad von Landsberg vom Ende des 12. Jahrhunderts.† Das Original ging 1870 durch Brand verloren, doch zeugen zahlreiche Abschriften von seiner Verbreitung und seinem Einfluss.

Literarische Vielfalt des Spätmittelalters

Wie bereits erwähnt (vgl. Kap. 2.1) war die Vielzahl literarischer Gattungen im Späten Mittelalter nahezu unüberschaubar geworden. Vor allem das zunehmend schriftkundige Bürgertum, weniger als Klerus und andere Intellektuelle in literarischen Traditionen und Normen verhaftet, erwies sich hier als fleißiger Produzent und Innovator. So wurden ganz neue Themenbereiche wie Kunsttheorie, Architektur, Landwirtschaft, Bergbau, aber auch Fechtkunst, Kochkunst, Gartenbau und viele mehr in Büchern erschlossen, hinzu kamen außerdem die wieder entdeckten Werke antiker Schriftsteller.††

* Vgl. WALTHER/WOLF, *Meisterwerke*, S. 252f.
** Vgl. WALTHER/WOLF, *Meisterwerke*, S. 160f.
*** Vgl. Beispiel in WALTHER/WOLF, *Meisterwerke*, S. 152f.
† Vgl. JAKOBI-MIRWALD, *Das mittelalterliche Buch*, S. 155.
†† Einen interessanten Einblick in den Buchmarkt um die Mitte des 15. Jahrhunderts bietet der Anzeigentext Diebold Laubers; vgl. PRESSER, *Buch vom Buch*, S. 18f.

Eine typisch bürgerliche Form mittelalterlicher Literatur stellt das so genannte Hausbuch dar, das als eigenständige literarische Gattung des Spätmittelalters gelten kann. Von einem Autor verfasst oder als Zusammenstellung von Texten unterschiedlicher Urheber enthielt es praktische Anweisungen zu den verschiedensten Bereichen des täglichen Lebens. Oft war es an die (junge) Hausfrau gerichtet, der dargelegt werden sollte, wie der Haushalt zu führen und der Hausherr in allen Belangen zufrieden zu stellen war. Allerdings finden sich auch Texte zu solch unterschiedlichen Themen wie Sterndeutung, Schwertkampf und Kräuterheilkunde in einem Hausbuch zusammengefasst.

Auch der Adel betätigte sich nun nicht länger nur als Stifter und Auftraggeber, sondern griff vermehrt selbst zur Feder. Hatte schon Kaiser Friedrich II. um die Mitte des 13. Jahrhunderts ein Buch „Über die Kunst, mit Vögeln zu jagen" *(„De arte venandi cum avibus")* verfasst, so schuf Gaston Phoebus, Graf von Foix, Anfang des 15. Jahrhunderts das oft kopierte „Buch der Jagd" *(„Le livre de la chasse")*, dessen Text teilweise auf das ebenfalls weit verbreitete „Jagdbuch des Königs Modus" (*„Livre du roy Modus"*, um 1370) zurückgeht. Andere adelige Autoren schrieben über den Turnierkampf, vornehmes Verhalten, das Schachspiel oder andere typische Aspekte ihrer Lebenswelt. Im Auftrag des Adels entstanden Turnier- und Wappenbücher.

Besondere Aspekte mittelalterlicher Bücher

Einige Besonderheiten mittelalterlicher Bücher sollen abschließend noch Erwähnung finden. Die Praxis, verschiedene Texte unterschiedlicher Autoren zu einem bestimmten Thema oder Themenkomplex zusammenzufassen, findet sich bereits früh in der Buchproduktion mittelalterlicher Klöster. Den einzelnen Schriften ist meist eine eigene Titelseite vorangestellt, die oftmals den folgenden Inhalt kurz zusammenfasst und fast immer mit der Wendung *„Incipit"* (lat. „es beginnt") eingeleitet wird.

Am Ende der Handschriften und Frühdrucke findet sich meist das so genannte *Kolophon* (gr. Gipfel, Spitze), auch lateinisch als *subscriptio* bezeichnet. Ähnlich dem heute üblichen Impressum enthält es Angaben zu Titel, Verfasser, Schreiber bzw. Drucker, Erscheinungsort und -jahr sowie mitunter persönliche Anmerkungen des *scriptors* oder *pictors*. Dabei kann es sich um Dankgebete, Segenswünsche oder auch Ermahnungen an den Leser handeln (vgl. Kap. 2.3).* Eingeleitet wird die *subscriptio* oftmals mit dem Ausdruck *„Explicit"*, von lat. *explicitum est* („es ist abgewickelt"), was auf die Herkunft der Wendung von den antiken Buchrollen verweist.

Als *Palimpseste* bezeichnet man Texte, die auf wiederverwendetes Pergament geschrieben wurden.** Dazu wurde die ursprüngliche Beschriftung vorsichtig abgeschabt („rasiert"), mitunter auch in speziellen Lösungen gewaschen, der Beschreibstoff dann wieder mit Kalk, Kreide, Bimsstein etc. zur erneuten Benutzung vorbereitet. Vor allem seit dem 15. Jh. wurden beschriebene Pergamente auch zerschnitten und zu Bucheinbänden, Buchrücken oder Bünden verarbeitet („Makulatur").

* Vgl. hierzu Kurt Otto Seidel, *Tres digiti scribunt totum corpusque laborat. Kolophone als Quelle für das Selbstverständnis mittelalterlicher Schreiber*, in: Martin J. Schubert (Hg.), *Der Schreiber im Mittelalter (= Das Mittelalter. Perspektiven mediävistischer Forschung. Zeitschrift des Mediävistenverbandes 7 (2002), Heft 2)*, S. 145-156; vgl. auch Beispiele in Wattenbach, *Schriftwesen*, S. 491-524.

** Zum Folgenden vgl. Janzen, *Rasorium*, S. 194-196; Jakobi-Mirwald, *Das mittelalterliche Buch*, S. 118; Wattenbach, *Schriftwesen*, S. 299-317.

4.3. Briefe

Unter einem Brief versteht man gemeinhin eine Form der schriftlichen Mitteilung eines Absenders an einen bestimmten, namentlich benannten Empfänger.* Wie bereits zu sehen war, konnten auch mittelalterliche Urkunden in Briefform gehalten sein; erhalten hat sich dieser Gebrauch z. B. in der Bezeichnung Meisterbrief, der ja ebenfalls ein rechtsgültiges Dokument darstellt. Der bereits im Althochdeutschen verwendete Ausdruck *Brief* leitet sich ab vom Lateinischen *brevis*, „kurz" (bzw. *libellus brevis* = kurzes Schriftstück); als *Breve* wurden v. a. päpstliche Urkunden in Briefform bezeichnet (vgl. Kap. 4.1). Anfangs eine allgemeine Bezeichnung für ein Schreiben oder ein Schriftstück, trat die Verwendung des Ausdrucks als Bezeichnung für den „Privatbrief" in mittelhochdeutscher Zeit in den Vordergrund. Der römische Begriff für Briefe im Sinne privater Schreiben war eigentlich *epistolae*, während *litterae* auch für rechtsverbindliche Schriftstücke gebraucht wurde.

Eine Abgrenzung zwischen den beiden Gattungen erscheint also schwierig, doch die darüber anhaltende Auseinandersetzung innerhalb der historischen Hilfswissenschaften ist in diesem Kontext ohne Belang. Im Folgenden sollen mittelalterliche Schreiben eines Absenders an einen individuellen, namentlich benannten Empfänger behandelt werden, deren Inhalt keinen rechtsverbindlichen Charakter aufweist. In diesem Zusammenhang ist es vollkommen unerheblich, ob sich die Beteiligten dabei auf privater, geschäftlicher oder amtlicher Ebene begegnen.**

Innere Form mittelalterlicher Briefe

Als innere Merkmale eines Briefs können gelten:

- Unmittelbare, persönliche Anrede des Empfängers
- Persönliche Unterfertigung
- Grußformel am Anfang und Schluss
- Subjektiver Formulierungsstil
- Versand bzw. Übergabe an einen individuellen Empfänger (meist unter Verschluss)

Wie auf den ersten Blick ersichtlich, können die meisten dieser Charakteristika auch auf viele Formen von Urkunden angewandt werden. Es ist daher vor allen Dingen die fehlende Rechtserheblichkeit des Inhalts, die den Brief von der Urkunde unterscheidet. Ein weiteres Merkmal ist die größere persönliche, stilistische Freiheit der Formulierungen, was insbesondere für rein private Schreiben gilt. Ähnlich wie heute waren Briefe auch im Mittelalter persönlicher, mitunter intimer verfasst, je besser Absender und Empfänger miteinander bekannt waren, dagegen formeller, wenn es sich um Schreiben auf rein geschäftlicher Ebene handelte.

Dabei ist zu beachten, dass Etikette und *Courteoisie* zu jener Zeit zwar noch nicht so ausgeprägt und streng reglementiert waren wie im 17.-19. Jh., dass jedoch auch innerhalb von Familien, insbesondere des Adels, die Anrede „Ihr" verwendet wurde. Das „Du" kam eigentlich nur zwischen sehr guten Freunden, gleichrangigen Angehörigen eines geistlichen Ordens, einer Zunft oder einer vergleichbaren Gemeinschaft sowie

* Zum Folgenden vgl. von Brandt, *Werkzeug*, S. 116-118; Irmtraut Schmid, *Briefe*, in: Beck/Henning, *Die archivalischen Quellen*, S. 111-118.

** Eine grundlegende, umfassende Untersuchung des mittelalterlichen Briefwesens steht noch aus. Auch in allgemeinen Darstellungen der Geschichte des Mittelalters wird das Thema überwiegend ignoriert, sieht man einmal von gelegentlichen Hinweisen auf die Existenz spätmittelalterlicher Kaufmannsbriefe ab.

mitunter leiblichen Brüdern und Schwestern zur Anwendung. Generell kann gelten, dass höher und gleich gestellte Briefpartner in der 2. Person Plural angeredet wurden, solche niedrigeren Ranges oder enge Vertraute in der 2. Person Singular.

In der römischen Antike war der Brief zu einer literarischen Kunstform von höchster Blüte gereift. Autoren wie Cicero, Plinius oder Seneca verfassten viele ihrer Briefe stilistisch und formal nicht weniger durchkomponiert als ihre philosophischen Werke, und einige scheinen von vornherein zur Veröffentlichung vorgesehen gewesen zu sein. Die Regeln des guten Briefstils folgten jenen der antiken Rhetorik und wurden wie diese von den frühen Autoren des lateinischen Mittelalters übernommen. Ziel war die Simulation einer Gesprächssituation von Angesicht zu Angesicht, wie sie sich z. T. schon in den Lehr- oder Trostbriefen griechischer Philosophen findet, in deren Tradition z. B. auch der Apostel Paulus seine Schreiben an die frühchristlichen Gemeinden verfasste.

Obligatorisch waren zum einen die Benennung von Absender und Empfänger, deren Ausführlichkeit von Rang bzw. Amt der Korrespondenten sowie dem Grad der Förmlichkeit bzw. Intimität ihrer Beziehung zueinander abhing; zweitens eine Grußformel, im einfachsten Fall ein *salutem* oder *salutem dicit*; und schließlich ein Schlussgruß, der meist mit guten Wünschen oder einem Segen verbunden war (*vale*, *valete*). Eine Datierung war im Frühmittelalter noch nicht üblich, sie setzte sich erst im 11. Jh. bei päpstlichen, im 12. Jh. bei kaiserlichen und königlichen, danach allmählich auch bei anderen Schreiben durch. Der Schreibstil sollte auf einer mittleren Ebene zwischen dem gehobenen Stil der Rhetorik und der gesprochenen Sprache liegen. Als Vorbilder galten insbesondere christliche Autoren der Spätantike wie Augustinus, Ambrosius, Hieronymus oder Paulinus von Nola, deren Briefe in Form von Sammlungen immer wieder abgeschrieben wurden und nicht nur als stilistische und formale Vorlagen, sondern auch als Lehrstücke in theologischen Fragen dienten.

Entwicklung des Briefwesens im Mittelalter

Waren es im Frühen Mittelalter fast ausschließlich Geistliche, die Briefe – auch für andere, z. B. königliche oder adelige Absender – verfassten, sorgten die sich verbreitende Lese- und Schreibfähigkeit, die zunehmende (geographische) Mobilität sowie die wachsende Bedeutung des auch grenzüberschreitenden Personen-, Waren- und Geldverkehrs im Verlauf des Mittelalters für eine Differenzierung und Vervielfachung der Absender und Empfänger von Briefen. Gleichzeitig differenzierten sich auch Inhalte und Stil der Schreiben.

Die in mittelalterlichen Briefen behandelten Themenfelder sind zu vielfältig, um hier auch nur annähernd ausführlich behandelt zu werden. Briefe enthielten wie heute Bitten, Befehle, Anfragen, Glückwünsche, Kondolenzen, Liebeserklärungen oder -beteuerungen, dienten der Belehrung, dem Trost, Aufrechterhaltung oder Anbahnung von Freundschaft, Aufnahme geschäftlicher Beziehungen, Abschlüsse von Waren- oder Geldgeschäften etc. In geistlichen Briefwechseln wurden philosophische und theologische Fragen diskutiert; Fürsten, Adelige und Städte erklärten Krieg oder Fehde etc. – praktisch kein Bereich des mittelalterlichen Lebens fand seinen Niederschlag nicht in Briefen irgendeiner Form.

Insbesondere für Amts- oder Geschäftsbriefe entwickelte sich ein Formular, das in vieler Hinsicht dem der zeitgleichen Urkunden ähnelte. Die einleitende Grußformel *(salutatio)* wurde dabei immer umfangreicher und enthielt zunehmend schmückende Beiworte, die sich im Laufe der Zeit als Stereotypen etablierten. Ihr folgte eine Eingangsformel *(prooemium, Arenga)* zur Einstimmung des Empfängers auf den folgenden Inhalt. Die Schlussformel *(conclusio)* konnte mitunter wieder ausufernd und mit zahlreichen Höflichkeitsfloskeln gestaltet sein.

In den Kanzleien wurden Entwürfe oder Abschriften ein- und ausgehender Korrespondenz gesammelt, um als Vorlagen und Muster zu dienen. Im Hochmittelalter war die Lehre vom Briefstil Bestandteil der *ars dicaminis* oder *ars dictandi*, die eine Fülle unterschiedlicher Briefarten unterschied und abhängig von Rang, Status und Amt der Korrespondenten sowie ihrer Beziehung zueinander, Zweck des Schreibens und weiterer Merkmale unterschiedliche Vorgaben für Stil und formalen Aufbau machte. Allerdings wurden diese feinen Unterscheidungen in der Praxis wohl nie so präzise umgesetzt.

Zu dieser Zeit kamen auch fingierte bzw. fiktive Briefe als eigenständige Gattung der Literatur in Mode. Ähnlich einem „offenen Brief" wandten sie sich i. d. R. nicht an den vorgeblichen Empfänger, sondern an ein breiteres Publikum, waren also zur Veröffentlichung vorgesehen. Mit Abaelards *„Historia calamitatum"* entstand bereits im 12. Jh. der erste „Briefroman". Auch echte Briefe bedeutender, meist geistlicher Autoren wurden im Mittelalter, mitunter noch zu Lebzeiten ihres Verfassers oder von diesem selbst, in Sammlungen herausgegeben. Eine Sonderform stellen die Widmungsbriefe dar, mit denen Autoren des Spätmittelalters und besonders des Humanismus' ihre Werke bestimmten Gönnern oder Mäzenen zueigneten. Indem sie mitunter den veröffentlichten Werken selbst vorangestellt wurden, verloren sie allmählich ihren Briefcharakter und entwickelten sich zu den bisweilen heute noch anzutreffenden literarischen Widmungen.

Die Verfasser

Wie erwähnt zählten die Kaufleute zu den ersten Bürgern, die seit dem Hohen Mittelalter Schreib- und Lesekenntnisse erwarben (vgl. Kap. 2.5). Sie schrieben ihre Briefe fast ausschließlich selbst und ohne vorherigen Entwurf, wie auch der übrige schriftkundige Teil des städtischen Bürgertums. Hohe Geistliche wie z. B. Bischöfe dagegen diktierten ihre Schreiben oder verfassten Konzepte, die von den Beamten der Kanzlei oder dem persönlichen Schreiber dann im angemessenen Stil in Reinschrift übertragen, datiert und gesiegelt wurden. Mitunter leistete der Absender noch eine eigenhändige Unterschrift.

Die „amtlichen" Briefe der Kaiser und Könige entstanden in der Kanzlei des Hofes, mehr oder weniger streng festgelegten Formen sowie dem Kanzleibrauch folgend. Die Unterfertigung durch den Herrscher beschränkte sich meist auf den Vollziehungsstrich, abschließend wurden sie mit dem Majestätssiegel versehen. Private Schreiben wurden im Spätmittelalter mitunter selbst geschrieben oder dem persönlichen Sekretär diktiert.

Der illiterate Teil der Bevölkerung konnte sich an verschiedene Stellen wenden: Öffentliche Notare schrieben nicht nur Urkunden, sondern auch Briefe; in Universitätsstädten verdienten sich Studenten mit dem Briefschreiben ein Zubrot; und auch Welt- und Ordensgeistliche schrieben nieder, was ihnen illiterate Bürger diktierten, und formulierten, was diese nicht recht in Worte fassen konnten.*

Briefe in deutscher Sprache nahmen seit dem Hohen Mittelalter an Verbreitung zu,

* Briefmaler, die sich seit dem frühen 15. Jh. in Zünften organisierten, befassten sich entgegen ihres irreführenden Namens nicht mit Briefen, sondern mit Urkunden, Wappen, Heiligenbildern, Kalendern, Spielkarten etc. Vgl. AMMAN/SACHS, *Eygentliche Beschreibung*, Nr. 20; THEODOR KOHLMANN, *Modelstecher, Briefmaler, Illuministen und Kartenmacher*, in: REITH (HG.), *Lexikon*, S. 164-167; RUDI PALLA, *Verschwundene Arbeit. Ein Thesaurus der untergegangenen Berufe*, Frankfurt/Main 1994, S. 57; PIES, *Berufe*, S. 38.

was wiederum vor allem auf die Schreib- und Lesebefähigung breiterer Bevölkerungsteile, aber auch die wachsende Notwendigkeit von Kommunikation über weitere Strecken hinweg sowie die Verfügbarkeit des billigen Beschreibstoffs Papier zurückzuführen ist. Insbesondere Liebesbriefe, geistliche Schreiben und Kaufmannsbriefe wurden nun vermehrt in der Nationalsprache verfasst.*

Der mittelhochdeutsche Liebesbrief entwickelte sich zu einer eigenen Kunstform, der Minnedichtung nahe stehend und sich diese z. T. zum Vorbild nehmend. Auch epische Dichtungen wie der „Eneit" des Heinrich von Veldeke oder der „Wigalois" des Wirnt von Grafenberg enthielten kunstvoll gestaltete Liebesbriefe. Ähnlich wie im Minnesang lassen sich reales Anliegen und literarische Fiktionalisierung nicht präzise trennen.

Dasselbe gilt für geistliche Briefe der hochmittelalterlichen Mystik, die seltener – wie noch im Frühmittelalter – dogmatische oder exegetische Fragen zum Inhalt haben, sondern das persönliche religiöse Erleben, das die Korrespondenten auf schriftlichem Wege fixieren und miteinander teilen wollten. Meistens handelt es sich um Briefwechsel zwischen Vertretern der neuen Bettelorden, denen im 13. Jh. die seelsorgerische Betreuung der Frauenklöster übertragen wurde, und einzelnen Angehörigen dieser Klöster.

Kaufmannsbriefe

Kaufmannsbriefe sind aus dem Hohen und Späten Mittelalter überliefert, mitunter in Sammlungen, die meist von den Empfängern der Schreiben angelegt wurden.** Für den Fernhandel war eine regelmäßige schriftliche Kommunikation mit Handelspartnern im In- und Ausland, Geschäftsbeauftragten, Angestellten und zuweilen auch mit Stadträten, Landes- oder Territorialherren etc. von größter Wichtigkeit. Entsprechend enthalten *Handelsbriefe* vornehmlich Informationen über künftige, laufende oder abgewickelte Geschäfte, also Angaben zu Art, Menge, Qualitäten und Preisen der betreffenden Waren sowie zu Transportwegen, Verpackung, Kennzeichnung, Bestimmungsorten, Möglichkeiten zum Weiterverkauf etc.

Nicht weniger wichtig waren aber auch Informationen über äußere Einflüsse, welche die Handelsgeschäfte beeinflussen konnten, wie kriegerische Auseinandersetzungen, Blockaden, Hungersnöte oder Epidemien sowie Steuern, Zölle und Handelsmodalitäten in bestimmten Absatzgebieten. Für den Kaufmann war wichtig, jederzeit über die Entwicklung von Preisen, Angebot und Nachfrage auf dem neuesten Stand zu sein, außerdem neben politischen und wirtschaftlichen Verhältnissen die Handelspraktiken und rechtlichen Rahmenbedingungen zu kennen, die in den fraglichen Regionen oder Orten galten, sowie neue Quellen, Transportwege und Absatzmärkte zu erschließen.***

Da viele Fernhändler jener Zeit mit ihren Vertretern an anderen Orten familiär verbunden waren, enthalten ihre Briefwechsel meistens auch persönliche Mitteilungen. Oftmals sind geschäftlicher und privater Teil

* Vgl. hierzu GEORG STEINHAUSEN, *Die Geschichte des deutschen Briefes. Zur Kulturgeschichte des deutschen Volkes*, Berlin 1889 (ND Dublin u. a. 1968).

** Die vermutlich bekannteste, sehr umfangreiche und interessante Sammlung ist die des Hansekaufmanns Hildebrand Veckinchusen (um 1370-1426); vgl. HILDEBRAND VECKINCHUSEN, *Briefwechsel eines deutschen Kaufmanns im 15. Jahrhundert*, ed. WILHELM STIEDA, Leipzig 1921. Zu Leben und Zeit Veckinchusens vgl. auch CAY RADEMACHER, *Von Koggen und Kontoren*, in: *Geo Epoche* 25 (2007), S. 108-126.

*** Vgl. MARGOT LINDEMANN, *Nachrichtenübermittlung durch Kaufmannsbriefe. Brief-„Zeitungen" in der Korrespondenz Hildebrand Veckinchusens (1398-1428)*, München u. a. 1978.

eines Kaufmannsbriefs stilistisch sehr unterschiedlich gehalten: Die das Geschäft betreffenden Angaben sind meist sehr knapp und nüchtern zusammengefasst, mitunter voller Abkürzungen und z.T. sogar verschlüsselt, so dass nur Absender und Empfänger etwas damit anfangen konnten.

Neben den gemeinhin als Handelsbriefe bezeichneten Schreiben geschäftlichen und privaten Inhalts haben sich auch zahlreiche Kreditbriefe erhalten, die im Späten Mittelalter einen bargeldlosen Zahlungsverkehr ermöglichten. Sie wurden entweder besiegelt bzw. notariell beglaubigt oder als *Chirograph* ausgeführt, d.h. in doppelter Ausfertigung auf ein Blatt geschrieben, das dann in der Mitte geteilt und den beiden beteiligten Parteien ausgehändigt wurde (vgl. Kap. 4.1). Auf beiden Hälften fanden sich identische Angaben zu Schuldner und Gläubiger, Kreditsumme inklusive Währungsangabe sowie Termin und Ort der Fälligkeit. Außerdem wurden Konsequenzen für den Fall einer nicht fristgerechten Rückzahlung vereinbart, die meist aus recht hohen Verzugszinsen bestanden. Mitunter konnten diese Kreditbriefe als Zahlungsmittel weitergegeben werden, worüber der Schuldner informiert werden musste. Ein solcher Transfer wurde meist auf der Rückseite des Schuldscheins vermerkt, wo z.B. auch Fristverlängerungen oder Teilzahlungen notiert wurden.

Aufgrund der Unzuverlässigkeit und Gefahren der Versandwege wurden die wichtigsten Informationen oft in mehreren aufeinander folgenden Briefen wiederholt. Besonders dringliche Mitteilungen wurden zuweilen auch zwei oder mehreren Boten gleichzeitig mitgegeben, um ihre Zustellung zu sichern.

Versand von Briefen

Die Übermittlung von Briefen konnte auf unterschiedliche Weisen erfolgen. Im Frühmittelalter waren es vor allem Mönche, die von Kloster zu Kloster zogen und dabei Nachrichten in schriftlicher Form überbrachten. Sie wurden z.B. auch von Landes- oder Territorialherren gerne mit der Postbeförderung beauftragt, da sie sich sicherer bewegen konnten als Laien: Die Gefahr, überfallen zu werden, war für Angehörige geistlicher Orden immerhin etwas geringer.

Adelige verfügten aber wohl schon recht früh über eigene Boten zu Fuß oder zu Pferd, die besonders für dringende oder geheime Botschaften eingesetzt wurden. Das Botenamt war eine Vertrauensposition, die nur mit zuverlässigen und loyalen Gefolgsmännern besetzt wurde, und zuweilen nicht ungefährlich. Die Herren setzten allerdings auch andere Angehörige ihres Hofes, ihres Haushalts oder sogar Hörige als Gelegenheitsboten ein.

Seit dem Hohen Mittelalter begannen auch die Städte, bestallte Boten zu Fuß oder zu Pferd zu unterhalten.[*] Diese trugen ein Amtssiegel oder -zeichen, später zuweilen auch eine städtische Livree, und standen unter dem besonderen Schutz des Rates. Überfälle auf städtische Boten wurden schwer geahndet – wenn man die Täter zu fassen bekam. Im Spätmittelalter hatten sich gewisse Routen quer durch Europa etabliert, die nun z.T. regelmäßig beliefert wurden. Städtische Botenanstalten sind bereits seit dem frühen 15. Jh. z.B. in Straßburg, Köln, Frankfurt am Main, Augsburg und Konstanz belegt – bedeutenden Städten und Verkehrsknotenpunkten. Im 16. Jh. wurde das Botenwesen

[*] Zum Folgenden vgl. CHRISTIAN JÖRG, *Kommunikative Kontakte – Nachrichtenübermittlung – Botenstafetten: Möglichkeiten zur Effektivierung des Botenverkehrs zwischen den Reichsstädten am Rhein an der Wende zum 15. Jahrhundert*, in: ROMY GÜNTHART UND MICHAEL JUCKER (HGG.), *Kommunikation im Spätmittelalter. Spielarten – Wahrnehmungen – Deutungen*, Zürich 2005, S. 79-89; vgl. auch PALLA, *Verschwundene Arbeit*, S. 55-57.

zunehmend durch Ordnungen geregelt, in denen die Wegstrecken und die dafür erforderliche Reisedauer festgelegt waren. Als das Postwesen 1597 zum kaiserlichen Regal erklärt wurde, erhielt Reichsgeneralpostmeister Lamoral von Taxis das Amt zum erblichen Lehen. Das einträgliche Geschäft begründete den Aufstieg der Familie von Thurn und Taxis sowie das Reichspostwesen, neben dem allerdings landesherrliches und reichsstädtisches Botenwesen bis zur Gründung der Staatlichen Reichspost und zum Postzwang Ende des 19. Jahrhunderts weiter bestanden.

Außer den Städten unterhielten auch die Universitäten des Mittelalters eigene Botendienste. Die Universitätsboten waren den einzelnen Landsmannschaften („Nationalitäten") eidlich verpflichtet und genossen Privilegien wie die Befreiung von Steuer, Zoll und Wachdienst. Für ihre Dienstgeber suchten sie andere, zuweilen weit entfernt liegende Universitätsstädte auf und sorgten so für den Austausch gelehrter Schriften und Briefe. Privatpersonen konnten ebenfalls auf die Universitätsboten zurückgreifen, ebenso wie auf die städtischen Boten, wobei jeweils eine nicht unerhebliche Gebühr, abhängig von Wegstrecke, möglichen Gefahren etc., zu entrichten war.*

Außerdem standen im Spätmittelalter „freischaffende" berittene Boten zur Verfügung. Der Hansekaufmann Hildebrand Veckinchusen bediente sich z. B. 1420 eines solchen, dem er einen Vorschuss auf die Reisekosten sowie Empfehlungsschreiben an seine Freunde und Geschäftspartner auf dem Weg von Brügge nach Dorpat mitgab. Bei diesen erhielt der Überbringer einer wichtigen Nachricht dann Unterkunft, Verpflegung und frische Pferde, wofür sein Auftraggeber später Ausgleich zu leisten hatte.**

Neben diesen mehr oder minder institutionalisierten Formen des Post- oder Botenwesens gab es noch andere Wege, Sendungen zu übermitteln. Im Grunde war jeder Reisende des Mittelalters ein potentieller „Briefträger", wenngleich das fahrende Volk, wenn überhaupt, wohl nur in äußersten Notfällen mit Postdiensten betraut wurde. Dagegen wurden wandernde Mönche besonders gerne als Übermittler genutzt und auch Angehörige von Pilgergruppen beförderten nicht selten Nachrichten, wenn sie weiter entfernt gelegene Wallfahrtsorte anstrebten. In welchem Maße sich Studenten und wandernde Handwerksgesellen mit Postdiensten ein Zubrot verdient haben, ist nur schwer abzuschätzen.

Vor allen Dingen aber waren es Kaufleute, die neben eigenen und fremden Waren auch Briefe und andere Sendungen quer durch Europa transportierten. Sie reisten in der Regel in größeren Gruppen, z. T. mit bewaffnetem Geleit, kannten die sichersten und schnellsten Strecken und waren über die Verhältnisse unterwegs und am Bestimmungsort am besten informiert. Auch die Schiffe auf Nord- und Ostsee sowie dem Mittelmeer beförderten insbesondere Kaufmannsbriefe in großer Zahl. Vor Ort wurden die Schreiben, die auf diese Weise befördert und nicht von „professionellen" Boten bis an die Haustür gebracht wurden, dann wohl meist einem Einheimischen, z. B. einem Straßenjungen oder Tagelöhner, übergeben, der sie dem Empfänger brachte und dafür ein kleines Handgeld bekam.

Äußere Form der Briefe

In der griechischen und römischen Antike wurden Wachstafeln benutzt, um (kurze) Mitteilungen an einen Empfänger zu verfassen,

* Vgl. hierzu exemplarisch MARTINA HACKE, *Gesandtschafts- und Botenwesen der Universität von Paris (13.-15. Jh.) – eine Skizze*, in: GÜNTHART/JUCKER (HGG.), *Kommunikation*, S. 101-109.

** Vgl. RADEMACHER, *Von Koggen und Kontoren*, S. 122. Vgl. auch LINDEMANN, *Nachrichtenübermittlung*, S. 15-20 & 31-45.

der den Text nach dem Lesen tilgen und den Schriftträger mit seiner Antwort darauf sofort an den Absender zurückschicken konnte (vgl. Kap. 3.1). Diese Methode wurde auch noch im Mittelalter, besonders im innerstädtischen Briefverkehr, angewandt.

Bereits im Altertum waren aber auch Briefe auf Papyrus und Pergament gebräuchlich, die aufgerollt oder gefaltet wurden. Beide Formen konnten mit Siegeln versehen sein. Im Mittelalter wurden die Blätter von allen Seiten gefaltet und manchmal noch in eine zusätzliche Lage Pergament eingeschlagen, auf der der Name des Empfängers vermerkt wurde. Zum Schutz vor unerwünschten Lesern wurde ein schmaler Streifen Pergament oder eine Schnur durch Schlitze im Beschreibstoff gezogen, dessen Enden dann versiegelt oder verplombt wurden, so dass der Brief nicht zu öffnen war, ohne das Band zu zerschneiden.* Ab dem 12. Jh. waren die Bullen der päpstlichen *litterae clausae* an Hanfschnüren befestigt, die durch Löcher in den Seitenrändern gezogen wurden.

Im Spätmittelalter wurde das Pergament außer bei bedeutenden päpstlichen, königlichen oder anderen herrschaftlichen Briefen sowie einigen Amtsschreiben durch Papier verdrängt. In der päpstlichen Kanzlei blieb bis ins 11. Jh. auch Papyrus gebräuchlich. Bürgerliche Privatbriefe sind, soweit überhaupt erhalten, fast ausschließlich auf dem billigeren Beschreibstoff Papier überliefert.

Kaufleute nutzten zuweilen verschließbare Kästchen, zu denen Absender und Empfänger jeweils einen Schlüssel besaßen. Herrscherbriefe konnten dagegen mitunter in reich verzierten Behältnissen überbracht werden. Selten dürfte dabei jedoch ein solcher Aufwand getrieben worden sein, wie bei einem Brief des türkischen Sultans an Kaiser Ferdinand I. 1562, streng genommen also nach Ende des Mittelalters: Der Brief war „auff ein starck, wol geglättes Papyr, so gantz durchaus und in der lengde von sechs Franckfurter ellen, und drey viertel deroselben breit“ geschrieben und dann

„zusammen gerollet, inn einem uberlengten Sack, von gulden stuck und grünem Sammat gelümet verwaret. Deroselbig aber oben zusammen mit einer seyden Schnur verfasset, darauff ein rot wachs, mit einem kleinen uberlengten Bittschafft, von Türckischen buchstaben getrucket, und solches wachs widerum mit einer guldenen bullen oder Spangen wol versehen gewesen, daß dem Bittschaft kein schade geschehen mögen. Und hat ermelter Sack noch einen ledern uberzug gehabt etc.“ **

Eine solch aufwändige Gestaltung war also offenbar außergewöhnlich genug, um noch dreißig Jahre später in einer Chronik so ausführlich erwähnt zu werden.

* Vgl. Wattenbach, *Schriftwesen*, S. 201.

** *Chronicon Alsatiae* II c. 87, zitiert nach Wattenbach, *Schriftwesen*, S. 202f.

Hiermit endet diese kurze Einführung in das mittelalterliche Schriftwesen. Wenngleich viele Aspekte nicht oder nur wenig ausführlich behandelt werden konnten, dürfte deutlich geworden sein, dass es sich um eine komplexe und vielgestaltige, aber auch überaus spannende und anregende Thematik handelt.

Der beste und interessanteste Weg, die gewonnenen Erkenntnisse über die Schriftzeugnisse des Mittelalters zu vertiefen, führt über das Studium der Originale, d. h. der erhaltenen authentischen Quellen. Über die Kenntnisse hinaus, die uns die vor 500 bis 1500 Jahren niedergeschriebenen Texte über das Leben und die Zustände dieser Zeit vermitteln, bietet noch die einfachste Notiz, in einer flüchtigen Handschrift auf einen Fetzen billiges Leinenpapier gekritzelt, ein sinnliches Erlebnis und ein Gefühl, mit jenen Menschen von damals verbunden zu sein. Es verschafft große geistige Befriedigung, eine kursive gotische Handschrift zu entziffern, die einem anfangs nur als Gekrakel erschienen ist. Und wer einmal das Glück hatte, ein in geprägtes Leder gebundenes mittelalterliches Buch mit ebenmäßig beschriebenen und reich illuminierten Seiten aus feinstem Pergament in Händen zu halten, es zu fühlen, zu riechen und mit den Augen geradezu zu verschlingen, der wird dieses Erlebnis und diese Eindrücke nicht wieder vergessen.

Wenn dieses Buch dazu beitragen konnte, neue Erkenntnisse zu vermitteln oder bestehendes Wissen zu erweitern oder zu vertiefen, wenn es Verständnis oder gar Leidenschaft für mittelalterliche Schriften wecken oder verstärken konnte, dann hat es seinen Zweck erfüllt.

Das ist es, was sich der Autor von seinem Werk erhofft.

Hier hat dies Buch ein Ende –
was freu'n sich meine Hände …

Wer beschädigt, vernichtet oder
entwendet dies Buch,
den treffe Gottes
und des Autors Fluch!

Praktischer Teil
Vorbemerkung

Die folgenden Anleitungen und Rezepte wurden erprobt und nach bestem Wissen zusammengestellt. Dennoch können weder Autoren noch Verlag Garantien in irgendeiner Form dafür übernehmen oder für Schäden jedweder Art, die beim Befolgen der Anweisungen entstehen können, haftbar gemacht werden. Die Befolgung der Anleitungen erfolgt auf eigene Gefahr!

Beim Umgang mit Werkzeugen und Chemikalien ist erhöhte Vorsicht geboten. Insbesondere bei der Verwendung von gesundheitsschädlichen Substanzen sind die beigefügten Warnhinweise zu beachten und Schutzmaßnahmen zu treffen. Minderjährige sollten sich dabei stets unter Aufsicht befinden.

1. Erlernen und Üben mittelalterlicher Schriften

Geduld und Übung können aus nahezu jedem einen Kalligraphen machen. Was sonst noch benötigt wird, lässt sich in Bastel- oder Schreibwarenläden erwerben oder selbst anfertigen. Es empfiehlt sich, zunächst mit einigen Grundübungen zu beginnen und sich erst dann, wenn diese zufrieden stellend gelingen, den einzelnen Schriftarten zuzuwenden.

Das Material

Liniertes Papier:
Gibt es fertig zu kaufen oder man zieht selbst mit einem dünnen Bleistift feine Striche, die später wieder wegradiert werden können. Für Majuskelschriften werden zwei, für Minuskelschriften vier Hilfslinien benötigt.

Schreibfeder:
Für den Anfang empfiehlt es sich, auf Federhalter mit auswechselbaren Bandzugfedern zurückzugreifen. Diese gibt es in verschiedenen Breiten und sie sind auf Dauer billiger als echte Federn, die besonders bei Anfängern einem erheblichen Verschleiß unterliegen.

Tinte:
Selbst gemacht (vgl. Kap. 5) oder gekauft.

Papiertücher:
Zum Reinigen der Feder und Aufwischen von Tintenklecksen.

Der Arbeitsplatz

Am besten eignet sich eine Schreibfläche, die in einem Winkel von ca. 30-45 Grad geneigt ist. Das Licht – am besten natürliches Tageslicht – sollte von vorne oder von links (bei Rechtshändern) kommen, damit keine störenden Schatten auf das Papier fallen. Eine aufrecht sitzende, bequeme Haltung ist sehr zu empfehlen. Feder, Tinte und Papiertücher sollten sich in erreichbarer Nähe befinden. Idealerweise berührt nur die Feder das Papier, Handballen und Ellenbogen bleiben in der Luft.

Grundübungen

Zunächst sollten zwischen den (mittleren) Hilfslinien einfache, senkrechte Striche in immer gleichem Abstand gezogen werden. Dabei die Feder alle paar Striche (z. B. in jeder neuen Zeile) ein wenig mehr nach links neigen, um unterschiedliche Strichstärken zu erproben. Für die Schäfte der meisten Schriftformen sollte der Federwinkel später 35-45 Grad betragen.

Die zweite Übung besteht aus schrägen Strichen, die ebenfalls zwischen den mittleren Hilfslinien in immer gleichem Abstand und Winkel parallel von links oben nach rechts unten geführt werden. Ist das Ergebnis zufrieden stellend, werden mit der Schmalseite der Feder dünne Haarstriche von rechts oben nach links unten durch die Striche gezogen, so dass ein x entsteht. Auf gleiche Weise lassen sich die Grundformen von v und w üben.

Als nächstes werden Bögen geübt, zuerst in Form von Halbkreisen, dann als s-Kurven. Wichtig ist dabei, dass sich der einmal gewählte Federwinkel nicht verändert, während die Form in einem Zug zu Papier gebracht wird. Ein o besteht aus zwei Halbkreisen, die einander an der offenen Seite berühren. Indem man senkrechte Striche und Halbkreise kombiniert, erhält man bereits einfache Buchstaben wie b, d, p, q.
Weitere nützliche Übungen sind z. B. parallel übereinander liegende Wellenlinien (~) oder Zickzack-Muster, die abwechselnd mit der breiten und der schmalen Seite der Feder geführt werden. Aus einer Reihe parallel nebeneinander gestellter „Schäfte“ lassen sich n, m, u etc. bilden oder Übungswörter wie „minimum“. Nicht vergessen: Jeder Federstrich übt!

Historische Schriften

Für die ersten Versuche bieten sich Unziale oder Karolingische Minuskel an. Generell gilt, dass die Schwünge der Feder von oben nach unten sowie von innen nach außen gezogen werden; der Federwinkel bleibt dabei unverändert. Gerade bei den runderen Schriftformen ist wichtig, dass die Züge gleichmäßig, ohne Stocken geführt werden. Die Feder sollte für Karolingische Minuskel und die (Halb-)Unziale schmaler, für die gotischen Buchschriften etwas breiter sein.

Die doppelt gebrochenen Schäfte gotischer Schriften wie der Textura erfordern ein wenig mehr Übung; das Wort „minimum“ eignet sich wieder besonders für den Einstieg. Das herausstechende Merkmal einer gotischen Schriftseite ist ihre strenge geometrische Regelmäßigkeit, die sich nur durch konsequentes Üben erreichen lässt. Daher sollte auch von vornherein darauf geachtet werden, Zeilen von möglichst gleichmäßiger Länge zu erzeugen, wie sie für gotische Texte typisch sind. Dazu wird es erforderlich sein, mit Abbreviaturen zu arbeiten, die ebenfalls von Anfang an geübt werden sollten.

Kursive Schriftformen sind meist schwieriger zu entziffern als die zeitgleichen Buchschriften; entsprechend sind sie auch schwerer zu erlernen. Andererseits sind der persönlichen Freiheit hier auch weniger Grenzen gesteckt, denn individueller Stil ist ja gerade ein Merkmal dieser Alltagsschriften. Die Formen der einzelnen Buchstaben müssen aber zuerst so sehr in Fleisch und Blut übergehen, dass ein flüssiges Schriftbild erreicht werden kann. Hier empfiehlt es sich besonders, historische Quellen möglichst genau abzuschreiben, um mit der Federführung vertraut zu werden.

Zum Erlernen historischer Schriften ist es unerlässlich, sich mit den Originalen zu beschäftigen, d. h. mit Schriftzeugnissen des betreffenden Zeitraums. Gute Faksimile-Ausgaben mittelalterlicher Bücher sind meist nahezu unerschwinglich teuer, doch auch andere Werke (u. a. einige der im Literaturverzeichnis aufgeführten) sowie zunehmend das Internet bieten reichhaltiges Anschauungsmaterial.

Einzelne Seiten eines mittelalterlichen Codex' oder einer Urkunde möglichst vorlagengetreu abzuschreiben ist eine hervorragende Übung, allerdings sollte man hierzu mit dem Umgang mit Feder und Tinte sowie der benötigten Schriftform bereits einigermaßen vertraut sein. Es empfiehlt sich nicht, die Vorlagen einfach „durchzupausen", da hierbei kein richtiges Gefühl für Federführung und Konstruktion der Buchstaben entwickelt werden kann.

Außerdem sollte unbedingt auf authentische Vorlagen zurückgegriffen werden und nicht auf Texte, die mit „historisierenden" Computer-Zeichensätzen gedruckt wurden. Diese sind nicht immer historisch korrekt, stellen eher Idealformen der betreffenden Schriften dar und verfügen selten über die mitunter erforderlichen und zeittypischen Ligaturen und Abbreviaturen.

Initialen

Der Gestaltung von Initialen sind fast keine Grenzen gesetzt. Zu bestimmten Zeiten waren einzelne Schriftformen als Auszeichnungsschriften beliebter als andere und natürlich eignet sich eine gotische Minuskel schlecht für einen Text im Stil des 10. Jahrhunderts. Doch davon abgesehen können Initialen ein- oder mehrfarbig, verziert oder schlicht, mit Bildszenen oder ohne und auf unzählige andere Weisen ausgeführt werden. Etliche der im Literaturverzeichnis aufgeführten Bücher enthalten Beispiele, weitere Anregungen können Faksimile-Ausgaben oder Besuche in Museen und Bibliotheken bieten. Auch im Internet finden sich inzwischen zahlreiche Reproduktionen mittelalterlicher Texte.

Die einfachste Form der Initiale ist ein vergrößerter Buchstabe, z. B. in Konturschrift, der zusätzlich mit Schnörkeln oder Ornamenten verziert, farbig ausgemalt oder auch in ein Bildfeld gesetzt werden kann. Aufwändigere Initialen sollten mit Bleistift fein vorgezeichnet werden. Meistens empfiehlt es sich, zuerst den Text zu schreiben und die Initiale später hinzuzufügen. Sollte die Seite durch Tintenkleckse o.ä. unbrauchbar werden, wäre die Mühe einer aufwändig gestalteten Initiale sonst vergebens gewesen.

Schriftspiegel

Soll eine Urkunde oder gar ein mehrseitiger Text geschrieben werden, ist es ratsam, zuvor den Schriftspiegel festzulegen. Mit Lineal und Bleistift werden dazu feine Linien auf dem Blatt gezogen, die nicht nur die Hilfslinien der Schriftzeilen, sondern auch die Seitenränder sowie Freiflächen für spätere Illustrationen, Initialen oder Ornamente begrenzen. Geplante Initialen sollten ebenfalls vorgezeichnet oder zumindest der betreffende Buchstabe klein in einer Ecke eingetragen werden.

Um stets gleich lange Zeilen zu erhalten, kann es ratsam sein, den geplanten Text zunächst auf einem Schmierzettel zu „konstruieren". Dabei sollten alle Abbreviaturen, Abkürzungen und Trennungsstriche bereits so verwendet werden, wie sie später auf der Seite erscheinen sollen. Hierzu muss man sich der unterschiedlichen Breiten der einzelnen Buchstaben bewusst sein.

Auch beim Schriftspiegel orientiert man sich am besten an den authentischen Vorlagen. Soll ein Heft oder Buch entstehen, das aus mehreren gefalzten und zu Lagen gebundenen Bogen besteht, muss man sich über die spätere Reihenfolge der Seiten vorher im Klaren sein. Äußere sowie ggf. obere und untere Kante des Buchblocks können später noch beschnitten werden, wofür man sich am besten an eine lokale Druckerei mit entsprechender Maschinerie wendet. Soll die Schnittkante nicht so glatt werden, kann man sich mit einer feinen Säge behelfen.

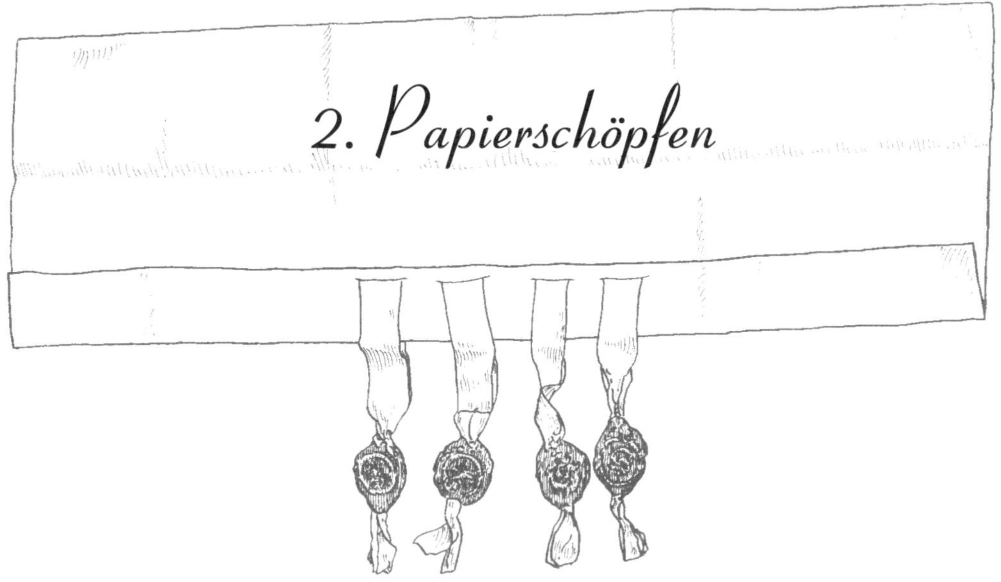

Das Material:

Altpapier
Mixer
Schöpfwanne
Schöpfgitter bzw. -rahmen
Gautschtücher
Saugfähige Unterlagen
Nudelholz
Gefäße
Presse
Trockenmöglichkeit
Sprühflasche

Altpapier:
Zur Herstellung von handgeschöpftem Papier können alle Arten von Altpapier verwendet werden. Sehr gut eignen sich Zeitungen, Kopierpapier, Briefumschläge, farbiger Karton (auch Eierpappen o. ä.) und Buntpapiere. Die Auswahl des Grundmaterials bestimmt die Farbe des späteren Papiers. Ungeeignet sind lackierte, hochglänzende oder beschichtete Papiere (Hochglanz-Zeitschriften, Werbeprospekte u. ä.)

Mixer:
Um den Faserbrei fein zu zerkleinern, benötigt man einen Stabmixer („Zauberstab") oder einen Standmixer. Wenn große Mengen Papier hergestellt werden sollen, sollte für diesen Zweck ein extra Gerät angeschafft werden, da sich die Druckerschwärze an den Messern ablagert.

Schöpfwanne:
Als „Bütte" kann jedes größere Gefäß genutzt werden, so lange der Schöpfrahmen vollständig eingetaucht werden kann und die Wanne genügend Platz für die Schöpfarbeiten bietet.

Schöpfgitter bzw. -rahmen:
Schöpfgitter bzw. -rahmen können leicht selbst hergestellt werden. Ein Schöpfrahmen ist zweiteilig und besteht aus Sieb- und Formenrahmen. Der Formenrahmen ist etwas größer als der Siebrahmen und sorgt für glatte Papierränder. Der Siebrahmen wird mit einem feinem Drahtgitter (Fliegengitter aus Aluminium o. ä.) bespannt. Das Gitter muss sehr stramm befestigt werden und darf

nicht durchhängen, da sonst das Papier in der Mitte dicker wird als am Rand.

Für Anfänger eignet sich am besten ein Rahmen in DIN A5-Format (15 x 21 cm plus Rahmenbreite).

Rahmenlose Schöpfgitter werden einfach mit der Drahtschere aus dem Aluminiumgitter herausgeschnitten und ohne Holzrahmen angewendet.

Gautschtücher:
Mit Hilfe der Gautschtücher wird das Papier vom Schöpfrahmen abgenommen. Am besten eignen sich dünne Allzwecktücher aus dem Reinigungsmittelbedarf. Die Tücher können einfach zugeschnitten werden, sollten dabei aber etwas größer sein als das zu schöpfende Papier.

Saugfähige Unterlagen:
Zum Aufnehmen des überschüssigen Wassers eignen sich Tücher aus Filz oder Molton, aber auch ausgediente Handtücher oder Wolldecken.

Nudelholz:
Zum Abgautschen der Papiere oder der rahmenlosen Schöpfgitter.

Gefäße:
Zum Einweichen des Papiers bzw. zum Aufbewahren des Faserbreis eignen sich Plastikwannen oder Eimer in unterschiedlichen Größen.

Presse:
Eine Presse ist nicht unbedingt erforderlich, die Papiere können ebenso gut mit dem Nudelholz abgegautscht werden.

Trockenmöglichkeit:
Wäscheleine o.ä. zum Aufhängen der auf Gautschtüchern abgelegten Papiere oder eine ausreichend große, ebene Trockenfläche.

Sprühflasche:
Zum Anfeuchten der Gautschtücher.

Der Arbeitsplatz

Papierschöpfen ist eine feuchte Tätigkeit, daher sollte der Arbeitsplatz in Küche, Bad oder Keller eingerichtet werden. Bei entsprechendem Wetter eignen sich auch der Garten oder eine Gartenlaube für diese Arbeit. In direkter Nähe sollten sich ein Wasser- und ein Stromanschluss befinden.

Die Arbeitsfläche besteht aus einem (evtl. mit Folie abgedeckten) Tisch, der ausreichend Platz für die Schöpfwanne, die saugfähige Unterlage und zur Ablage der Werkzeuge bietet. Gut angefeuchtete Gautschtücher sollten bereit liegen, eins davon immer auf der saugfähigen Unterlage. In direkter Nähe zur „Bütte" lagern Schöpfrahmen und Nudelholz. Faserbrei zum Nachfüllen der Pulpe (Schöpfmischung aus Faserbrei und Wasser) sollte ebenso vorhanden sein wie Ihr Mixer, um nötigenfalls neuen Faserbrei herzustellen.

Auch eine Trockenmöglichkeit sollte in leicht erreichbarer Nähe stehen.

Herstellung des Faserbreis (Basis)

Das Grundmaterial wird bereinigt (Heftklammern, Klebestreifen usw. entfernen), in kleine Stücke zerrissen und über Nacht in Wasser eingeweicht. Am besten werden die Papierschnipsel nach Farben bzw. hell und dunkel sortiert, damit Papiere in einer Grundfarbe herauskommen.

Stark bedruckte Papiere sollte man vor dem Schöpfen auskochen, da die Druckerschwärze als Schaum nach oben steigt und mit einer Schöpfkelle abgenommen werden kann.

Die eingeweichte Papiermasse wird nun mit dem Mixer zu einem sämigen Faserbrei zerkleinert. Je feiner der Papierbrei, desto dünner wird das fertige Papier.

Beim Zerkleinern sollte das Verhältnis Papierbrei zu Wasser 1:2 betragen, da sonst der Mixer beschädigt werden kann.

Während des Schöpfvorgangs muss immer wieder Papierbrei nachgefüllt werden, also sollte von Beginn an eine ausreichende Menge vorbereitet werden. Das Aufbewahren von fertigem Faserbrei ist problematisch, da er nur begrenzt haltbar ist. Am besten lässt sich ein Vorrat an Papierbrei als tiefgefrorene Masse aufbewahren.

Grundrezept

250 Gramm Zeitungspapier (in kleine Stücke zerrissen) über Nacht einweichen. Je eine Handvoll des aufgequollenen Papiers mit ¾ Liter Wasser verdünnen und mit dem Mixer zerkleinern.

Dieser Faserbrei wird 1:10 mit warmem Wasser zu einer „Pulpe" angerührt.

Färben

Faserbrei aus Zeitungspapier hat eine starke Grautönung und ergibt ein nur bedingt schönes Papier. Gefärbt werden kann der Faserbrei noch in der Bütte. Zum Färben eignen sich verschiedene pflanzliche Auszüge oder Bestandteile (z. B. Brennnesselsaft, Zwiebelschalensud, Kurkuma, Tee, Kaffeesatz, Wiesenblumen, ...). Pflanzen werden vor dem Einrühren in die Bütte gekocht und dann püriert. Je nach Grad der Zerkleinerung gewinnt das fertige Papier noch eine interessante Struktur.

Einfacher anzuwenden sind zum Beispiel Färbespäne (aus der Apotheke) oder Ostereierfarben, auch farbige Seidenpapiere können, in kleine Schnipsel gerissen, eine ganze „Bütte" einfärben.

Schöpfen

... mit einem rahmenlosen Schöpfgitter

Auf einem rahmenlosen Schöpfgitter geschöpftes Papier weist den typischen Büttenrand auf.

Der Faserbrei wird so lange mit warmem Wasser verdünnt, bis er die Konsistenz von Sahne angenommen hat. Die Pulpe kräftig und regelmäßig durchrühren, da die Papierfasern sich schnell absetzen.

Das Schöpfgitter wird schräg vom Büttenrand aus in den Faserbrei eingetaucht. Nun beide Hände flach unter das Schöpfgitter legen und in eine waagerechte Position bringen. Beim Anheben setzt sich eine gleichmäßige Schicht der Fasern auf dem Schöpfgitter ab.

Das Gitter kurz schräg halten, um das überschüssige Wasser abtropfen zu lassen. Dann wird das Schöpfgitter mit dem Faserbrei nach unten in einer rollenden Bewegung auf das feuchte Gautschtuch „gekippt".

Nun mit dem Nudelholz mehrmals über das Gitter rollen, um das Papier zu entwässern und gründlich zu verfilzen. Durch das Abrollen hebt sich das Drahtgitter an einer Ecke an, so dass es leicht abgenommen werden kann.

Das Papier wird mitsamt dem Gautschtuch zum Trocknen aufgehängt bzw. auf die Trockenfläche gelegt.

... mit dem Schöpfrahmen

Papier aus dem Schöpfrahmen hat glatte, gerade Kanten.

Nach dem Schöpfen wird der Formenrahmen vorsichtig vom Schöpfrahmen abgenommen, möglichst ohne Wassertropfen auf den Faserbrei fallen zu lassen.

Der Schöpfrahmen wir dann mit dem Papierbrei nach unten auf das Gautschtuch gelegt und das überschüssige Wasser mit einem Schwamm oder weichen Tuch vom Sieb gepresst. Wenn nun das Sieb angehoben wird, bleibt das Papier auf dem Gautschtuch.

Nochmals kräftig mit dem Nudelholz abgautschen. Nun wird das Gautschtuch mit dem anhaftenden Papier zum Trocknen aufgehängt bzw. ausgelegt.

Nach dem Trocknen kann das Papier einfach vom Gautschtuch abgezogen werden. Falls das Papier wellig oder beulig ist, kann dies mit dem Bügeleisen korrigiert werden.

Größere Papierbögen erhält man, indem mehrere kleine Bögen aneinander geschöpft werden. Dazu benötigt man ein großes

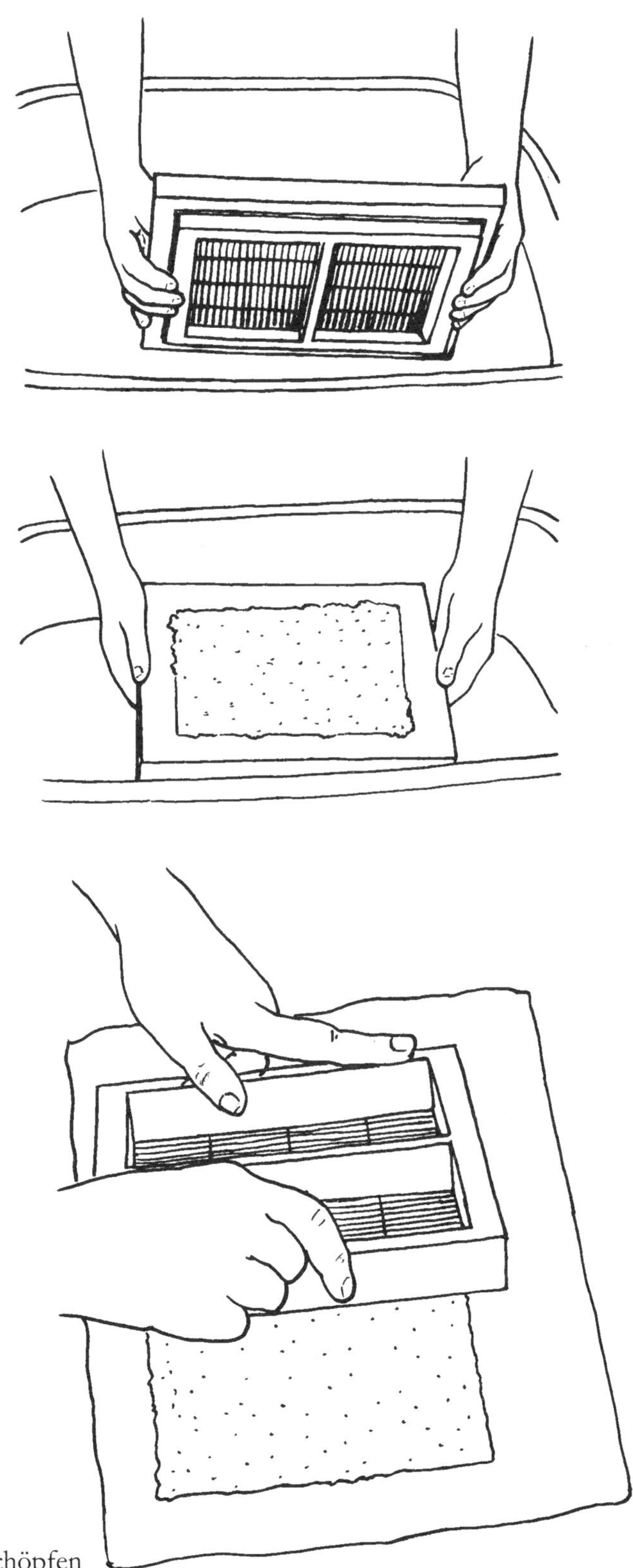

Abb. 23: Papierschöpfen mit dem Schöpfrahmen

Gautschtuch, auf dem die frisch geschöpften Blätter so aufgelegt werden, dass die Ränder sich etwa 2 cm überlappen. Die Überstände müssen besonders sorgfältig mit dem Nudelholz abgegautscht werden, damit das Papier stabil bleibt.

Wenn während des Schöpfens das Papier immer dünner wird, muss der Pulpe Faserbrei hinzugefügt werden. Wird das Papier dagegen zu dick, muss der Brei mit warmem Wasser verdünnt werden.

Abgautschen mit der Presse

Wird zum Entwässern und Glätten eine Presse anstelle des Nudelholzes verwendet, werden die Gautschtücher mit den anhaftenden Papieren zu einem „Pauscht" gestapelt. Dieser Stapel wird dann in der Presse oder zwischen zwei stabilen Brettern mit Schraubzwingen kräftig ausgepresst. Auf diese Art entwässertes Papier trocknet schneller.

Papier aus Pflanzenfasern

Papiere können auch ausschließlich aus pflanzlichen Fasern hergestellt werden. Dazu geeignet sind langfaserige Pflanzen wie Brennnessel, verschiedene Gräser, Maisblätter, Farne oder Stroh. Die Pflanzen müssen zerkleinert, zerdrückt und eingeweicht werden, bevor man den so entstandenen Brei mehrere Stunden lang weich kocht.

Papiere aus reinem Pflanzenfaserbrei zeichnen sich durch sehr grobe Strukturen aus, sind allerdings auch ziemlich zerbrechlich. Fügt man dem Pflanzenfaserbrei noch Faserbrei aus Altpapier hinzu, verbessert dies den Zusammenhalt der Fasern. Die genauen Verhältnisse lassen sich am besten im Experiment herausfinden.

Einschöpfen und Einschließen

In handgemachtes Papier können alle möglichen Gegenstände eingeschöpft oder eingeschlossen werden: Blätter, Pflanzenteile, Blüten, Stoffstücke, Papierteile, Wollfäden, … Der Phantasie sind hier kaum Grenzen gesetzt.

Das Einschöpfen geschieht auf dem bereits abgegautschten Papier. Das einzuschöpfende Motiv wird auf das nasse Papier gelegt und mit zusätzlichen, kleinen Schöpfgittern wird Faserbrei auf dem Motiv abgelegt. Vor dem erneuten Abgautschen wird nun das große Schöpfgitter bzw. der Schöpfrahmen wieder auf das Papier gelegt, damit das eingeschöpfte Motiv nicht wieder heraus gerissen wird.

Papier- und Stoffmotive zum Einschöpfen sollten gerissene bzw. ausgefranste Kanten haben, da diese sich leichter mit den Fasern des Faserbreis verbinden.

Bei sehr feinen Motiven (Gräser u. ä.) ist das direkte Einschöpfen empfehlenswert. Dazu wird der Schöpfrahmen bzw. das Schöpfgitter mit dem frisch geschöpften Papier schräg über die Bütte gehalten und dann das eingelegte Motiv vorsichtig mit Faserbrei übergossen. So bleibt nur eine sehr dünne Faserschicht hängen und das Motiv scheint durch diese Schicht hindurch.

Nun kann das Blatt abgegautscht und zum Trocknen aufgehängt werden.

Motive schöpfen

Mit unterschiedlich gefärbten Faserbreien lassen sich farbige Motive auf Papier schöpfen. Dazu schneidet man das Motiv aus Aluminiumgitter aus und schöpft damit aus dem andersfarbigen Faserbrei. Das Motiv gut abtropfen lassen und mit dem Faserbrei nach unten auf das bereits abgegautschte, aber noch nasse Papier auflegen. Nun wie beim Einschöpfen erneut das große Schöpfgitter auflegen und das Papier nochmals abgautschen.

Wasserzeichen

Um Wasserzeichen direkt ins Papier einzuarbeiten, wird das Motiv aus Kupferdraht gebogen und auf dem Schöpfgitter angenäht. Beim Schöpfen liegt an dieser Stelle der Faserbrei weniger dicht und das Papier wird dünner. Zu beachten ist, dass die Drähte des Motivs sich nicht überkreuzen dürfen.

Auch aus dünnen Blechen oder Plastikfolien kann man Wasserzeichen herstellen, allerdings sollten die Motive Durchbrüche haben, damit das Wasser gut abfließen kann.

Versiegeln

Selbstverständlich lassen sich handgeschöpfte Papiere auch als Brief- oder Schreibpapier verwenden. Vorher sollte allerdings geprüft werden, wie Tusche und Tinte von dem Papier aufgenommen werden. Normalerweise enthält Recycling-Papier ausreichend Leim, um ein Auslaufen der Farben zu verhindern. Wenn der Leimgehalt des Papiers zu niedrig ist, kann die Oberfläche durch Einsprühen mit Wäschestärke oder Einstreichen mit Speisegelatine „versiegelt“ werden. Nach dem Trocknen muss das Papier gebügelt werden.

Umschläge und Kuverts

Umschläge lassen sich am besten direkt schöpfen, indem man als Schöpfgitter die Form eines Briefumschlages ausschneidet und darauf das Papier schöpft. Nach dem Trocknen muss die Innenseite mit einem dünnen Papierfutter verstärkt werden. Dazu wird das Schöpfgitter als Schablone auf Seidenpapier o. ä. gelegt und der Umriss abgezeichnet. Das Futter wird etwa 1 cm kleiner ausgeschnitten, als der Umriss es vorgibt. Dann das Futter einkleben, den Umschlag falten und die Seiten verkleben.

Papier altern

Strahlend weißes Papier altert recht einfach mit Hilfe von Kaffee oder schwarzem Tee. Einfach eine größere Menge sehr starken Kaffee oder Tee aufbrühen, in eine flache Wanne umfüllen und das Papier darin „ziehen“ lassen. Je länger das Papier im dieser „Färbebrühe“ ziehen kann, desto stärker fällt die Färbung aus. Durch eingestreute Tee- oder Kaffeeteilchen können zusätzliche Effekte entstehen. Die maximale Einweichzeit sollte zwischen 48 und 72 Stunden liegen, da sich danach bei günstigem Papier die Fasern auflösen und das Papier zerfällt.

Nach dem Bad muss das Papier trocknen. Am schonendsten geschieht das wohl auf der Wäscheleine. Im Haus sollte man allerdings den Bereich unterhalb der Leine mit alten Handtüchern abdecken, da die Blätter noch tropfen.

Wenn man die Bögen zwischen zwei alten Geschirrhandtüchern auf Leinenstufe bügelt, entstehen schöne Effekte auf dem Papier und die Ähnlichkeit zu Pergament steigt noch weiter.

Mit weniger Aufwand durchzuführen, aber nicht ganz so kostengünstig ist die Möglichkeit, die Papierbögen in Zitronensaft zu tränken und danach heiss zu bügeln. Im Zitronensaft müssen die Seiten nicht lange einweichen, da sich die Farbe durch die Hitze beim Bügeln entwickelt.

3. Wachstafeln und Griffel (tabulae und stili)

Das Material

Holz: Buchsbaum, Kirsche, Ahorn oder Walnussholz
Stechbeitel (breite, flache Klinge)
Dünnes Schnitzmesser oder andere Klinge
Pigmente zum Einfärben des Bienenwachses (schwarz, mittelgelb, erde, kupfergrün)
Kordel oder (Leder-)Riemen
Metallschiene oder Metalllineal
Fein gezahnte Handsäge
Bohrer, 5 mm
Bienenwachs
Borstenpinsel (groß)
Keramikgefäß, Ofen und Topflappen oder hitzeresistente Handschuhe

Maße

Die typischen Maße für eine *tabula* waren etwa folgende:
Länge: 10 cm, Breite: 7,5 cm
Dicke des Brettchens: 0,7 cm
Tiefe der Aussparung: 0,15 cm
Löcher für die Bindung: 5 mm Durchmesser, 5 mm vom inneren Rand der Aussparung entfernt und jeweils 2,5 cm vom oberen und unteren Rand entfernt.
Abstand zwischen zwei Wachstafel-Platten: 1,3 cm; bei mehr als zwei Platten 0,6 cm.

Diese Maße können als die Standard-Größe für eine *tabula* (Wachstafel) angesehen werden. Natürlich kann die Wachstafel in jeder beliebigen Größe angefertigt werden.

Herstellung der Tafeln

Bei der Auswahl des Holzes sollte darauf geachtet werden, dass die Fasern über die Dicke des Brettes verlaufen und nicht über die Breite. Mit einem Schnitzmesser oder einer anderen Klinge werden die Außenkanten der Brettchen markiert. Die Brettchen noch nicht aussägen.

Als nächstes werden die Vertiefungen für das Wachs markiert. Mit dem Stechbeitel werden zunächst nur die inneren Ränder der Aussparungen ausgehoben. Je ordentlicher dieser Schritt vorgenommen wird, desto schöner werden die Täfelchen.

Nun können die Aussparungen komplett ausgestochen werden. Hierbei ist unbedingt darauf zu achten, dass die Tiefe gleichmäßig bleibt und eine möglichst ebene Fläche geschaffen wird.

Jetzt können die Tafeln aus dem Brett herausgesägt werden. Die Schnittkanten abschmirgeln und ggf. die Winkel leicht anschrägen.

Der letzte Schritt ist das Bohren der Bindungs-Löcher. Die Größe des Bohrloches sollte der gewählten Schnur oder dem Riemen entsprechen und nicht zu groß sein.

Vor dem Einbringen des Wachses sollten die Tafeln mit einer Schutzschicht aus heißem Bienenwachs versiegelt werden. Zur leichteren Verarbeitung die Tafeln im Ofen anwärmen. Dieser Schritt ist unbedingt notwendig, damit das Holz nicht das Wachs für die Schreibfläche aufsaugt. Überschüssiges Wachs, das nicht vom Holz aufgesaugt wird, kann in flüssigem Zustand mit einem Tuch abgerieben werden oder nach dem Erkalten mit einem Messer abgeschabt werden.

Schmelzen und Einfärben des Wachses

Zum Schmelzen des Wachses sind ein feuerfestes Gefäß (Keramik od. Metall) und ein Ofen oder Herd notwendig. Die Schmelztemperatur sollte nicht zu hoch sein, der Schmelzpunkt von Bienenwachs liegt zwischen 50 und 60 Grad Celsius.

Aus Sicherheitsgründen sollte die Temperatur nicht oder nur sehr vorsichtig erhöht werden, um einen Brand zu vermeiden. Zum Schutz der Finger bei der Verarbeitung unbedingt Topflappen oder Schutzhandschuhe verwenden. Vorsichtiges Arbeiten mit dem geschmolzenen Wachs ist angeraten, um Verbrennungen von Haut oder Augen zu vermeiden. Sicherer ist das Erhitzen im Wasserbad!

Beim Einfärben des Wachses soll eine Färbung erreicht werden, die es leicht macht, die mit dem Griffel *(stilus)* gezogenen Linien gut zu erkennen. In flüssigem Zustand sollte das eingefärbte Wachs noch leicht durchscheinend sein. Die Qualität des Wachses ist für ein angenehmes Schreibgefühl sehr wichtig. Das Wachs sollte nicht zu viele Späne werfen, wenn man eine Linie zieht, und es sollte sich leicht wieder glätten lassen. Für unsere Zwecke ist ein leicht cremiges Wachs gut geeignet, zu pastös darf es auch nicht sein.

Unter Umständen sind einige Versuche notwendig, um das richtige Verhältnis von Wachs und Pigment zu finden, da das Pigment Einfluss auf die Konsistenz des Wachses hat.

Das geschmolzene und eingefärbte Wachs wird nun mit dem Pinsel in die Vertiefung eingebracht. Die besten Ergebnisse erzielt man, wenn man das Wachs über die Länge der Vertiefung mit einer leichten Überlappung aufstreicht. In den Ecken kann mit einem kleineren Pinsel oder einem Schaschlikspieß nachgeholfen werden. Die Wachsschicht sollte nicht über den hölzernen Rand hinausragen, da sonst die Wachsschichten der gegenüberliegenden Tafeln aneinander reiben und eine eingeschriebene Nachricht auslöschen können.

Sollten sich Blasen im Wachs bilden, muss die Wachsschicht wieder entfernt und neu aufgebracht werden.

Nach dem Erkalten kann die Oberfläche der Wachsschicht mit dem flachen Ende des *stilus* geglättet werden.

Die Tafeln können nun mit der Kordel oder dem Riemen verbunden werden.

Herstellung des Griffels

Der Griffel kann aus Holz, Bein (Knochen) oder Metall hergestellt werden. Ein „Low-Budget-Griffel“ entsteht schnell aus einem großen Nagel, dessen Kopf abgeschnitten wird und dessen Ende zu einer Art Spatel verflacht wird.

Aus Holz oder Bein kann man den Griffel schnitzen und verzieren, beispielsweise mit eingefärbten Vertiefungen. Die Form bleibt prinzipiell gleich (Beispiele für historische Formen vgl. Kap. 3.2, Abb. 17).

Ein Metallgriffel hat den Vorteil, dass man das Spatel-Ende über einer Kerzenflamme erhitzen kann und so eine bessere Glättung der Wachsschicht erreicht.

4. Schreibfedern

Gebräuchliche Materialien zur Herstellung von Schreibfedern waren Binsen- oder Schilfrohre (ggf. Bambus) und Gänsefedern. Auch Schwanen-, Raben- oder Straußenfedern wurden verwendet. Jede Feder gibt ein anderes Schriftbild und wird je nach Zweck benutzt. Die stabileren Straußen- oder Schwanenfedern wurden häufig zum Schreiben auf Pergament verwendet, während Rabenfedern besser für feine Zeichnungen geeignet waren.

Entfetten (Härten) des Federkiels

Geflügelfedern müssen vor der Verwendung als Schreibfeder gehärtet bzw. entfettet werden. Dieser Vorgang kann über einer Wärmequelle erfolgen oder mit Hilfe von Lösch- oder Küchenpapier vorgenommen werden.

Beim Härten durch Hitze wird die Feder über einer Wärmequelle (kein offenes Feuer, Glut oder Herdplatte) hin- und herbewegt, bis die Feder gleichmäßig erwärmt und elastisch ist.

Nach dem Erwärmen legt man den Federkiel auf eine weiche, saugfähige Unterlage (Wolltuch oder gefaltetes Geschirrtuch) und presst den Kiel aus, indem man ihn mit einem Messerrücken auf die Unterlage presst und den Federkiel unter Druck durchzieht. Hierbei sollte sich die feine Haut ablösen, die die oberste Schicht des Federkieles bildet.

Um dem Kiel dann wieder zu seiner runden Form zu verhelfen, wird er in noch warmem Zustand mehrfach durch das Tuch gezogen.

Alternativ kann man den Federkiel in saugfähiges Papier (Löschpapier oder Küchentücher) wickeln und diese Rolle auf dem Bein unter Druck hin- und her rollen, so dass sich durch Reibung die entsprechende Hitze entwickelt.

Schneiden des Federkiels oder der Rohrfeder

Zum Schneiden der Feder sind ein scharfes Messer und eine harte Unterlage notwendig. **Bitte beim Umgang mit scharfen Klingen die notwendige Vorsicht walten lassen, um Verletzungen zu vermeiden.**

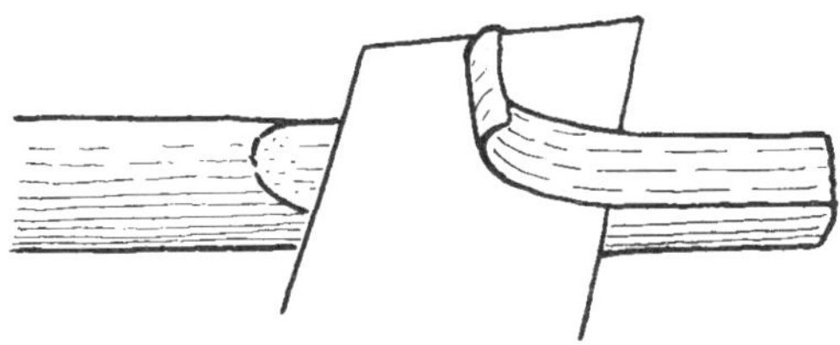

Abb. 24 a): Zuerst wird der Kiel auf einer Länge von etwa 3 cm auf die halbe Dicke zurückgeschnitten.

Abb. 24 b): Die Hälfte dieser beschnittenen Fläche wird nochmals zurückgeschnitten, bis eine ebene Fläche entsteht.

Abb. 24 c): Parallel dazu wird auf der Oberseite des Kiels so viel Material abgetragen, dass eine Restdicke von ½ mm verbleibt.

Abb. 24 d): Den Federkiel umdrehen und über eine Länge von etwa 1,5 cm spalten.

Hier sollte es ausreichen, mit der Messerklinge Druck auszuüben. Reicht das nicht aus, ist die vordere Fläche noch zu dick. Bei der Geflügelfeder muss ggf. geschnitten werden, da eine Spaltung nicht möglich ist.

Abb. 24 e): Im nächsten Schritt werden die Seiten des Kiels bogenförmig zurückgeschnitten. Der Spalt muss immer in der Mitte bleiben, daher ist es ratsam, auf beiden Seiten gleichmäßig Material zu entfernen. Die Breite der Spitze kann nach Bedarf gestaltet werden.

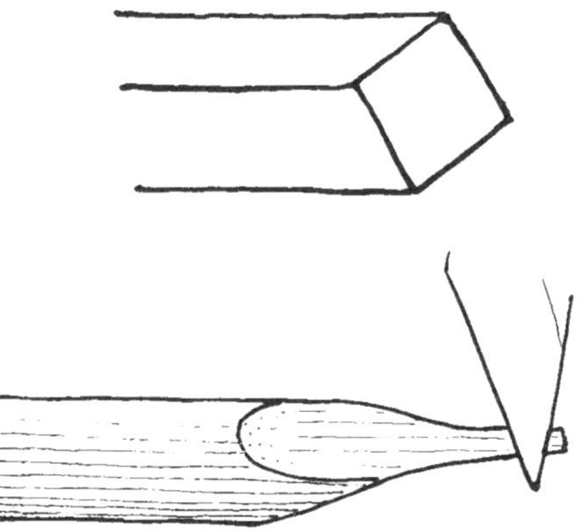

Abb. 24 f): Die vordere Spitze wird im letzten Schritt leicht angeschrägt.

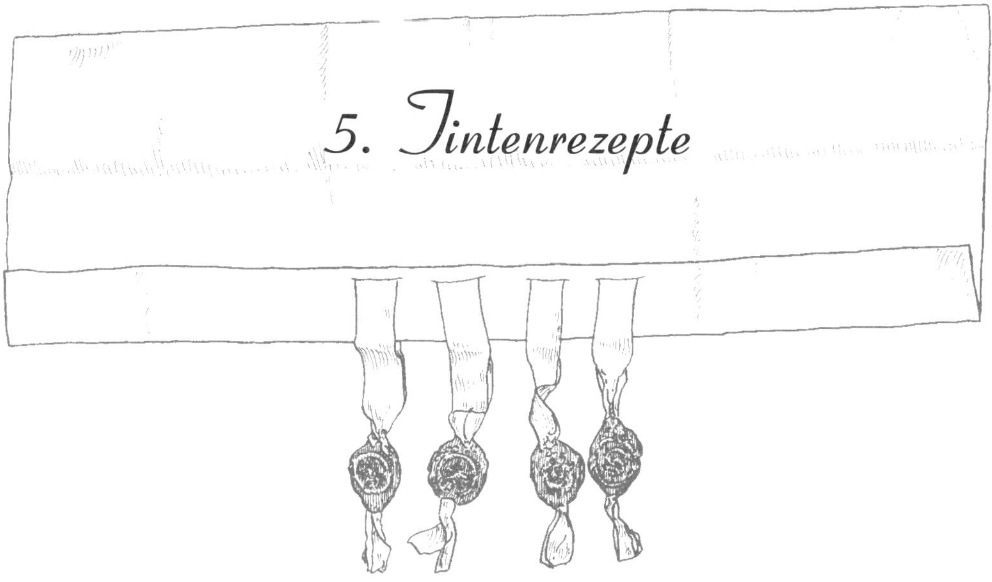

Warnhinweis: Bei einem Großteil der hier abgedruckten Rezepte werden Chemikalien verwendet, die gesundheitsschädlich sein können. Sowohl bei der Herstellung als auch bei der Verwendung dieser Tinten ist also größte Vorsicht geboten. Kindern sollte der Zugang zu sämtlichen Zutaten und den fertigen Tinten verwehrt werden.

Eichenrinden-Tinte

0,25 L Wasser
2-3 EL Eichenrinde
½ TL Salz
½ TL Essig
evtl. eine Messerspitze Eisensulfat (gesundheitsschädlich!)

Eichenrinde zerkleinern, in einen Topf geben und mit Wasser übergießen. 10 Minuten kochen lassen und durch ein Sieb filtrieren. Mit Salz und Essig verrühren und in ein Schraubglas umfüllen.

Diese Grundtinte hat bei Verwendung einen warmen Braunton. Durch Zugabe der Messerspitze Eisensulfat kann eine tiefschwarze Tintenfärbung erreicht werden.

Alternativ können statt Eisensulfat auch Galläpfel verwendet werden. Diese findet man im Herbst auf der Unterseite von Eichenblättern.

Galläpfel grob zerkleinern, mit kaltem Wasser in einen Topf geben und aufkochen. Ca. 20-30 Minuten köcheln lassen, dann filtrieren.

Tinte aus reinen Chemikalien

40 g Tannin
15 g Gummi Arabicum
25 g Eisen(II)-Sulfat
5 g Methylenblau, cryst.
900 g Wasser

Tannin, Eisen(II)-Sulfat und Gummi Arabicum werden in je 300 g Wasser getrennt voneinander aufgelöst.

Die Eisen(II)-Sulfat-Lösung wird der Tanninlösung zugeführt, zu diesem Gemisch wird die Gummi-Lösung gegeben.

Die Gesamtlösung wird in einem Emailletopf zum Kochen gebracht und weitere 15 Minuten am Siedepunkt gehalten.

Nun muss die Tinte eine Woche in einem geschlossenen Gefäß ruhen.

Die Tinte wird filtriert, dann wird das Methylenblau zugegeben. Nochmals erhitzen.

Methylenblau kann durch jeden wasserlöslichen Farbstoff ersetzt werden.

Eisen-Gallus-Tinte

rostige Nägel und Schrauben
25-prozentige Essigessenz
Eichenblätter

Nägel und Schrauben in ein Glas mit Schraubdeckel o. ä. geben und mit der Essigessenz übergießen. Die Essigessenz sollte die Nägel und Schrauben vollständig bedecken. Glas verschließen.

Die Schrauben und Nägel verfärben sich im Laufe der Zeit, es steigen Bläschen auf. Die Säure des Essigs arbeitet am Eisen.

Nach ca. 4 Tagen sollte die Aktivität im Glas nachgelassen haben. Der stechende Geruch des Essigs ist schwächer geworden, Essenz I ist fertig.

Sorgfältig durch einen Kaffeefilter filtrieren.

Für die zweite Essenz die Eichenblätter zerkleinern und evtl. zerstoßene Eicheln zugeben.

Eichenblätter mit wenig Wasser aufgießen und in einem geschlossenen Topf zum Kochen bringen. Der Sud muss ca. 1 Stunde (eher etwas mehr) kochen. Unter Umständen muss während des Kochens Wasser nachgefüllt werden.

Sorgfältig, wenn nötig zwei Mal, filtrieren.

Zum Schreiben müssen diese beiden Essenzen miteinander vermischt werden, was aber erst zum Zeitpunkt des Schreibens und nur in der benötigten Menge geschieht.

Schüttet man die beiden Flüssigkeiten zusammen, färbt sich das Gemisch dunkel.

Während des Schreibens ist die Tinte allerdings fast durchsichtig. Erst durch die Oxidation ändert sich die Farbe der Schrift zu dunkelbraun bis schwarz.

Die Essenzen haben eine unterschiedliche Haltbarkeit: Essenz I ist so gut wie ewig haltbar, Essenz II leider nicht. Durch Zugabe von etwas Spiritus oder reinem Alkohol kann die Haltbarkeitsdauer verlängert werden. Kühle und dunkle Lagerung in gut verschlossenen Gefäßen trägt ebenfalls zur Haltbarkeit bei.

Dornenrinden-Tinte

Schlehenzweige
Wasser
ev. Rotwein

Dieses Rezept geht zurück auf Theophilus (Roger von Helmarshausen).

Die Schlehenzweige werden im Frühjahr geschnitten und einige Tage getrocknet. Nun kann die Rinde abgeklopft oder abgeschabt und für drei Tage in Wasser eingelegt werden. Das bereits leicht verfärbte Wasser wird abgegossen und aufgekocht, die Rinde wird während des Kochens wieder zugegeben. Diesen Vorgang (abgießen und mit Rinde kochen) einige Male wiederholen.

Nun wird der Sud filtriert und dann langsam, unter Zugabe von etwas Rotwein, eingekocht.

Zum vollständigen Trocknen wird der Sud in Säckchen aus Pergament (alternativ dürfte auch Ölpapier oder ähnliches gehen) gegossen und in die Sonne gehängt.

Das Ergebnis ist eine lackartige, harte Masse, von der zum Schreiben kleine Stückchen abgebrochen und in Wasser oder Wein aufgelöst werden.

Dornenrinden-Tinte ergibt eine rotbraune, lasierende Schrift. Unter Zugabe von Vitriol (Eisen- oder Kupfersulfat) wird die Tinte dunkler und deckender.

Carmin-Tinte:

1 Teil Carmin
Salmiakgeist
Zitronensäure
Gummi Arabicum
etwas Zucker

Das Carmin wird in der nötigen Menge Salmiakgeist gelöst, die Lösung mit Zitronensäure neutralisiert, mit Wasser auf 40 Teile ergänzt und mit Gummi Arabicum und etwas Zucker verdickt.

Zu einer Lösung von Tannin oder Gallussäure wird Kupfersulfat-Lösung bzw. Eisen(III)-Chlorid-Lösung gegeben. Mit Kupfer(II)-Ionen entsteht ein rotbrauner Niederschlag, mit Eisen(III) ein blauschwarzer.

Blauschwarze Niederschläge entstehen auch bei der Zugabe von Eisen(III)-Salzen zu Extrakten der Rinde von Eiche, Fichte, Lärche, Schwarzerle, der Blätter und Früchte vieler Sumach-Arten (z. B. des Perückenbaumes) und schwarzen Tees.

Sicherheitshinweis: Siegellack wird sehr heiß, daher ist bei der Verwendung äußerste Vorsicht geboten. Beim Siegeln ist auf eine feuerfeste Unterlage zu achten!

Siegellack in Stangen

Siegeln mit Siegellackstangen ist sehr einfach. Man erhitzt ein Ende der Siegellackstange in einer kleinen Flamme. Dabei wird die Stange gedreht, damit der Lack sich gleichmäßig erwärmt. Ist eine ausreichende Menge Lack weich, wird die Lackstange auf dem Papier mit einer Drehung auf der Stelle abgestrichen. Dabei verbleibt die geschmolzene Lackschicht auf dem Papier. Dieser Vorgang erfordert ggf. etwas Übung.

Das Abstreichen von Lack kann so lange wiederholt werden, bis der Lack die Größe des Siegels erreicht hat.

Die Metallfläche des Siegels sollte sauber und kalt sein. Eine Winzigkeit Speiseöl auf der Metallfläche erleichtert das Siegeln sehr.

Das Siegel in den warmen (nicht mehr heißen) Lackfleck drücken, einige Sekunden warten und das Siegel dann vorsichtig abziehen.

Aus dem Siegellack gezogene Fäden und kleinere Tropfen lassen sich nach dem Erkalten in der Regel einfach vom Papier (oder dem Tisch) abkratzen.

Siegellack als Granulat

Außer Siegellack als Stange gibt es heute auch Siegellack als Granulat. Dieses Granulat wird mit Hilfe eines kleinen Löffels (entweder Löffel mit Holzgriff wählen oder den Griff mit Leder umwickeln, um Verbrennungen zu vermeiden) über einer Flamme geschmolzen und dann vom Löffel auf das Papier gegeben. Alles weitere funktioniert genau wie beim Siegeln mit Lackstangen.

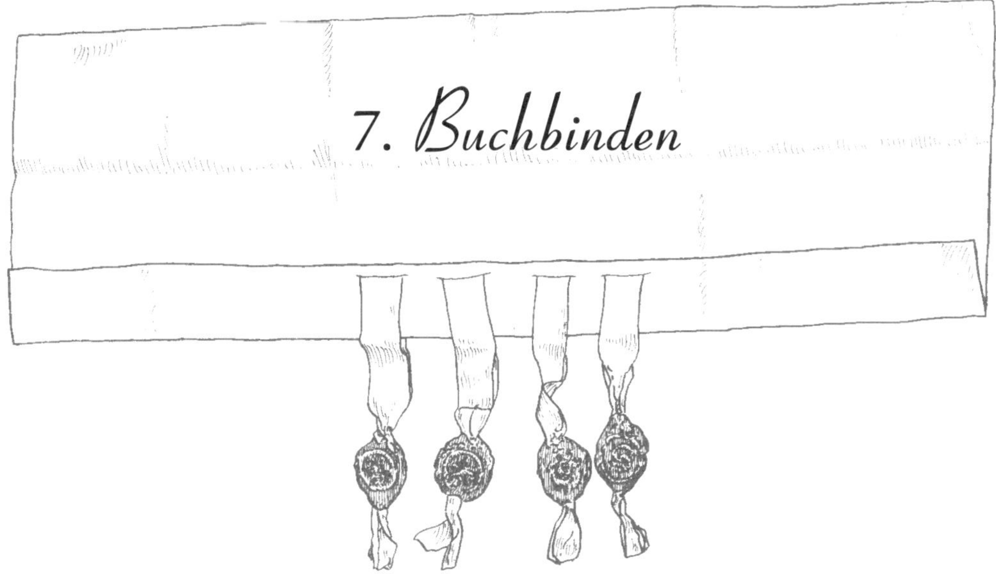

7.1. Klassisches Buchbinden

Material und Werkzeuge

Papier im gewünschten Format (A4 Papier für A5 Buch usw.)
Graupappe für den Buchdeckel
dünner Karton oder Bristol-Karton für den Buchrücken
Schmuckpapier oder Elefantenhaut-Papier, zusätzlich zwei Blätter als Vorsatzpapier
Kapitalbändchen
Buchbinderleinen
Holzleim (Weißleim) oder Planatol-Leim aus dem Fachhandel
Tapetenkleister
Cuttermesser, Laubsäge
Buchbinderrahmen (oder ähnliche Konstruktion, vgl. Kap. 7.3.)
Bretter und Schraubzwingen

Der Buchblock

Die Blätter einmal der Länge nach falten und zu Heftchen (je nach Papiergewicht zwischen 3 und 5 Blatt) zusammenlegen.

Den Stapel zwischen zwei Brettern einspannen und mit der Säge quer zur Faltkante ca. 2 mm einschneiden. (Abb. 27)

Buchbinderrahmen aufbauen (ggf. drei Latten wie ein Fußballtor an einen alten Tisch nageln), bespannen und das letzte Heftchen des Buches zuunterst auf die Platte legen. Die Seiten oberhalb der Falz werden an die Spannschnüre gelehnt und mit einer Wäscheklammer fixiert. Nun wird der Zeichnung

Abb. 25: Vernähen der einzelnen Heftchen im Buchbinderrahmen.

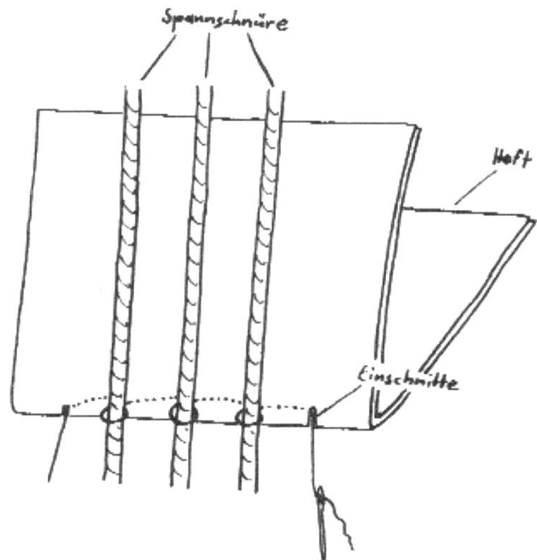

Abb. 26: Vernähen der Heftchen (Detail).

entsprechend von links nach rechts durch die Einschnitte genäht. (s. Abb. 25-27)

Das folgende Heftchen wird aufgelegt und nach dem gleichen Schema von rechts nach links genäht. So werden der Reihe nach alle Heftchen (von hinten nach vorne) zusammengenäht.

Beim Nähen ist darauf zu achten, dass die einzelnen Heftchen immer auf Stoß liegen und nicht zu locker genäht wird.

Die Fadenenden gut vernähen und ggf. mit einem Tropfen Weißleim sichern (trocknen lassen!).

Auf der vernähten Seite des Buchblocks wird nun eine dicke Schicht Leim (Holzleim, Weißleim, Planatol) aufgetragen und mit dem Finger gleichmäßig verstrichen. Die Schicht sollte etwa 1 mm dick sein.

Oben und unten kann nun das Kapitalbändchen angeklebt werden und bei Bedarf noch ein Lesebändchen. Das Lesebändchen wird vor dem Kapitalbändchen aufgeklebt. Über Lese- und Kapitalbändchen kommt noch ein schützender Papier- oder Gazestreifen.

Der verleimte Buchblock muss nun ausreichend trocknen, am besten über Nacht.

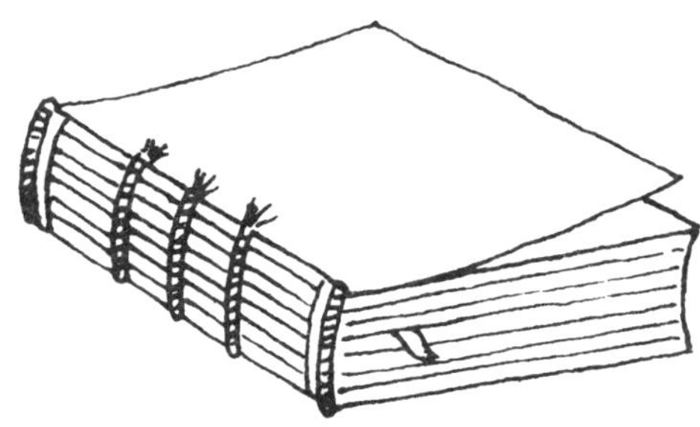

Abb. 28: Fertig vernähter Buchblock.

Der Buchdeckel

In der Zwischenzeit kann der Buchdeckel angefertigt werden. Dazu schneidet man aus der Graupappe zwei Rechtecke, die an einer Längs- und den beiden kurzen Querseiten 3-5 mm größer sind als der Buchblock. Aus dem Bristolkarton wird ein Streifen zugeschnitten, der so lang ist wie der Buchblock hoch und so breit wie der Buchblock dick.

Im nächsten Schritt wird das Buchbinderleinen zugeschnitten. Wir benötigen einen Streifen, der der Breite des Buchrückens plus

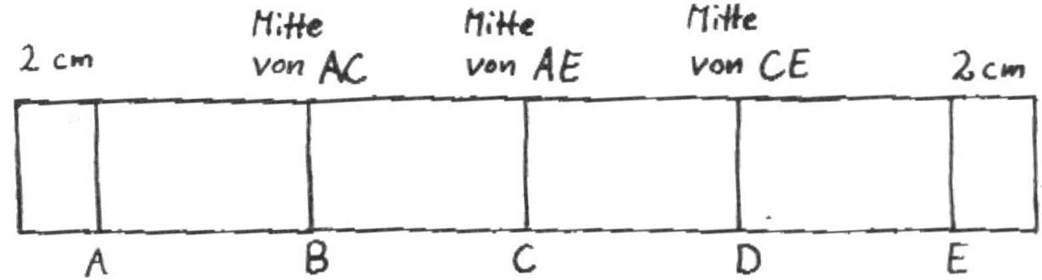

Abb. 27: Schema der Einschnitte.

4,5 cm entspricht. Die Länge des Streifens entspricht der Höhe des Buchrückens plus 4 cm.

Weiterhin benötigen wir vier Trapeze aus Buchbinderleinen (siehe Abb. 29).

Den Streifen Buchbinderleinen gleichmäßig mit Leim einstreichen und mittig darauf den Streifen Bristolpappe platzieren. Mit etwa 2 mm seitlichem Abstand die Buchdeckel darauf platzieren.

Die oben und unten überstehenden Ränder des Buchbinderleinens nach innen umschlagen und fest andrücken. Buchdeckel wenden und den Leinenstreifen auf der Außenseite ebenfalls fest andrücken.

Nun die Buchecken mit Leim bestreichen, platzieren und die Ränder nach innen umschlagen. Hier ist darauf zu achten, dass die Buchecken richtig platziert werden, auf einer Pappe beide links, auf der anderen Pappe beide rechts an den Ecken.

Einen Streifen Papier in der gleichen Breite zuschneiden wie den Streifen aus Buchbinderleinen, aber insgesamt etwa 4,5 cm kürzer. Diesen Streifen klebt man nun von der Innenseite des Buchdeckels auf den Buchrücken und die Buchdeckel. Die Position ist die gleiche, die das Buchbinderleinen auf der Außenseite hat.

In den Rillen zwischen Buchrücken und Buchdeckel muss das Papier fest auf die Rückseite des Buchbinderleinens gepresst werden, da diese Verbindung sonst zu instabil werden könnte.

Nun wird aus dem Schmuckpapier bzw. der Elefantenhaut der äußere Bezug des Buches zugeschnitten. Dazu kopiert man die Umrisse der noch sichtbaren Graupappe mit Hilfe einer Folie oder eines Transparenzpapiers (Backpapier).

Dort, wo Graupappe auf Buchbinderleinen trifft (am Buchrücken und an den Buchecken) gibt man etwa 0,5 cm Zugabe, wo die Graupappe endet (oben und unten sowie an einer Seite) gibt man etwa 2 cm Zugabe.

Nun werden die beiden Schmuckpapiere flächig eingeleimt, vorsichtig auf die Graupappe aufgelegt und fest angedrückt. Die überstehenden Zugaben werden nach innen umgeschlagen und der gesamte Bezug wird fest angedrückt.

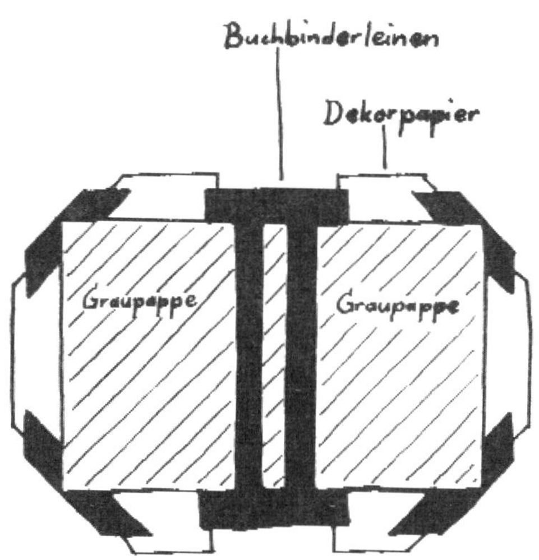

Abb. 29: Schemazeichnung Buchdeckel.

Als vorletzter Schritt wird auf den Papierbögen für das Vorsatzpapier (ggf. ebenfalls Elefantenhaut oder Schmuckpapier) die Mittellinie markiert, je links und rechts 5 mm zugegeben und dann entlang der neuen Linie gefaltet.

Zuerst wird eine Hälfte **eines** Blattes sowie der Mittelstreifen gleichmäßig mit Leim eingestrichen. Die geleimte Hälfte des Papiers wird gegen die erste bzw. letzte Seite des Buches geklebt. Erst dann wird die zweite Hälfte des Vorsatzpapiers geleimt und gegen die Innenseite des Buchdeckels geklebt.

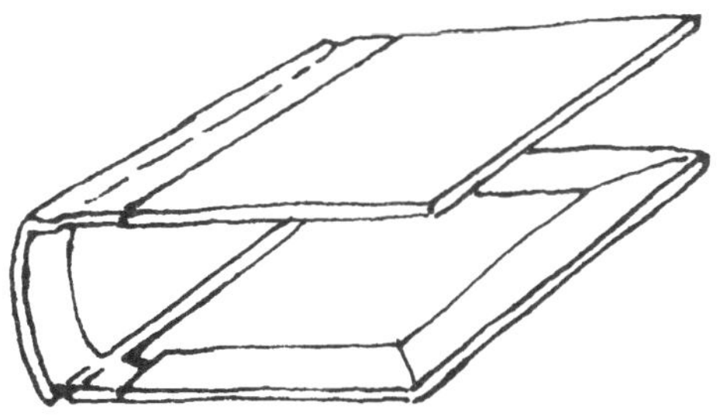

Abb. 30: Fertiger Buchdeckel.

Ebenso wird mit dem zweiten Vorsatzpapier verfahren. Hier ist sehr genaues Arbeiten erforderlich, damit sich das Buch gut öffnen und schließen lässt.

Zum Abschluss muss das Buch gepresst werden. Zwischen die Buchdeckel und das Vorsatzpapier wird ein Bogen Löschpapier (Küchenrolle, saubere Lappen) eingelegt, damit die Feuchtigkeit des Leims aufgenommen werden kann.

Dann wird das Buch zwischen die Bretter gelegt und das Ganze mit den Schraubzwingen unter Druck zusammengepresst. Hier ist auf eine gleichmäßige Verteilung des Drucks zu achten, damit das Buch sich nicht durchbiegt. (Abb. 31)

Alternative ohne Leinenecken

Wer sein Buch lieber ohne die Leinenecken binden möchte, lässt diesen Schritt aus und schneidet dementsprechend das Schmuckpapier anders zu.

Die Ecken des Schmuckpapiers werden dann nach innen umgeschlagen.

7.2. Buchbinden – Schnelle Methode

Im Vergleich zum klassischen Buchbinden ist diese Methode schneller, aber auf Dauer auch weniger haltbar.

Material

A3-Zeichenblock mit festem Papprücken
A3-Dekopapier für den Deckel
2 Blatt A4 Dekopapier für die inneren Buchdeckel
Leder für den Buchrücken (etwa 35 x 20 cm)
Lederschnur, gewachster Zwirn oder eine schöne, feste Kordel
einige Ösen, am besten Ösen mit Scheiben von Prym
einige normale Nieten und eine Zierniete
Leim (Holz- oder sonstiger Weißleim, ggf. etwas verdünnt mit Wasser)

Buchblock und Buchdeckel

Zu Beginn werden die Papierbögen aus dem Zeichenblock gelöst und mittig gefaltet, so dass wir einen Doppelbogen im A4-Format erhalten.

Bei Bedarf kann das Papier noch mehr oder weniger dezent gealtert werden, da die strahlend weißen, glatten und gerade geschnittenen Bögen wohl doch eher eine Erfindung jüngeren Zeitalters sind (vgl. Kap. 2).

Im nächsten Schritt wird die Graupappe des Zeichenblockes mittig halbiert, so dass sie der Größe der Doppelbögen entspricht. Diese Graupappe wird später die Buchdeckel ergeben.

An der linken bzw. rechten, längeren Seite je eines Buchdeckels wird ein etwa 3 cm breiter Rand („Klappstreifen“) angezeichnet. Die eingezeichnete Randlinie wird mit Hilfe eines Messers leicht eingeritzt. Dieses Einritzen erleichtert später das Aufschlagen der Buchdeckel. Die Seite mit dem Einschnitt wird die spätere Innenseite des Buchdeckels, der nächste Arbeitsschritt erfolgt daher auf der anderen Seite der Graupappe.

Nun werden die Dekor-Papiere für die Buchdeckel mit etwa 2-3 cm Zugabe zugeschnitten. Zur besseren Platzierung der Graupappe ist es hilfreich, die Umrisse der Pappe vorsichtig mittig auf das Papier zu übertragen.

Die Papiere werden dünn mit Weißleim eingestrichen, die Graupappe wird innerhalb der Konturen aufgelegt und vorsichtig, aber fest angedrückt.

Eventuell eingeschlossene Luftblasen können entweder vorsichtig zur Seite rausgeschoben oder mit einer Stecknadel aufgestochen werden. Die überstehenden Ränder werden entsprechend umgeschlagen und festgedrückt.

Die zweite Sorte Dekor-Papier für die Buchdeckelinnenseiten entlang der Ränder um wenige Millimeter kleiner schneiden. Papiere dünn mit Weißleim einstreichen und auf die Innenseiten der Buchdeckel kleben.

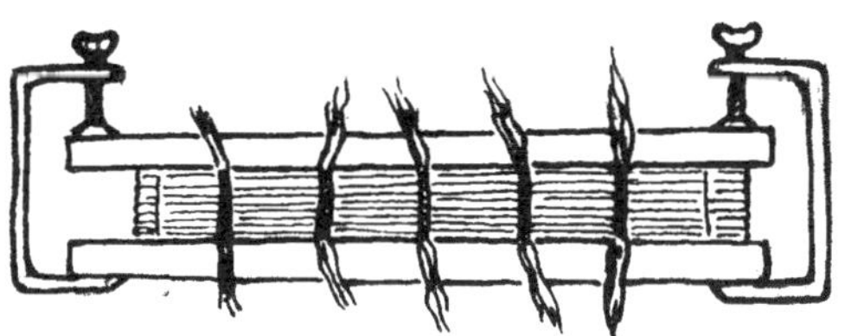

Abb. 31: Fixieren des Buchblocks.

Das Binden

Mittig auf dem 3 Zentimeter breiten Klappstreifen in regelmäßigen Abständen Löcher durch die Buchdeckel stanzen. Die Abstände der Löcher untereinander betragen etwa 2-3 Zentimeter, je nach Größe des Buches. Zum Stanzen der Löcher kann man einen großen Nagel verwenden oder eine Lochzange. Ggf. können die Löcher mit Ösen gegen Ausreißen gesichert werden.

Die Buchseiten mit der Falzkante bündig zusammenlegen und das Päckchen mit Gummibändern sichern. Hierbei darf das Päckchen sich durch den Zug nicht umbiegen, sondern muss gerade liegen bleiben. Nun die Buchdeckel auflegen und das ganze Päckchen zwischen zwei Brettern mit Schraubzwingen fixieren. Der vorher markierte, 3 cm breite Rand muss dabei neben den Brettern hervorschauen.

Mit Hilfe des Nagels werden nun in regelmäßigen Abständen Löcher durch alle Lagen des Buches getrieben. Dabei sollten die Löcher nur so groß werden wie eben notwendig, um den Nagel wieder heraus zu bekommen. Wer andere technische Möglichkeiten hat, den Buchblock gleichmäßig zu lochen (z.B. ein Spiralbindegerät), sollte diese nutzen.

Aus dem Leder wird nun ein Streifen in Buchhöhe zugeschnitten. Die Breite entspricht der Höhe des vorhandenen Papierstapels (Höhe des Buchrückens) plus 6 Zentimeter. In den Lederstreifen werden nun ebenfalls Löcher eingebracht, die die gleichen Positionen haben wie die Löcher im Papierstapel.

Mit einer Kordel oder Lederschnur wird das Ganze nun miteinander verbunden

Entweder wird im „Steppstich“ entlang der Lochung gearbeitet (von oben nach unten und von unten wieder nach oben) oder die Kordel wird beim Verbinden über den Buchrücken geführt.

Gegebenenfalls und wenn die Größe der Löcher es zulässt, kann noch mal in die entgegengesetzte Richtung gearbeitet werden, das verleiht der Bindung zusätzliche Stabilität. Die Bindung darf nicht zu stramm, aber auch nicht zu locker sein.

Ein Buchverschluss

Aus den Lederresten kann nun noch ein Verschluss für das Buch gearbeitet werden. Dazu wird ein Streifen von ca. 5 cm Breite und 10-12 cm Länge zugeschnitten. An einem der schmalen Enden kann aus dem Leder auch eine Zierform oder Spitze geformt werden.

Dieser Lederstreifen wird nun mit Nieten oder einer Naht auf dem hinteren Buchdeckel befestigt. Auf der Vorderseite wird eine passende Zierniete oder ein Knebelknopf angebracht. Entsprechend der Größe dieser Niete beziehungsweise des Knopfes wird nun noch ein Schlitz in den Lederstreifen geschnitten, durch den der Verschluss dann hindurchgeführt werden kann.

7.3. Buchbinderrahmen oder Heftlade

Zum Heften auf Schnur oder Bänder (klassisches Buchbinden) benötigt man eine Heftlade bzw. einen Buchbinderrahmen. Eine solche Heftlade kann man im Spezialhandel für Buchbinder kaufen oder selbst bauen. Die Preise für Heftladen sind leider sehr hoch, daher bietet sich eine improvisierte Heftlade für alle an, die nur unregelmäßig Bücher binden möchten.

Material und Maße

Für den Bau einer Heftlade benötigt man drei Leisten, eine Grundplatte (ggf. reicht hier auch ein alter Tisch) sowie einige Holzdübel, Polsternägel o. ä.

Die Maße der Platte und der Leisten richten sich nach der Größe der zu bindenden Bücher. Die Heftlade sollte immer ein wenig größer sein als das Buch.

Bauanleitung

Für eine Heftlade legt man nun einfach die drei Leisten in Form eines Fußballtores zusammen und verbindet sie fest miteinander (schrauben, nageln, Holzverbindungen). Die Leisten wiederum werden an der Grundplatte bzw. Tischplatte befestigt.

Nun wird eine Anzahl der Holzdübel oder Polsternägel in die waagerechte Leiste eingebracht. Die gleiche Anzahl Dübel wird auf der Unterseite der Grundplatte angebracht.

Zwischen den Nägeln wird nun zum Heften eine Schnur oder ein dünnes Band gespannt. Um diese Schnur herum wird der Heftfaden geführt, so dass die einzelnen Heftchen später über den Faden laufen wie an einer Türangel.

Zum Bespannen der Heftlade verwendet man am besten dickere, stabile Schnüre oder Kordeln. Auch dünne Baumwoll- oder Leinenbänder sind als Bespannung geeignet.

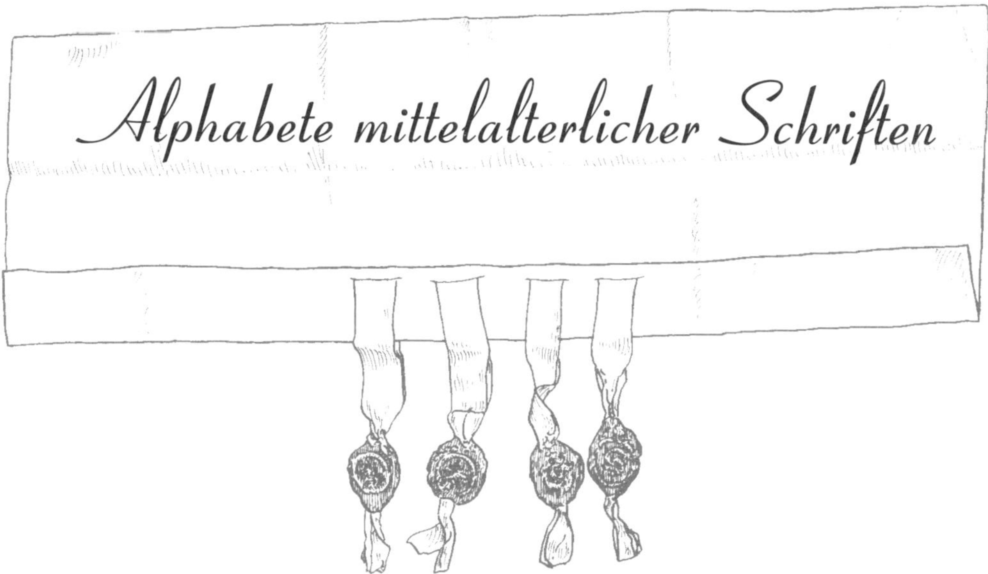

Die hier vorgestellten Alphabete zeigen die jeweiligen Schriftformen in ihrer „reinsten“ Form, ohne Ligaturen u.ä. In der individuellen Gestaltung eines Textes können die Buchstaben von diesen Idealformen mitunter erheblich abweichen, was besonders für Schriften der Gotik und späterer Zeit zutrifft.

Unziale

aabcdefghij
klmnopqrs
ttuvwxiyz

Majuskelschrift, ca. 4.-8. Jh., überwiegend als Buchschrift, als Auszeichnungsschrift bis ca. 10./11. Jh.

Halbunziale

abcdefghij
kllmnopqr
stuvwxyz

Übergangsform zwischen Majuskel- und Minuskelschrift, überwiegend als Buchschrift, ca. 6.-9. Jh.

Karolingische Minuskel

abcdefghijklmn
opqrſtuvwxyz

Minuskelschrift, Buch- und Urkundenschrift, 8.-10. Jh., als romanische Minuskel bis ins 13. Jh.

Gotische Minuskel (Textura)

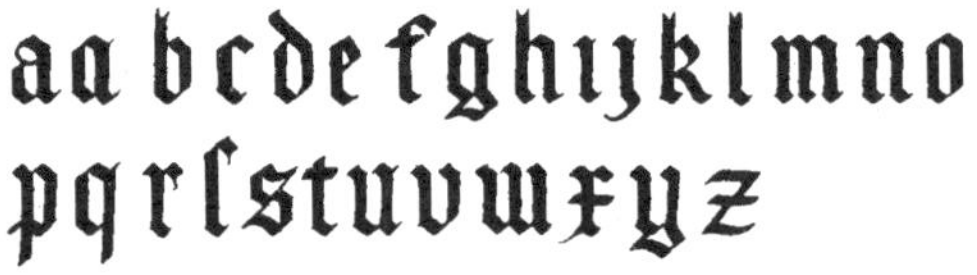

aa b c d e f g h i j k l m n o
p q r ſ s t u v w x y z

Minuskelschrift, Buchschrift, 11.-16. Jh.

Gotische Majuskel

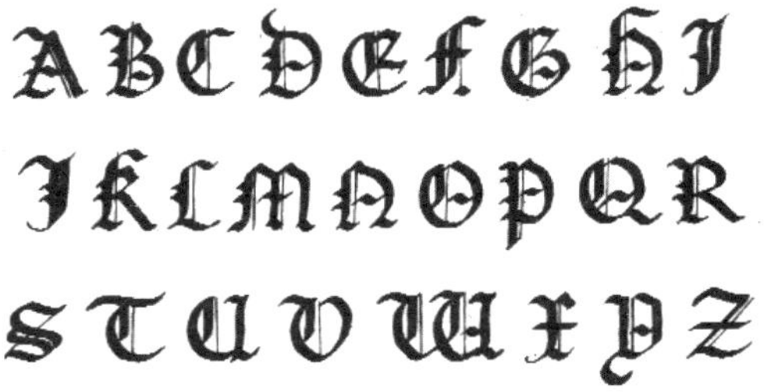

A B C D E F G H I
J K L M N O P Q R
S T U V W X Y Z

Versalien zur gotischen Minuskel, ca. 12.-16. Jh.

Gotische Kursive

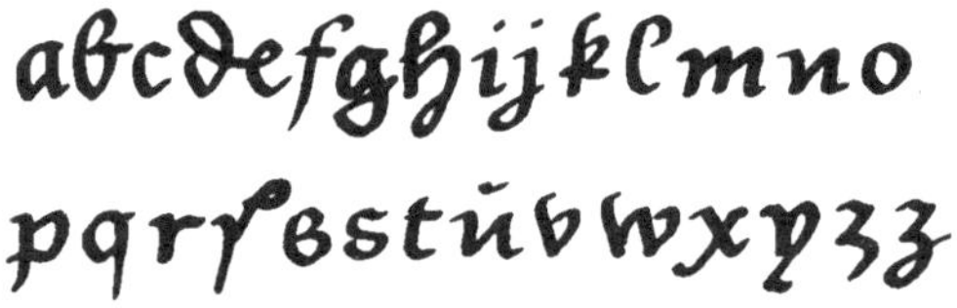

a b c d e f g h i j k l m n o
p q r ſ s s t ů v w x y z z

Minuskelschrift, Urkunden-, Konzept- und (seltener) Buchschrift, 13.-16. Jh.

Gotische Bastarda

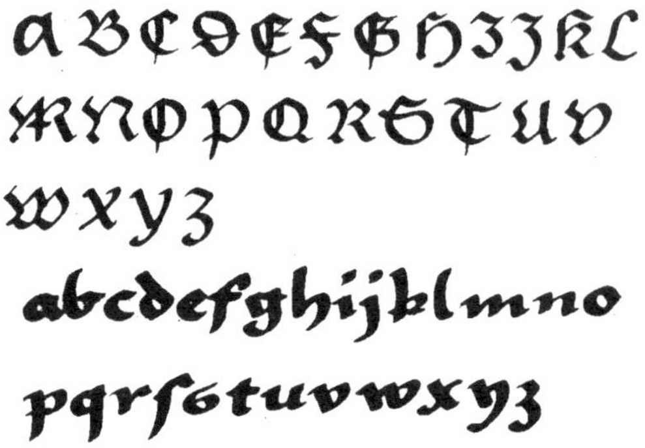

A B C D E F G H I J K L
M N O P Q R S T U V
W X Y Z
a b c d e f g h i j k l m n o
p q r ſ s t u v w x y z

Buch- und Urkundenschrift, 13.-16. Jh.

Humanistische Kursive

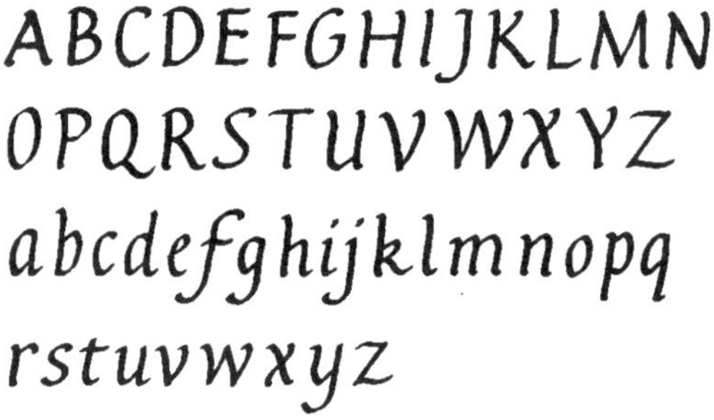

ABCDEFGHIJKLMN
OPQRSTUVWXYZ
abcdefghijklmnopq
rstuvwxyz

Antiqua-Minuskel, Urkunden-, Konzept-, Buch- und Druckschrift, 14./15.-16. Jh.

Abbreviatur
Spezielles Abkürzungszeichen zur Platz-, Material- und Zeitersparnis

Antiqua
Sammelbez. für eher gerundete Formen der Lat. Schrift (im Ggs. zu → Gebrochenen Schriften); zuerst im 15. Jh. in Italien auf Basis der röm. → Capitalis und der → Karol. Minuskel entstanden

ars dictaminis
Die Kunst des guten, d. h. angemessenen Schreibstils. Im späten MA in zahlreichen Lehr- und Musterbüchern festgehalten.

ars dictandi → ars dictaminis

Auszeichnungsschrift
Schriftform, die für Titel, Überschriften etc. verwendet wird und sich von der im übrigen Text benutzten unterscheidet.

Bastarda
Spätgot. Buchschrift, Mischform aus got. → Kursive und → Textura

Bibliophilie
gr.: die Liebe zu Büchern.

Binio
→ Lage, bestehend aus zwei ineinander geschobenen, gefalzten →Bogen.

Bleibulle
→ Siegel in Blei, z. B. von Päpsten bei literae de gratia und literae de justitia verwendet.

Blockbuch
Buchform des späten MAs, dessen Seiten nach → Holzschnitten im Handdruckverfahren bedruckt u. ggf. nachträglich koloriert wurden.

Bogen
Ungefalztes Blatt Papier oder Pergament.

Breve
von lat. *brevis* = kurz, davon abgeleitet: „Brief"; allgemein: kurzes Schreiben an einen best. Adressaten. Im Besonderen eine schlichte Form der → Urkunde, die v. a. seit dem HochMA in der päpstl. Kanzlei benutzt wurde.

Buchblock
Die in der richtigen Reihenfolge und Ausrichtung übereinander gestapelten, auf Bünde gehefteten → Lagen ergeben den B.

Buchrücken
Der Teil des Buches, der aus den auf Bünde gehefteten Falzseiten der einzelnen → Lagen gebildet wird.

Buchschrift
Sammelbez. für Schriftformen des MAs, die in erster Linie in der Buchproduktion verwendet wurden.

Buchstabe
Schriftzeichen in alphabet. Schriftsystemen.

Bulle
1. Siegel aus Metallen wie Blei (→ Bleibulle) u. Gold (→ Goldbulle). Bereits in der Antike bekannt u. bis heute in der päpstl. Kanzlei verwendet. 2. Bez. für eine Form päpstl. Urkunden.

bustrophedon
gr.: „Ochsenwendig"; Schreibweise, bei der Zeilen abwechselnd die Laufrichtung ändern.

Bücherfluch
Androhung himmlischer oder irdischer Strafen für die Entwendung, Zerstörung, Beschädigung oder auch das unerlaubte Kopieren eines Buches. Oft gereimt, meist Teil des → Kolophons.

Büchernarr
Lit. Figur eines Gelehrten, der sein Wissen aus seiner großen Sammlung von Büchern bezieht, ohne es nutzbringend anzuwenden. Vgl. Sebastian Brant, „Das Narrenschiff", Basel 1494.

Bücherwurm
Buchschädling, der sich von Zellstoff ernährt und durch Fraß erhebliche Schäden an Buchblöcken insb. aus Papier hervorrufen kann. Im übertragenen Sinn: Vielleser.

Bütte
Hölzerner Trog, aus dem mit Hilfe des → Schöpfrahmens der Papierbrei geschöpft wird.

Capitalis
Röm. → Majuskelschriften: *C. monumentalis*, *C. quadrata* u. *C. rustica*.

Codex
von lat. *caudex* = Baumstamm, Holzklotz; typische Buchform des MAs mit Holzdeckeln; auch Bez. für einzelne Werke, z. B. *Codex Iustiniani*.

Copialbuch, Copiale
Sammlung von Abschriften eingegangener Urkunden durch den Empfänger.

Datar
Hofbeamter (bes. der päpstl. Kurie), für die Datierung von Urkunden zuständig.

diakritische Zeichen
Graph. Erweiterung einzelner Buchstaben zur Veränderung des Lautwerts, z. B. Akzente.

Diplomatik
Hist. Hilfswissenschaft: Urkundenlehre.

Diplomatische Minuskel
Bez. der für → Urkunden verwendeten Variante der → Karol. Minuskel.

Diptychon
Wachstafelbuch, bestehend aus zwei Wachstafeln, die mit der Wachsseite gegeneinander liegen.

Duktus
Bez. für die Linienführung bzw. Art des Schriftzugs bei Handschriften.

Duodez
Buchformat (Abk.: 12°), 12 Blatt = 24 Seiten.

Eisen-Gallus-Tinte
Schreibflüssigkeit auf Basis von Metallsalzen (Eisen- od. Kupfersulfat) und Gerbstoffen (z. B. aus Galläpfeln) sowie Lösungs- und Bindemitteln.

Epigraphik
Hist. Hilfswissenschaft: Inschriftenlehre.

Eschatokoll
Der abschließende Teil einer → Urkunde, enthält u. a. Unterschrift und Datierung.

Evangeliar
Liturg. Buchtyp des MAs, enthält die vier Evangelien in bibl. Reihenfolge. Die meisten mittelalterl. Hss. sind E.e

Evangelistar
Liturg. Buchtyp des MAs, enthält die vier Evangelien gem. ihrer Abfolge im Jahreskreis (auch Perikopenbuch)

Explicit
von lat. *explicitum est* = es ist abgewickelt; Schlussformel in mittelalterl. Hss. u. Frühdrucken; es können weitere Angaben zu

Schreiber, Ort, Jahr etc. oder persönliche Anmerkungen, Segenswünsche o. ä. folgen (→ Kolophon).

Foliant
Erst im 17. Jh. gebräuchliche Bez. für ein Buch im → Folio-Format.

Folio
von lat. *folium* = Blatt; 1. Bez. für das einzelne Blatt einer unpaginierten Hs. (→ Paginierung, → recto, → verso);
2. Buchformat (Abk.: 2°), 1x gefalzt, 2 Blatt = 4 Seiten.

Formular
Der Aufbau einer mittelalterl. Urkunde, bestehend aus → Protokoll, → Kontext und → Eschatokoll.

Fraktur
Got. Schriftform, urspr. nur als Druckschrift.

furchenwendig → bustrophedon.

Gautschen
Das Ablegen der feuchten Rohbogen → Papier aus dem Schöpfrahmen zwischen Schichten aus Wollfilz.

Gebrochene Schriften
Sammelbez. für Lat. Schriften mit eher eckigen Grundformen, die durch abrupten Richtungswechsel in der Linienführung entstehen (Brechung); bes. → Got. Schriften.

Glosse
Kommentierende Bemerkung zu einem Text, meist am Rand (→ Marginalie), in scholastischen Hss. aber auch mit eigenem Schriftspiegel, dessen Umfang größer sein konnte als der eigentliche Text.

Goldbulle
→ Siegel aus Gold, aus dem byzant. Kulturraum bes. von dt. Kaisern und Königen übernommen.

Goldschnitt
Verzierung der Schnittflächen eines Buchblocks durch Auftragen von Blattgold.

Gotische Schriften
Sammelbez. für die → gebrochenen Schriften der got. Zeit (ca. 12.-16. Jh.).

Griffel
(lat. *stilus*, seltener *graphium*) Schreibwerkzeug zum Ritzen in → Wachstafeln, meist aus Holz, Knochen, Elfenbein oder Edelmetallen.

Grundstrich
Kräftiger, mit der Breitseite der Feder abwärts geführter Strich eines → Buchstabens.

Haarstrich
Dünner, quer oder schräg geführter Strich eines → Buchstabens.

Halbunziale
Etwa im 5. Jh. aus → Capitalis, → Unziale und jüngerer röm. → Kursive entstandene Schriftform, die mit Ober- und Unterlängen Elemente von Majuskel- und Minuskelformen vereint.

Hieroglyphen
von gr. *hiero* = heilig, *glyphein* = einmeißeln, einritzen; Bez. für das vorrangige Schriftsystem im antiken Ägypten

Hofkapelle
Die Geistlichen am Hof eines Herrschers, fungierte v. a. im FrühMA meist auch als → Kanzlei.

Humanistenschrift
Schriftform der Renaissance, vorw. in Italien, die Majuskeln der röm. → Capitalis mit → Karol. Minuskeln verbindet

Ideogramm
von gr. *idéa* = Idee, Form und *grámmata* = Zeichen; Schriftzeichen (→ Logogramm), das einen abstrakten Sachverhalt darstellt, der assoziativ erschlossen werden muss (→ Piktogramm).

Illumination
von lat. *illuminare* = erleuchten, erhellen; Bez. für mittelalterl. Buchmalerei.

incipit
lat. „es beginnt", einleitende Formel mittelalterl. Hss. und Frühdrucke bzw. ein Bestandteil derselben; meist farbig oder gestalterisch hervorgehoben.

Initiale
Allg.: Anfangsbuchstabe, z. B. eines Namens; in mittelalterl. Hss. der vergrößerte, oft verzierte Anfangsbuchstabe eines Textes, Kapitels oder Abschnitts.

Initium
lat. „Eingang"; Bez. für den Beginn des eigentlichen Inhalts einer mittelalterl. Hs. nach den vorangestellten Angaben zu Autor, Titel etc. Oft eingeleitet mit der Formel → „Incipit".

Inkunabel
von lat. *incunabula* = Windel; Bez. für alle mit beweglichen Lettern erzeugten Druckwerke von Gutenbergs Erfindung bis zum 31. Dezember 1500. Der ursprüngliche Bestand wird auf 27.000 Exemplare geschätzt.

Kalligraphie
gr. „schönes Schreiben"; die Kunst der Schönschrift.

Kanontafeln
Bestandteil von → Evangeliar und → Evangelistar, listet die übereinstimmenden und abweichenden Stellen der vier Evangelien des NTs auf.

Kanzlei
Die für das Aufsetzen, Ausstellen u. Datieren von → Urkunden zuständige Stelle am Hof eines Herrschers, Papstes oder Bischofs. Konnte aus einer Person oder einer ganzen Hierarchie bestehen.

Kanzleibrauch
Die innerhalb einer best. → Kanzlei tradierten Besonderheiten im Formulierung, Schriftgebrauch, Datierung etc.

Kanzleischrift → Urkundenschrift

Kapitale → Versalie

Karolingische Minuskel
Ende des 8. Jh.s im Wesentlichen aus der → Halbunziale gebildete → Minuskel-Schrift, die im gesamten Karolingerreich und darüber hinaus prägend für die weitere Schriftentw. wurde.

Keilschrift
Um 3500 v. Chr. zuerst im Reich Sumer entstandene → Piktogrammschrift, deren Zeichen mit keilförmigen → Griffeln in weichen Ton gedrückt wurden.

Kettenbücher
Bücher in mittelalterl. (u. mod.) Bibliotheken, die zum Schutz vor Diebstahl und Beschädigung durch Herabfallen am Pult oder Regal festgekettet wurden (lat. *libri catenati*).

Kodikologie
Hist. Hilfswissenschaft: Lehre von den Hss., insb. in Form der Codices (→ Codex).

Kollationieren
Zusammenfügen der einzelnen → Lagen eines → Codex in der richtigen Reihenfolge und Ausrichtung.

Kolophon
gr.: Höhepunkt, Abschluß; Angaben zu Autor, Titel, Schreiber, Jahr und Ort etc., oft verbunden mit Segenswünschen od. → Bücherfluch, am Ende mittelalterl. Hss. und Frühdrucke.

Kolumne
von lat. *columna* = Säule; Spalte des Schrift- oder Satzspiegels. Mittelalterl. Hss. u. Frühdrucke waren meist zwei-, aber auch bis zu vierspaltig.

Kontext
Zentraler Teil einer → Urkunde, enthält u. a. den zu verhandelnden Rechtsinhalt.

Konzept
Entwurf; insb. von Urkunden und Briefen oft vom Aussteller als Vorlagen gesammelt.

Kopiar (Copiar) → Copialbuch

Kurrent
von lat. *currere* = laufen; flüssige Handschriftenform v.a. für den Alltagsgebrauch. Ein im 16. Jh. aus der spätgot. → Kursive entwickelter Vorläufer der dt. Schreibschrift wird ebenfalls als K. bezeichnet.

Kursive
Flüssige Schreibschrift mit häufigen Buchstabenverbindungen (→ Ligatur) und stärker ausgeprägtem Individualstil. Durch den Schreibfluss meist schräg nach rechts geneigt.

Kustoden
von lat. *custos* = Wächter; Kennzeichnung der einzelnen → Lagen eines mittelalterl. → Codex durch Ziffern od. Buchstaben, um sie beim → Kollationieren in der

richtigen Reihenfolge zusammenfügen zu können.

Lage

Mehrere (2, 3, 4, 5, 6) gefaltete u. ineinander geschobene → Bogen bilden eine L. (→ Binio, → Ternio, → Quaternio, → Quinternio, → Sexternio, → Buchblock)

lector

lat.: Leser.

liber, libri

lat.: Buch, Bücher.

Ligatur

V.a. bei Schreibschriften (→ Kurrent, → Kursive) Verbindung von zwei oder mehr Buchstaben, die ohne Absetzen des Schreibwerkzeugs geschrieben werden; bes. häufig z.B. bei st, fl, sowie Vokal- oder Konsonantdopplungen.

Logogramm

von gr. *lógos* = Wort, *grámmata* = Zeichen; Schriftzeichen oder Symbol, das einen Sinngehalt zum Ausdruck bringt, z. B. → Piktogramme, → Ideogramme.

Majuskel

Großbuchstabe; reine Majuskelschriften waren die Formen der röm. → Capitalis und → röm. Kursive.

Makulatur

Verwendung nicht mehr benötigter, beschriebener Blätter oder Bogen für Bucheinbände, Buchrücken oder Bünde.

Manuskript

von lat. *manus* = Hand, *scribere* = Schreiben; Handschrift.

Marginalie

Randbemerkung, meist kommentierend.

Mennige

lat. *minium*, davon abgel.: → Miniatur; auch Bleirot, rötl. Pigment des Oxids einer anorganischen Bleiverbindung.

Miniatur

Gegenständl. Abb. zur → Illumination einer Hs.

Minuskel

Kleinbuchstabe; reine Minuskelschriften waren die → Karolingische und die got. M.

Mittellänge

Der Teil der Buchstaben, der sich zwischen den beiden mittleren Hilfslinien befindet. → Oberlänge, → Unterlänge.

Monogramm

von gr. *mono* = einzeln, *grámmata* = Zeichen; ursprüngl. ein Einzelbuchstabe, dann die Anfangsbuchstaben eines Namens, oft kunstvoll zu einem Einzelzeichen kombiniert.

Monumentalschrift

Schriftform, die in erster Linie für Inschriften benutzt wurde (z. B. *capitalis monumentalis*).

Notar

Spätmittelalterl. Schreiber, der von Papst, Kaiser, König oder Pfalzgraf zur Ausstellung von rechtsgültigen Dokumenten (→ Notariatsinstrument) und deren Beglaubigung durch ein → Notariatssignet legitimiert war.

Notariatsinstrument

Von einem → Notar ausgestelltes, mit seinem Signet (→ Notariatssignet) beglaubigtes, rechtsgültiges Dokument.

Notariatssignet

Unverwechselbares, unveränderliches Zeichen, das einem → Notar bei seiner Bestallung zugewiesen wurde und zur Beglaubigung der von ihm ausgestellten Dokumente (→ Notariatsinstrument) diente.

Oberlänge

Bei Kleinbuchstaben (→ Minuskeln) wie d, f, l der über die mittleren Begrenzungslinien oben hinausragende Teil.

Oktav

Buchformat (Abk.: 8°), 3x gefalzt, 8 Blatt = 16 Seiten.

Pagina

lat.: Seite; abgek. p, pag.

Paginierung

Die fortlaufende Zählung jeder einzelnen Seite eines Buches, i. d. R. mit arabischen Ziffern.

Paläographie

Hist. Hilfswissenschaft: Lehre von den schriftgeschichtlichen Entwicklungsformen (in erster Linie der Schreibschriften, im Ggs. zur → Epigraphik).

Palimpsest
gr.: „wieder abgeschabt"; Pergament, das nach Tilgung der ursprünglichen Beschriftung neu beschrieben wurde.

Papier
Beschreibstoff, der im MA hauptsächlich aus in Wasser zerfaserten Textilien bestand, die durch Sieben und Pressen entwässert wurden. In Europa ca. seit dem 11./12. Jh. bekannt.

Papyrus
Beschreibstoff der Antike, der in Ägypten aus Stängeln der Papyrusstaude hergestellt und zu → Schriftrollen verarbeitet wurde. Im MA vom → Pergament verdrängt.

Pauscht
Maßeinheit der Papierproduktion: 1 P. = 181 Bogen gegautschtes (→ Gautschen) → Papier.

pecia
lat.: Stück; ungebundene Lagen eines Buchblocks, die einzeln zur Abschrift ausgegeben wurden. Besonders an Universitäten verwendet.

Pergament
Beschreibstoff aus ungegerbter, in Kalklauge gebeizter, geschabter u. getrockneter Tierhaut. Seit der Antike bekannt, ersetzte in Europa den weniger flexiblen → Papyrus u. wurde ca. ab dem 13. Jh. zunehmend vom billigeren → Papier verdrängt.

Perikopenbuch
Liturg. Buchtyp des MAs, enthält die vier Evangelien gem. ihrer Abfolge im Jahreskreis (auch → Evangelistar).

Phonogramm
Graph. Zeichen, das einen einzelnen Laut darstellt.

pictor
lat.: Maler.

Piktogramm
Vereinfachte (abstrahierte) graph. Darstellung eines realen Objekts oder Sachverhalts (→ Logogramm).

Polyptychon
Wachstafelbuch, bestehend aus vier oder mehr miteinander verbundenen Wachstafeln.

Protokoll
Einleitender Teil einer → Urkunde, enthält z. B. *invocatio* (Anrufung Gottes), *intitulatio* (Nennung des Ausstellers mit Titeln etc.) *inscriptio* (Nennung des Empfängers mit Grußformel) etc.

Psalter
(Gebräuchl. Kurzform f. Psalterium) Buchtyp des MAs, enthält die 150 Psalmen des AT.

Quart
Buchformat (Abk.: 4°), 2x gefalzt, 4 Blatt = 8 Seiten

Quaternio
→ Lage, bestehend aus vier ineinander geschobenen gefalzten → Bogen.

Quinternio
→ Lage, bestehend aus fünf ineinander geschobenen gefalzten → Bogen.

recto
Die Vorderseite eines Blattes (→ Folio 1.). Die Seitenangabe bei unpaginierten Hss. (→ Paginierung) erfolgt heute nach Blatt; fol. 13r = Blatt 13, Vorderseite = Seite 25.

Reklamant
von lat. *reclamare* = zurufen oder widerhallen; das erste Wort einer neuen Lage, das unterhalb des letzten Wortes der vorangehenden Lage vorweggenommen wird, um das korrekte → Kollationieren zu erleichtern.

Romanische Minuskel
Letzte Entwicklungsstufe der → Karol. Minuskel, 9.-12. Jh.

Romanische Schriften
Sammelbez. für die → Buch- und → Urkundenschriften der Romanik.

Rota
Bestandteil der päpstl. Unterfertigung einer → Urkunde, bestehend aus zwei konzentrischen Kreisen um ein zentrales Kreuz. Enthält die Namen der

Apostel Petrus und Paulus sowie Namen und Ordnungszahl des Papstes. Im umgebenden Ring steht die Devise des Papstes.

rotulus
mlat.: Rolle; mittelalterl. Bez. für Buch- oder → Schriftrolle.

Rotunda
V. a. in Italien seit dem 13. Jh. verbreitete Form der got. → Textura (auch als „Rundgotisch" bez.). Weniger stark gebrochen und bauchiger als diese.

Rubrik
von lat. *rubrica*; urspr. der rot (lat. *ruber, rubens*) geschriebene Titel eines Gesetzes, übertragen ein Abschnitt oder eine Spalte.

Rubrikator
lat. *rubricator*, in größeren → Scriptorien Spezialist für die in roter (seltener auch grüner oder blauer) Farbe geschriebenen Textabschnitte.

Runen
Eigenständiges Schriftsystem germ. Völker v. a. Südskandinaviens u. der brit. Inseln (2.-12. Jh.). Einzelne Zeichen tauchen mitunter in Hss. des frühen MAs auf.

Sakramentar
Liturg. Buchtyp des MAs, enthält alle Texte, die der Priester während der Messfeier zu sprechen hatte. V. a. aus der Zeit der Karolinger und der Romanik überliefert.

Schaft
Zentraler, meist senkrecht stehender Teil eines Buchstabens, an dem Bäuche, Schlingen o. ä. angefügt werden.

Schöpfrahmen
Hölzerner Rahmen, der mit einem Sieb aus Drahgeflecht bespannt ist. Mit ihm wird der Papierbrei aus der → Bütte geschöpft und zum → Gautschen auf Wollfilze gestürzt.

Schriftrolle
(lat. → *volumen*, mlat. → *rotulus*) Von der Antike bis ins 4. Jh. vorherrschende Form des Buches, überwiegend aus → Papyrus, der sich nicht zum Falzen eignete und daher gerollt wurde.

Schwabacher
Als „volkstümlich" geltende Weiterentwicklung der got. → Textura; breiter und grobschlächtiger als diese. Vom späten 15. bis ins 16. Jh. weit verbreitet, dann von der → Fraktur verdrängt. Die Herkunft des Namens ist ungeklärt.

scriptor
lat.: Schreiber.

Scriptorium
(Klösterliche) Schreibstube. Pl.: Scriptorien.

Sedez
Buchformat (Abk.: 16°), 4x gefalzt, 16 Blatt = 32 Seiten.

Serife
Begrenzungslinien der → Grundstriche bei röm. → Capitalis und vielen modernen → Antiqua-Druckschriften; urspr. aus den Abschlussschlägen beim Einmeißeln entstanden.

Sexternio
Lage, bestehend aus sechs ineinander geschobenen gefalzten → Bogen.

Siegel
von lat. *sigillum* = kleines Bildchen od. Zeichen; Abdruck einer geprägten od. geschnittenen Form in eine weiche, erhärtende Masse (Wachs, Metalle, Lack) zum Zwecke der Beglaubigung von Urkunden od. der Sicherstellung der Unversehrtheit eines Objekts od. Behältnisses (z. B. Wachstafelbuch, Brief). Zur Führung von Siegeln waren im MA nur best. Personengruppen und Institutionen berechtigt.

Signatur
(Eigenhändige) Unterschrift.

Solemnitäten
Bestimmte Formen und Formalitäten, die ein → Notar bei der Ausfertigung eines → Notariatsinstruments zu beachten hatte.

Sphragistik
Hist. Hilfswissenschaft: Siegelkunde.

stilus → Griffel

Stundenbuch
Buchtyp des MAs, diente der privaten Andacht. Konnte kleinformatig u. schlicht

sein, allerdings handelt es sich bei den meisten großformatigen Prachthandschriften des späten MAs um S.

subscriptio
lat.: Unterschrift; Schlussbemerkung einer mittelalterl. Hs. → Kolophon.

Ternio
→ Lage, bestehend aus drei ineinander geschobenen gefalzten → Bogen.

Textura
→ Got. Schriftform mit stark ausgeprägten → Schäften ohne Unterlängen, die oben u. unten gebrochen sind (→ Gebrochene Schriften). Feine, ebenfalls gebrochene → Haarstriche. Im 12. Jh. entstanden, bei liturg. Büchern bis ins 17. Jh. in Gebrauch.

Tintenfraß
Schädigung des Beschreibstoffs durch Inhaltsstoffe der Schreibflüssigkeit. So bildet z. B. das Eisensulfat der → Eisen-Gallus-Tinte an der Luft Schwefelsäure, die Pergament und Papier angreift.

Tironische Noten
Antikes, im MA weit verbreitetes System einer Kurzschrift. Angeblich von Ciceros Sekretär Tiro erfunden und nach diesem benannt.

Triptychon
Wachstafelbuch, bestehend aus drei miteinander verbundenen Wachstafeln.

Unterlänge
Bei Kleinbuchstaben (→ Minuskeln) wie g, p, q, y, langem s u. mitunter f der über die mittleren Begrenzungslinien unten hinausragende Teil.

Unziale
Vom 4. bis 8. Jh. v. a. als → Buchschrift gebräuchliche → Majuskel-Schrift; durch Rundung der Linien aus der → Capitalis entstanden.

Urkunde
Ein unter Beachtung best. Formen ausgefertigtes u. beglaubigtes Schriftstück von rechtserheblicher Natur.

Urkundenschrift
Sammelbez. für Schriftformen des MAs, die in erster Linie für das Ausstellen von → Urkunden verwendet wurden; → Diplom. Minuskel.

Vellum
Besondere Art von Pergamenten. In der Forschung uneinheitlich gebrauchter Begriff, bez. mitunter alle insularen (Kalbs-)Pergamente, besonders feine oder geleimte Pergamente.

Versal, Versalie
von lat. *versus* = Zeile, Absatz; Großbuchstabe am Anfang einer Zeile oder eines Wortes.

verso
Die Rückseite eines Blattes (→ Folio1.). Die Seitenangabe bei unpaginierten Hss. (→ Paginierung) erfolgt heute nach Blatt: fol. 6v = Blatt 6, Rückseite = Seite 12.

volumen, volumina
lat.: → Schriftrolle, übertragen auch: Buch. Auch als Bez. für die Einzelbände eines lit. Gesamtwerks.

Wachstafel
Schreibgerät der Antike und des MAs: meist rechteckige Holztafel mit einer flachen Vertiefung, die mit einem Wachsgemisch gefüllt wird. Mit Hilfe eines → Griffels lassen sich Aufzeichnungen in die Fläche ritzen und durch Glattstreichen wieder tilgen.

Wasserzeichen
Indem eine Form aus Drahtgeflecht auf das Sieb des → Schöpfrahmens aufgebracht wird, wird das → Papier an dieser Stelle dünner und es entsteht ein W. Dient zur Kennzeichnung der Herkunft und der Qualität des Papiers.

Wiegendruck → Inkunabel.

Xylograhie
Druckverfahren mit Hilfe von Holzschnitten (→ Blockbuch).

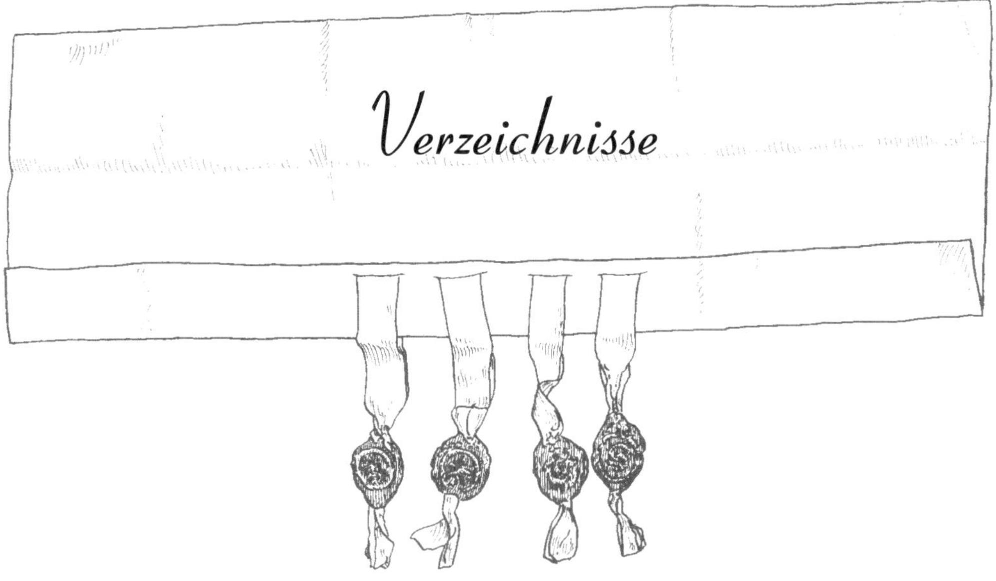

Verzeichnis der wichtigsten verwendeten Abkürzungen

Abb.	Abbildung
ahd.	althochdeutsch
AT	Altes Testament
Aufl.	Auflage
Bd., Bde.	Band, Bände
bes.	besonders
ders., dies.	derselbe, dieselbe
dt.	deutsch
ed.	lat. *edidit* = bearbeitet/ herausgegeben von
etc.	lat. *et cetera* = und weitere
fol.	Folio (lat. *folium* = Blatt)
got.	Gotisch
gr.	Griechisch
Hg., Hgg.	Herausgeber (einer, mehrere)
Hs., Hss.	Handschrift, Handschriften
i. d. R.	in der Regel
insb.	insbesondere
Jh.	Jahrhundert
Jt.	Jahrtausend
lat.	lateinisch
MA	Mittelalter
mhd.	mittelhochdeutsch
mlat.	mittellateinisch
Ms.	Manuskript
n. Chr.	nach Christus
ND	Nachdruck
NT	Neues Testament
o. ä.	oder ähnliche(s)
o. J.	ohne Jahr
pag.	*pagina* (lat.: Seite)
Pl.	Plural
r	recto (Vorderseite)
röm.	römisch
S.	Seite
Sg.	Singular
u. a.	unter anderem; und andere; und anderswo
v	verso (Rückseite)
v. a.	vor allem
v. Chr.	vor Christus
vgl.	vergleiche

Literaturverzeichnis

Quellen

Aelfric Grammaticus: Aelfric's Colloquy, ed. George N. Garmonsway, London 1939.

Amman, Jost und Hans Sachs: Eygentliche Beschreibung Aller Stände auff Erden … Durch den weitberühmpten Hans Sachsen Gantz fleissig beschrieben, Frankfurt am Main 1568.

Benedikt von Nursia: Die Benediktus-Regel. Lateinisch / Deutsch, ed. Basilius Steidle, 2. Auflage, Beuron 1975.

Brant, Sebastian: Das Narrenschiff. Studienausgabe. Mit allen 114 Holzschnitten des Drucks Basel 1494, ed. Joachim Knape, Stuttgart 2005.

Einhard: Vita Karoli Magni. Das Leben Karls des Großen. Lateinisch / Deutsch, ed. Evelyn Scherabon Firchow, Stuttgart 1995.

Hartmann von Aue: Der arme Heinrich. Mittelhochdeutsch / Neuhochdeutsch, ed. Siegfried Grosse und Ursula Rautenberg, Stuttgart 2005.

Notker Balbulus: Gesta Karoli Magni Imperatoris. Taten Kaiser Karls des Großen. Lateinisch / Deutsch, ed. Hans F. Haefele, Berlin 1959.

- ders.: Die Taten Karls des Großen, ed. Wilhelm Wattenbach, Leipzig 1912.

Gaius Plinius Secundus Maior (Plinius der Ältere): Naturalis Historiae Libri XXXVII. Naturkunde Lateinisch-Deutsch, ed. Roderich König und Gerhard Winkler, 37 Bde. u. 1 Reg.-Bd., 2. Auflage, München/Zürich u. a. 1973-1994.

Theophilus Presbyter: De diversibus artibus. The various arts, ed. Charles R. Dodwell, Oxford 1986.

Ulrich von Liechtenstein: Das Frauenbuch. Mittelhochdeutsch / Neuhochdeutsch, ed. Christopher Young, Stuttgart 2003.

Veckinchusen, Hildebrand : Briefwechsel eines deutschen Kaufmanns im 15. Jahrhundert, ed. Wilhelm Stieda, Leipzig 1921.

Wolfram von Eschenbach: Parzival. Text und Kommentar, ed. Eberhard Nellmann und Dieter Kühn, 2 Bde., Frankfurt/Main 2006.

Nachschlagewerke

Lexikon des Mittelalters (9 Bde.), München u. a. 1980-1999.

Bischoff, Bernhard (Hg.): Mittelalterliche Bibliothekskataloge Deutschlands und der Schweiz, 4 Bde. u. 1 Erg.-Bd., München 1977-1990.

Cappelli, Adriano: Lexicon abbreviaturarum. Dizionario di abbreviature latine ed italiane. Usate nelle carte e codici specialmente del medio-evo riprodotte con oltre 14000 segni incisi, 6. Auflage, Mailand 1967.

Frenzel, Herbert A. und Elisabeth Frenzel: Daten deutscher Dichtung. Chronologischer Abriss der deutschen Literaturgeschichte. Band 1: Von den Anfängen bis zum Jungen Deutschland, 27. Auflage, München 1993.

Grotefend, Hermann: Taschenbuch der Zeitrechnung des deutschen Mittelalters und der Neuzeit, 14. Auflage, Hannover 2007.

Kirchner, Joachim (Hg.): Lexikon des gesamten Buchwesens, 4 Bde., Stuttgart 1952-1956.

Lanczkowski, Johanna: Kleines Lexikon des Mönchtums und der Orden, Stuttgart 1993.

Österreichische Akademie der Wissenschaften (Hg.): Mittelalterliche Bibliothekskataloge Österreichs, 5 Bde., Wien u. a. 1915-1971.

Palla, Rudi: Verschwundene Arbeit. Ein Thesaurus der untergegangenen Berufe, Frankfurt/Main 1994.

Pauler, Roland: Leben im Mittelalter. Ein Lexikon, Darmstadt 2007.

Pies, Eike: Zünftige und andere alte Berufe, 3. Auflage, Wuppertal 2005.

Pohanka, Reinhard: Die Herrscher und Gestalten des Mittelalters, Wiesbaden 2006.

Rautenberg, Ursula (Hg.): Reclams Sachlexikon des Buches, Stuttgart 2003.

Reith, Reinhold (Hg.): Lexikon des alten Handwerks. Vom Späten Mittelalter bis ins 20. Jahrhundert, 2. Auflage, München 1991.

Wilpert, Gero von: Sachwörterbuch der Literatur, 8. Auflage, Stuttgart 2001.

Allgemeine Darstellungen und Handbücher

Althoff, Gerd, Hans-Werner Goetz und Ernst Schubert: Menschen im Schatten der Kathedrale. Neuigkeiten aus dem Mittelalter, Darmstadt 1998.

Beck, Friedrich und Eckart Henning (Hgg.): Die archivalischen Quellen. Mit einer Einführung in die Historischen Hilfswissenschaften, 4. Auflage, Köln u. a. 2004.

Borst, Arno: Lebensformen im Mittelalter, München 1973.

Borst, Otto: Alltagsleben im Mittelalter, Frankfurt u. a. 1983.

Brandt, Ahasver von: Werkzeug des Historikers. Eine Einführung in die Historischen Hilfswissenschaften, 17. Auflage, Stuttgart u. a. 2007.

Bremer Landesmuseum für Kunst- und Kulturgeschichte (Hg.): Aus dem Alltag der mittelalterlichen Stadt. Handbuch zur Sonderausstellung vom 5. Dezember 1982 bis 24. April 1983 im Bremer Landesmuseum für Kunst- u. Kulturgeschichte (Focke-Museum), Bremen 1982.

Ditmar-Trauth, Gösta: Alltag und Sachkultur des Mittelalters. In Bildquellen von 800 bis Anfang des 14. Jahrhunderts, Münster 2006 (Privatdruck).

Flasch, Kurt (Hg.): Geschichte der Philosophie in Text und Darstellung. Bd. 2: Mittelalter, Stuttgart 1994.

Fried, Johannes: Die Aktualität des Mittelalters. Gegen die Überheblichkeit unserer Wissensgesellschaft, Stuttgart 2002.

Frugoni, Chiara: Das Mittelalter auf der Nase. Brillen, Bücher, Bankgeschäfte und andere Erfindungen des Mittelalters, München 2003.

Goetz, Hans-Werner: Leben im Mittelalter. Vom 7. bis zum 13. Jahrhundert, München 1986.

Günther, Hartmut und Otto Ludwig: Schrift und Schriftlichkeit. Writing and its use. Ein interdisziplinäres Handbuch internationaler Forschung, 2 Bde., Berlin u. a. 1994-1996.

Hußmann, Heinrich: Über das Buch, Wiesbaden o. J. [1968].

Jakobi-Mirwald, Christine: Das mittelalterliche Buch. Funktion und Ausstattung, Stuttgart 2004.

Jochum, Uwe: Kleine Bibliotheksgeschichte, Stuttgart 1993.

Jean, Georges: Die Geschichte der Schrift, Ravensburg 1991.

Le Goff, Jacques (Hg.): Der Mensch des Mittelalters, Frankfurt am Main 1989.

Lindgren, Uta (Hg.): Europäische Technik im Mittelalter: 800 bis 1200. Tradition und Innovation. Ein Handbuch, Berlin 1996.

Linscheid, Friedrich E.: Werkzeuge des Geistes. Schrift und Schreibzeuge vom Altertum bis in die Gegenwart, Klagenfurt 1994.

Rück, Peter (Hg.): Mabillons Spur. Zweiundzwanzig Miszellen aus dem Fachgebiet Historische Hilfswissenschaften der Philipps-Universität Marburg. Zum 80. Geburtstag von Walter Heinemeyer, Marburg 1992.

Schweikle, Günther: Minnesang, 2. Auflage, Stuttgart u. a. 1995.

Seibt, Ferdinand: Glanz und Elend des Mittelalters. Eine endliche Geschichte, Berlin 1987.

Steinberg, Sigfrid H.: Die Schwarze Kunst. 500 Jahre Buchwesen, 3. Auflage, München 1988.

Wattenbach, Wilhelm: Das Schriftwesen im Mittelalter, 4. Auflage, Graz 1958.

Weddige, Hilkert: Einführung in die germanistische Mediävistik, 6. Auflage, München 2006.

Kapitel 1:

Beck, Friedrich und Lorenz F. Beck: Die Lateinische Schrift. Schriftzeugnisse aus dem deutschen Sprachgebiet vom Mittelalter bis zur Gegenwart, Köln u.a. 2007.

Benz, Richard und Ursula Schleicher: Kleine Geschichte der Schrift, Heidelberg 1956.

Bischoff, Bernhard: Paläographie des römischen Altertums und des abendländischen Mittelalters, Berlin 1979.

Boeselager, Elke Freifrau von: Schriftkunde. Basiswissen, Hannover 2004.

Brown, Michelle P.: A Guide to Western Historical Scripts from Antiquity to 1600, Toronto 1990.

Crous, Ernst: Die gotischen Schriftarten, Braunschweig 1970.

Ehmcke, Fritz H.: Die historische Entwicklung der abendländischen Schriftformen, Ravensburg 1927.

Eis, Gerhard: Altdeutsche Handschriften, München 1949.

Faulmann, Carl: Das Buch der Schrift. Enthaltend die Schriftzeichen und Alphabete aller Zeiten und aller Völker des Erdkreises, Wien 1880 (ND Frankfurt am Main 1990).

Fichtenau, Heinrich: Die Lehrbücher Maximilians I. und die Anfänge der Frakturschrift, Hamburg 1961.

Foerster, Hans: Mittelalterliche Buch- und Urkundenschriften, Bern 1946.

Frutiger, Adrian: Der Mensch und seine Zeichen, Wiesbaden 2006.

Füssel, Stephan: Johannes Gutenberg, Reinbek 1999.

Gutzwiller, Hellmut: Die Entwicklung der Schrift vom 12. bis ins 19. Jahrhundert. Dargestellt an Hand von Schriftstücken des Solothurner Staatsarchivs, Solothurn 1981.

Kapr, Albert: Schriftkunst, 2. Auflage, Dresden o. J. [1976].

Khazaeli, Cyrus D.: Crashkurs Typo und Layout. Vom Zeilenfall zum Screendesign, Reinbek 1995.

Kirchner, Joachim: Scriptura Gothica Libraria. A saeculo XII usque ad finem medii aevi, München u.a. 1966.

– ders.: Scriptura Latina Libraria. A saeculo primo usque ad finem medii aevi, München u.a. 1970.

Lange, Wilhelm H.: Schriftfibel. Geschichte der abendländischen Schrift von den Anfängen bis zur Gegenwart, 3. Auflage, Wiesbaden 1951.

Petzet, Erich und Otto Glauning (Hgg.): Deutsche Schrifttafeln des 9. bis 16. Jahrhunderts aus Handschriften der Bayerischen Staatsbibliothek München, 5 Bde., München u.a. 1910-1930 (ND Hildesheim u.a. 1975).

Stiebner, Erhardt D. und Walter Leonhard: Bruckmann's Handbuch der Schrift, München 1977.

Sturm, Heribert: Unsere Schrift. Einführung in die Entwicklung ihrer Stilformen, 2. Auflage, Neustadt an der Aisch 1961 (ND 2005).

Wattenbach, Wilhelm: Anleitung zur lateinischen Paläographie, 4. Auflage, Leipzig 1886 (ND Hildesheim 1971).

Kapitel 2:

Chartier, Roger und Guglielmo Cavallo (Hgg.): Die Welt des Lesens. Von der Schriftrolle zum Bildschirm, Frankfurt am Main u.a. 1999.

Cohen-Mushlin, Aliza: The Making of a Manuscript. The Worms Bible of 1148 (British Library, Harley 2803-2804), Wiesbaden 1983.

– dies.: A Medieval Scriptorium. Sancta Maria Magdalena de Frankendal, Wiesbaden 1990.

– dies.: The Division of Labour in the Production of a Twelfth-Century Manuscript, in: Rück/Boghardt (Hgg.), Rationalisierung der Buchherstellung, S. 51-67.

Curschmann, Michael: Hören – Lesen – Sehen. Buch und Schriftlichkeit im Selbstverständnis der volkssprachlichen literarischen Kultur Deutschlands um 1200, in: Beiträge zur Geschichte der deutschen Sprache und Literatur 106 (1984), S. 218-257.

De Hamel, Christopher: Scribes and Illuminators, Toronto 1992.

Ehlers, Joachim: Dom- und Klosterschulen in Deutschland und Frankreich im 10. und 11. Jahrhundert, in: Kintzinger/Lorenz/Walter (Hgg.), Schule und Schüler, S. 29-52.

Erbacher, Hermann: Schatzkammern des Wissens. Ein Beitrag zur Geschichte der kirchlichen Bibliotheken, Neustadt an der Aisch 1966.

Fumagalli Beonio Brocchieri, Mariateresa: Der Intellektuelle, in: Le Goff (Hg.), Mensch des Mittelalters, S. 198-231.

Glauche, Günter: Schullektüre im Mittelalter. Entstehung und Wandlungen des Lektürekanons bis 1200 nach den Quellen dargestellt, München 1970.

Grundmann, Herbert: Ausgewählte Aufsätze. Teil 3: Bildung und Sprache, Stuttgart 1978.

– ders.: Litteratus – Illitteratus. Der Wandel einer Bildungsnorm vom Altertum zum Mittelalter, in: Ders., Ausgewählte Aufsätze 3, S. 1-66.

– ders.: Die Frauen und die Literatur im Mittelalter. Ein Beitrag zur Frage nach der Entstehung des Schrifttums in der Volkssprache, in: Ders., Ausgewählte Aufsätze 3, S. 67-95.

– ders.: Vom Ursprung der Universität im Mittelalter, in: Ders., Ausgewählte Aufsätze 3, S. 292-342.

Gurjewitsch, Aaron J.: Der Kaufmann, in: Le Goff (Hg.), Mensch des Mittelalters, S. 268-311.

Hamesse, Jacqueline: Das scholastische Modell der Lektüre, in: Chartier/Cavallo (Hgg.), Welt des Lesens, S. 155-180.

Kintzinger, Martin: Wissen wird Macht. Bildung im Mittelalter, Ostfildern 2003.

– ders., Sönke Lorenz und Michael Walter (Hgg.): Schule und Schüler im Mittelalter, Köln u. a. 1996.

Le Goff, Jacques: Die Intellektuellen im Mittelalter, 4. Auflage, Stuttgart 2001.

Limmer, Rudolf: Bildungszustände und Bildungsideen des 13. Jahrhunderts. Unter besonderer Berücksichtigung der lateinischen Quellen, München 1970.

McKitterick, Rosamond: Books, Scribes and Learning in the Frankish Kingdoms. 6th-9th Centuries, Aldershot 1994.

Parkes, Malcolm: Klösterliche Lektürepraktiken im Hochmittelalter, in: Chartier/Cavallo (Hgg.), Welt des Lesens, S. 135-153.

Rossiaud, Jacques: Der Städter, in: Le Goff (Hg.), Mensch des Mittelalters, S. 156-197.

Rouse, Richard H. und Mary A. Rouse: The Dissemination of Texts in Pecia at Bologna and Paris, in: Rück/Boghardt (Hgg.), Rationalisierung der Buchherstellung, S. 69-77.

Rück, Peter und Martin Boghardt (Hgg.), Rationalisierung der Buchherstellung im Mittelalter und in der Frühen Neuzeit. Ergebnisse eines Buchgeschichtlichen Seminars der Herzog August Bibliothek Wolfenbüttel 12.-14. November 1990, Marburg 1994.

Saenger, Paul: Silent Reading: Its Impact on Late Medieval Script and Society, in: Viator 13 (1982), S. 367-414.

– ders., Lesen im Spätmittelalter, in: Chartier/Cavallo (Hgg.), Welt des Lesens, S. 181-217.

– ders., Space between Words. The Origins of Silent Reading, Stanford 2000.

Schubert, Martin J. (Hg.): Der Schreiber im Mittelalter (= Das Mittelalter. Perspektiven mediävistischer Forschung. Zeitschrift des Mediävistenverbandes 7 (2002), Heft 2).

Kapitel 3:

Bayerl, Günter und Karl Pichol: Papier. Produkt aus Lumpen, Holz und Wasser, Reinbek bei Hamburg 1986.

Bayerl, Günter: Papiermacher, in: Reith (Hg.), Lexikon, S. 181-188.

Büll, Reinhard: Vom Wachs. Hoechster Beiträge zur Kenntnis der Wachse. Bd. I, Beitrag 9: Wachs als Beschreib- und Siegelstoff. Wachsschreibtafeln und ihre Verwendung, Frankfurt am Main 1968.

Burns, Robert I.: Paper comes to the West. 800-1400, in: Lindgren (Hg.), Europäische Technik, S. 413-422.

Eisenlohr, Erika: Die Kunst, Pergament zu machen, in: Lindgren (Hg.) Europäische Technik, S. 429-434.

Friese, Franz: 2000 Jahre Papier. Aus der Geschichte der „Weißen Kunst", Bielefeld 1947.

Fuchs, Robert und Doris Oltrogge: Farbenherstellung, in: Lindgren (Hg.), Europäische Technik, S. 435-450.

Graßmann, Antjekathrin: Wachstafel und Griffel, in: Bremer Landesmuseum (Hg.), Aus dem Alltag, S. 211-218.

Grebe, Anja: Codex Aureus. Das Goldene Evangelienbuch von Echternach, Darmstadt 2007.

Gullick, Michael: From Parchmenter to Scribe: Some Observations on the Manufacture and Preparation of Medieval Parchment based upon a Review of the Literary Evidence, in: Rück (Hg.), Pergament, S. 145-157.

Janzen, Stefan: Pergament: Herstellung, Bearbeitung und Handel in Bildern des 10. bis 18. Jahrhunderts, in: Rück (Hg.), Pergament, S. 391-414.

– ders.: Über das Rasorium. Die Zurichtung von Beschreibstoffen durch mittelalterliche Schreiber, in: Rück (Hg.), Mabillons Spur, S. 193-210.

Kohlhaussen, Heinrich: Verziertes Schreibgerät im Deutschen Mittelalter, in: Gutenberg-Jahrbuch 19/24 (1944/49), S. 9-17 & Tafeln I-IV.

Moog, Gerhard: Häute und Felle zur Pergamentherstellung. Eine Betrachtung histologischer Merkmale als Hilfe bei der Zuordnung von Pergamenten zum Ausgangsmaterial, in: Rück (Hg.), Pergament, S. 171-181.

Reerink, F. O.: Old and Rare. Basic Knowledge of Paperhistory Necessary for the Determination of Old and Rare Paper, Bilthoven 1992.

Reith, Reinhold: Gerber, in: Ders. (Hg.), Lexikon, S. 84-91.

Roosen-Runge, Heinz: Die Buchmalereirezepte des Theophilus, in: Münchner Jahrbuch der bildenden Kunst, Dritte Folge III/IV (1952/53), S. 159-171.

– ders.: Farbgebung und Technik frühmittelalterlicher Buchmalerei. Studien zu den Traktaten „Mappae Clavicula" und „Heraklius", 2 Bde., München 1967.

– ders.: Die Tinte des Theophilus, in: Joseph A. Schmoll (Hg.), Festschrift Luitpold Dussler. 28 Studien zur Archäologie und Kunstgeschichte, München u. a. 1972.

Rück, Peter (Hg.): Pergament. Geschichte, Struktur, Restaurierung und Herstellung heute, Sigmaringen 1991.

Ryder, Michael L.: The Biology and History of Parchment, in: Rück (Hg.), Pergament, S. 25-33.

Sandermann, Wilhelm: Die Kulturgeschichte des Papiers, Berlin u. a. 1988.

Trost, Vera: Gold- und Silbertinten. Technologische Untersuchungen zur abendländischen Chrysographie und Argyrographie von der Spätantike bis zum Hohen Mittelalter, Wiesbaden 1991 (zugl. phil. Diss. Würzburg 1983).

– dies.: Skriptorium. Die Buchherstellung im Mittelalter, Stuttgart 1991.

Tschudin, Peter F.: Werkzeug und Handwerkstechnik in der mittelalterlichen Papierherstellung, in: Lindgren (Hg.), Europäische Technik, S. 423-428.

Waetzold, Stephan: Systematisches Verzeichnis der Farbnamen, in: Münchner Jahrbuch der bildenden Kunst, Dritte Folge III/IV (1952/53), S. 150-158.

Wildbrett, Manfred und Edith Wildbrett: Hautpergament – Ein Naturprodukt von erlesener Schönheit, in: Rück (Hg.), Pergament, S. 359-363.

Kapitel 4:

Dahl, Svend: Geschichte des Buches, 2. Auflage, Leipzig 1941.

Dahlhaus, Joachim: Aufkommen und Bedeutung der Rota in der Papsturkunde, in: Rück (Hg.), Graphische Symbole, S. 407-423.

Dietrich, Toni: Siegel und andere Beglaubigungsmittel, in: Beck/Henning (Hgg.), Die archivalischen Quellen, S. 291-306.

Elkar, Rainer S.: Buchbinder und Futteralmacher, in: Reuth (Hg.), Lexikon, S. 42-46.

Erben, Wilhelm: Die Kaiser- und Königsurkunden des Mittelalters in Deutschland, Frankreich und Italien, München u. a. 1907 (ND München 1971).

Frenz, Thomas: Papsturkunden des Mittelalters und der Neuzeit, Wiesbaden u. a. 1986.

Günthart, Romy und Michael Jucker (Hgg.): Kommunikation im Spätmittelalter. Spielarten – Wahrnehmungen – Deutungen, Zürich 2005.

Hacke, Martina: Gesandtschafts- und Botenwesen der Universität von Paris (13.-15. Jh.) – eine Skizze, in: Günthart/Jucker (Hgg.), Kommunikation, S. 101-109.

Harthan, John: Books of Hours and their Owners, London 1976.

– ders.: Stundenbücher und ihre Eigentümer, 3. Auflage, Freiburg 1989.

Hartmann, Josef: Urkunden, in: Beck/Henning (Hgg.), Die archivalischen Quellen, S. 9-39.

– ders.: Datierung, in: Beck/Henning (Hgg.), Die archivalischen Quellen, S. 245-250.

– ders. und Jürgen Klosterhuis: Amtsbücher, in: Beck/Henning (Hgg.), Die archivalischen Quellen, S. 40-73.

Henning, Eckart: Selbstzeugnisse, in: Beck/Henning (Hgg.), Die archivalischen Quellen, S. 119-127.

Jörg, Christian: Kommunikative Kontakte – Nachrichtenübermittlung – Botenstafetten: Möglichkeiten zur Effektivierung des Botenverkehrs zwischen den Reichsstädten am Rhein an der Wende zum 15. Jahrhundert, in: Günthart/Jucker (Hgg.), Kommunikation, S. 79-89.

Lindemann, Margot: Nachrichtenübermittlung durch Kaufmannsbriefe. Brief-„Zeitungen" in der Korrespondenz Hildebrand Veckinchusens (1398-1428), München u. a. 1978.

Lönnecker, Harald: Zur „Heraldik" der Notariatssignete, in: Rück (Hg.), Graphische Symbole, S. 821-832.

Mazal, Otto: Einbandkunde. Die Geschichte des Bucheinbandes, Wiesbaden 1997.

Neddermeyer, Uwe: Von der Handschrift zum gedruckten Buch. Schriftlichkeit und Leseinteresse im Mittelalter und der frühen Neuzeit. Quantitative und qualitative Aspekte, 2 Bde., Wiesbaden 1998 (zugl. phil. Diss. Köln 1996).

Presser, Helmut: Das Buch vom Buch. Mit einer Übersetzung des Philobiblions von Lutz Mackensen und einer Bibliographie von Hans Wegener, Bremen 1962.

– ders.: Das Buch vom Buch. 5000 Jahre Buchgeschichte, Hannover 1978.

Rademacher, Cay: Von Koggen und Kontoren, in: Geo Epoche 25 (2007), S. 108-126.

Redlich, Oswald: Die Privaturkunden des Mittelalters, München u. a. 1911 (ND München 1969).

Reed, Ronald: Some Thoughts on Parchment for Bookbinding, in: Rück (Hg.), Pergament, S. 217-220.

Rück, Peter (Hg.): Graphische Symbole in mittelalterlichen Urkunden. Beiträge zur diplomatischen Semiotik, Sigmaringen 1996.

Schmid, Irmtraut: Briefe, in: Beck/Henning (Hgg.), Die archivalischen Quellen, S. 111-118.

Schuler, Peter-Johannes: Genese und Symbolik des nordeuropäischen Notarszeichens, in: Rück (Hg.), Graphische Symbole, S. 669-688.

Seidel, Kurt Otto: Tres digiti scribunt totum corpusque laborat. Kolophone als Quelle für das Selbstverständnis mittelalterlicher Schreiber, in: Schubert (Hg.), Der Schreiber, S. 145-156.

Steenbock, Frauke: Der kirchliche Prachteinband im Frühen Mittelalter, Berlin 1965.

Steinhausen, Georg: Geschichte des deutschen Briefes. Zur Kulturgeschichte des deutschen Volkes, Berlin 1889 (ND Dublin u. a. 1968).

Walther, Ingo F. und Norbert Wolf: Meisterwerke der Buchmalerei. Die schönsten Handschriften der Welt von 400 bis 1600, Köln 2005.

Auswahl nützlicher Internet-Seiten

Hinweis: Die folgenden Empfehlungen stellen eine Auswahl von Internet-Seiten dar, die nützliche Informationen oder Materialien zum Thema bieten. Für Vollständigkeit oder Richtigkeit der dort gemachten Angaben kann von Seiten der Autoren oder des Verlages keine Gewährleistung übernommen werden. Zum Zeitpunkt der Drucklegung dieses Buches waren alle Adressen gültig und aktuell.

Link-Sammlungen

http://labyrinth.georgetown.edu
Allgemeine, umfangreiche Sammlung von Links zur Mediävistik (Englisch).

http://www.ksbm.oeaw.ac.at/k6.htm
„Links für Handschriftenbearbeiter" der Österr. Akademie der Wissenschaften.

http://www.histsem.uni-freiburg.de/mertens/graf/hsslink.htm
Kommentierte Linkliste zur Handschriftenforschung, leider auf dem Stand von 2003.

http://www.vl-ghw.uni-muenchen.de/kodikologie.html
Umfangreiche, kommentierte Linkliste zur Kodikologie.

http://www.manuscripta-mediaevalia.de/hs/hs-linksammlung.htm
Umfangreiche Linkliste des Manuscripta Mediaevalia-Projekts.

http://home.hetnet.nl/~otto.vervaart/handschriften_ma_de.htm
Linksammlung zu Online-Katalogen, Datenbanken, digitalisierten Hss. etc.

Datenbanken und Nachschlagewerke online

http://www.buchwissenschaft.info
Die Fachdatenbank Buchwissenschaft.

http://www.manuscripta-mediaevalia.de/hs/datenbankinhalt.htm
Übergreifendes Datenbank-Verzeichnis.

http://mhdbdb.sbg.ac.at:8000/index.de.html
Mittelhochdeutsche Begriffsdatenbank.

http://www.typolexikon.de
Online-Wörterbuch der Typographie.

Handschriftenkataloge online

http://www.manuscripta-mediaevalia.de
Informationen zu Handschriftenbeständen in Deutschland.

http://www.ksbm.oeaw.ac.at/_k2.htm
Katalogprojekte der KSBM der Österr. Akademie der Wissenschaften.

http://cgi-host.uni-marburg.de/~mrep/index_census.html
Der Handschriftencensus, deutschsprachige Hss. des Mittelalters.

Bibliotheken und Forschungseinrichtungen online

http://www.ksbm.oeaw.ac.at/_k2.htm
Kommission für Schrift- und Buchwesen des Mittelalters der Österr. Akademie der Wissenschaften.

http://www.wlb-stuttgart.de/sammlungen/handschriften
Die Hss.-Sammlung der Württembergischen Landesbibliothek Stuttgart.

http://www.bsb-muenchen.de/Abendlaendische_Handschriften.317.0.html
Die Hss.-Sammlung der Bayerischen Staatsbibliothek München.

http://handschriften.staatsbibliothek-berlin.de/
Die Hss.-Sammlungen der Staatsbibliothek zu Berlin.

http://prodigi.bl.uk/illcat/introduction.asp
Hss.-Katalog der British Library (Englisch).

http://www.hab.de/bibliothek/index.htm
Die Herzog August-Bibliothek in Wolfenbüttel.

Digitalisierte Handschriften online

http://www.uni-graz.at/ubwww/sosa/faksbib
Bibliographie digitalisierter Hss.

http://handschriften-digital.uni-hd.de
Digitalistierte Hss. der Uni Heidelberg.

http://www.ceec.uni-koeln.de
Die digitalisierten Bestände der Erzbischöflichen Diözesan- und Dombibliothek Köln.

http://www.digitale-sammlungen.de/index.html?c=kurzsammlungen
Die digitalistierten Hss. der Bayerischen Staatsbibliothek München.

Weitere interessante Seiten

http://www.ub.uni-heidelberg.de/helios/fachinfo/www/kunst/digi/scriptorium
Die Arbeit im Scriptorium, Werkstatt Diebold Laubers u. v. m.

http://www.hdbg.de/skriptorium/index.htm
Buchproduktion im Mittelalter, sehr anschaulich.

http://www.hdbg.de/fra-mitt/german/urkunde/01_originalurkunde.html
Aufbau einer mittelalterlichen Urkunde am Beispiel.

http://www.hist-hh.uni-bamberg.de/hilfswiss/Erlaeuterung.html
Erläuterungen, Literatur und Links zu hist. Hilfswissenschaften.

http://web.uni-bamberg.de/ggeo/hilfswissenschaften/hilfswiss/Urkundenformulare.html
Erläuterung und Beispiele der Bestandteile mittelalterlicher Urkundenformulare.

http://www.nationalarchives.gov.uk/palaeography
Online-Tutorial zur mittelalterlichen Paläographie (Englisch).

http://www.kallipos.de
Schöne Seite eines Kalligrafen mit Alphabeten und Anleitungen.

http://www.librocist.org
Informationen, Anleitungen, Links etc. zu Buchbinden, Tintenherstellung u. v. m.

http://www.medievalscript.com/
Blog zu mittelalterlichen Hss. und Illuminationen (Englisch).

http://www.histofakt.de
Internet-Präsenz des Autors mit Bibliographien und Linkliste.

Auswahl empfehlenswerter Museen und Bibliotheken

Gutenberg-Museum Mainz
Liebfrauenplatz 5
55116 Mainz
http://www.gutenberg-museum.de

Basler Papiermühle.
Schweizerisches Museum für Papier, Schrift und Druck
St. Alban-Tal 37
4052 Basel (Schweiz)
http://www.papiermuseum.ch

Museum Papiermühle Homburg
Gartenstraße 11
97855 Markt Triefenstein
http: //www.papiermühle-homburg.de

Bayerische Staatsbibliothek München
Ludwigstraße 16
80539 München
http://www.bsb-muenchen.de

Herzog August Bibliothek
Lessingplatz 1
38304 Wolfenbüttel
http://www.hab.de

Stiftsbibliothek St. Gallen
Klosterhof 6D
9004 St. Gallen (Schweiz)
http://www.stiftsbibliothek.ch

Bezugsquellen

Buch-Kunst-Papier
Untere Kaiserstraße 55
66386 St. Ingbert-Rentrisch
http://www.buch-kunst-papier.de
Buchbinder-, Papiermacher- und Kalligrafiebedarf.

H.-H. Schmedt e. K.
Dwengerkamp 1
21035 Hamburg
Tel.: 040/734 744-0
http://stores.ebay.de/Schmedt-Buchbindereibedarf
Professioneller Buchbindereibedarf.

Boesner Versandservice GmbH
Gleiwitzer Straße 2
58454 Witten
http://www.boesner.com
Künstlerbedarf mit Versand und zahlreichen Läden in Deutschland.

modulor GmbH
Gneisenaustraße 43-45
10961 Berlin
Tel.: 030/69036-0
http://www.modulor.de
Materialien, Buchbinderleinen, Leder etc.

creAktiv-line
Christophstraße 1
86956 Schongau
Tel.: 08861/713 77 90
http://www.creaktiv-line.de/shop/index.html
Papiere, Buchbindereibedarf.

Skriptorium Pichler & Winkler KEG
Heinrich-Casper-G.18/1
A-8010 Graz
http://www.skriptorium.at
Tinten, Federn, Papiere, Pergament, Faksimiles etc.

http://stores.ebay.de/peterblackyblacky_Buchbinder-Artikel
Buchbindereibedarf.

Ausführliches Inhaltsverzeichnis

C. Anhang

Einfach • Besser • Wissen

DragonSys™ – seit über 15 Jahren erfolgreiche und beliebte Bücher zum Thema „Mittelalter Selbst Erleben“, Living History, LARP und Reenactment!

Kompetente Autoren, innovative Themen und ein klares Konzept:
VIEL praktische Information
WENIG Schnickschnack

DragonSys™ sind keine akademischen Fachbücher mit unüberschaubaren Texten und Fußnoten, aber eben auch keine Bildbände mit geringem Textanteil. DragonSys™ ist für Leute, die sich wirklich für das praktische Erleben des Hobbys „Mittelalter“ interessieren.
Deswegen kann man mit den Büchern aus der Reihe LEBENDIGES MITTELALTER eben einfach besser wissen und selber machen!

DragonSys™ – eine Marke des G&S Verlag
Homepage: www.gus-verlag.de

Die Bücher gibt's im Handel oder direkt:

www.aladinshoehle.de

Attraktive Preise • schnelle Bearbeitung • Sicher – Unser Webshop befindet sich auf der eBay-Plattform • Mit allen Vorteilen für Sie: Käuferschutz, verifizierte Verkäuferdaten usw. • Zahlung per PayPal (Kreditkarte, GiroPay usw.) möglich • Specials auf unserer Homepage

Das komplette Verlags- und Vertriebsprogramm:
Edition 21 • DragonSys™ • Saga Games Manufactur • sowie:
CARPE Sach- und Fachbücher • Ausgesuchte Brettspiele mit historischen Themen •
Accessoires für LARP und Reenactment • edle Notizbücher •
Drachen- und Gargoylefiguren • Gold- und Silbermünzen • und mehr!